Psicanálise e Saúde

Organizadores
Rita Maria Manso de Barros
Vinicius Anciães Darriba

Psicanálise e Saúde

entre o Estado e o sujeito

cia. de Freud

Organizadores

Rita Maria Manso de Barros
Vinicius Anciães Darriba

Consultores Ad-hoc

Ademir Pacelli Ferreira (UERJ), Ana Maria Rudge (PUC-Rio), Betty Fuks (UVA-RJ), Angélica Bastos (UFRJ), Maria Anita Carneiro Ribeiro (PUC-Rio; UVA), Mauricio José d'Escragnolle Cardoso (UFPR), Paulo Eduardo Viana Vidal (UFF)

Conselho Científico

Ana Maria Rudge (PUC-Rio), Angélica Bastos (UFRJ), Luciano Elia (UERJ), Rita Maria Manso de Barros (UERJ), Sidi Askofaré (Universidade de Toulouse – Le Mirail), Vinicius Anciães Darriba (UERJ)

Editor

José Nazar

Produção Editorial

Girlene Kiev Medeiros

Revisão

Sandra Regina Felgueiras

Capa

Carolina Ferman

Editoração

Abreus System

Rio de Janeiro, 2015

CIP-BRASIL. CATALOGAÇÃO-NA-FONTE
SINDICATO NACIONAL DOS EDITORES DE LIVROS, RJ

Psicanálise e Saúde: entre o Estado e o sujeito / Organizadores: Rita Maria Manso de Barros e Vinicius Anciães Darriba / FAPERJ – Rio de Janeiro: Companhia de Freud, 2015.

Artigos resultantes dos trabalhos apresentados no X Simpósio Internacional do Programa de Pós-Graduação em Psicanálise da Universidade do Estado do Rio de Janeiro – Psicanálise e Saúde: entre o Estado e o Sujeito, outubro de 2013.

Inclui bibliografia
ISBN 978-85-7724-127-9

1. Psicanálise. 2. Saúde. 3.Estado. I. Título

11-8499 CDD: 616.8917
CDU: 159.964.2

Agradecemos os apoios do Instituto de Psicologia da UERJ, da CAPES e da FAPERJ para a realização do evento e o auxílio da FAPERJ para a produção deste livro.

cia de Freud

Endereço para Correspondência
Rua Barão de Sertório, 48 - casa
Tel.: (21) 2273-9357 • (21) 2293-5863
Rio Comprido - Rio de Janeiro
E-mail: ciadefreud@gmail.com

Sumário

SEÇÃO 2: PSICANÁLISE E SAÚDE PÚBLICA: CLÍNICA E PESQUISA

SEÇÃO 3: O PÚBLICO E O PRIVADO NA PSICANÁLISE

Apresentação

O tema do X Simpósio do Programa de Pós-Graduação em Psicanálise da UERJ – *Psicanálise e saúde: entre o Estado e o sujeito* – realizado em outubro de 2013 visou um campo que nos convoca, no presente, em razão de embates clínicos e políticos que não cessam de se acentuar. No campo das práticas e políticas públicas de saúde, que historicamente suportou a interlocução com a psicanálise, deparamo-nos hoje – por uma série de circunstâncias ideológicas, políticas e econômicas – com a ameaça de um crescente alheamento em face de determinados fatores que se apresentam. Destes destacamos a imposição de protocolos universalizantes que constrangem a atuação de cada um, o recrudescimento de iniciativas normatizadoras, os ideais de prevenção e de segurança e a mística da eficácia e da gestão que se sobrepõe à ética e à política.

Entendemos que tais circunstâncias têm por pano de fundo um momento crucial do capitalismo, como se observa com a imposição à sociedade do pagamento do saldo deixado pela implementação de uma lógica financeira que rechaça sua própria impossibilidade. A crise que o capital gerou, no lugar de aventar limites a tal lógica, exige sacrifícios à sociedade no que se refere a conquistas arduamente consolidadas na esfera pública.

A interrogação que deve ser permanente quanto às possibilidades de a psicanálise operar no campo da saúde precisa levar em conta, então, a incidência desses fatores que enumeramos nos discursos que compõem tal campo. O que implica interpelar renovadamente as próprias noções que o fundamentam – saúde? público? – e o lugar do Estado. Como norte para essa ação, o conceito de sujeito é tomado por divisa da psicanálise, como ponto de sustentação da inserção de outro discurso no debate. As inflexões que se identificam no campo da saúde não devem implicar, assim, do lado da psicanálise, nem resignação nem simples rechaço. A fazermos jus a sua melhor tradição, devem implicar o despertar de um trabalho consequente, como o que pretendemos ter realizado ao longo do Simpósio e nessa coletânea de artigos escritos sob a inspiração das discussões então promovidas.

Antes de apresentar de modo mais escalonado a coletânea, queremos fazer menção ainda a um evento que não passou despercebido durante o Simpósio: as manifestações que encontraram seu ápice, em números, poucos meses antes, em junho. Tais manifestações, naquilo que elas portaram e continuam portando de mais radical, para além dos números, não são desconectadas de algo que no mundo despertou antes (em 2011), nem do que teria mobilizado tais eventos (em 2008). Inclusive, a escolha da pintura de Eugène Delacroix – *La liberté guidant le peuple*, 1830 – como capa deste livro, com a substituição das cores da bandeira francesa pelo amarelo, verde e azul da bandeira brasileira, presta uma homenagem às manifestações de junho de 2013.

Na cobertura dessas manifestações pela grande mídia, a ideia da melhoria encobriu a ideia da mudança. Nisso há algo que ressoa para a psicanálise, na qual não se trata da melhoria que toma por medida algum ideal de mestria, mas de mudança. Mudança que, no entanto, é pensada por Lacan a partir do impossível e do contingente. O que talvez seja uma contribuição da psicanálise para a política – alguma esperança de escapar à psicologia das massas. Não é contra o impossível prescrito pelo Estado ou pela ideologia dominante, que pretende estabelecer o que é possível, que os manifestantes se insurgem com cartazes portando os dizeres de Brecht: "Nada deve parecer impossível de mudar". O impossível da psicanálise – da castração à inexistência da relação sexual – é o que tanto o capitalismo quanto o cientificismo rechaçam. Impossível que, ao mesmo tempo, aponta para o que não é possível ser tornado mercadoria, assim como para o que testemunha não haver realidade necessária.

Na etapa da reprodução do capitalismo em que nos encontramos, constata-se, no entanto, a ampliação dos espaços em que vigora a forma-mercadoria, como, por exemplo, no campo da saúde, incluído aí o que se designa por saúde pública. Sob a égide da eficácia e da avaliação, o Estado busca progressivamente interferir na orientação clínica dos serviços, possibilitando ganho em escala para determinados tratamentos e métodos. Preconiza-se, assim, a substituição da política, palavra que o ideário asséptico da gestão tenta tornar infame. O problema para a psicanálise é que o sujeito de que parte, que é efeito do significante, não é o sujeito "puro", universalizável, mas em relação com um objeto que impõe o um-a-um. Ao invés de ser posta à prova pela saúde e suas políticas, talvez se trate, então, de a psicanálise ter que pô-las à prova.

Outra deriva evidente, na atualidade, no que concerne ao Estado, é a substituição do dito bem-estar social – como estratégia de coesão em torno ao capitalismo – pelo incremento da pura e simples repressão. É o que se verifica, por exemplo, no recrudescimento de uma visada preventiva e higienista sobre a infância, com a proliferação de diagnósticos nas escolas, e a adolescência, a loucura, as toxicomanias. Mas o ideário da gestão se veste do requisito da cientificidade de suas informações. Cientificidade que aponta mais para o cientificismo, para o discurso de autoridade, do que para o efetivo debate epistemológico. A psicanálise, sendo alvo privilegiado, não cessa de reiterar, no entanto, seus laços com a ciência. Em especial no trabalho daqueles de nós que estamos na universidade.

Assim como Freud e Lacan sempre tiveram o que dizer sobre o que se passava na *polis*, em intervenções e textos que não deixam de ser analíticos, pretendemos ter mantido as portas abertas para a rua durante o Simpósio e no trabalho que a ele se seguiu. A coletânea de textos que ora apresentamos ao leitor é uma resposta dos presentes ao debate, psicanalistas e professores pesquisadores. Nossos colegas aceitaram nossa proposta e escreveram seus artigos. Dessa forma, dividimos o livro em quatro partes: Psicanálise, política e sociedade; Psicanálise e saúde pública: clínica e pesquisa; O público e o privado na psicanálise; Capitalismo e cientificismo: incidências no campo da saúde. Cada uma delas é composta por seis artigos.

A primeira delas – *Psicanálise, política e sociedade* – abre com o artigo de Alysson Mascaro. Ali ele propõe que a forma jurídica e a forma política estatal, tradicionalmente analisadas em termos quantitativos, possam ser compreendidas qualitativamente, a partir da própria reprodução do capital. A mercadoria é o seu núcleo, e ela porta sujeitos. Sendo a política da subjetividade o mesmo que a política da mercadoria, sua única alteração possível é a superação do modo de produção capitalista. Em seguida temos o artigo de Fabián Naparstek que aborda as toxicomanias a partir do lugar do sujeito em diferentes perspectivas, incluindo a função do consumo na época atual. Distinguindo os termos sujeito do Direito e sujeito do inconsciente, a crença em uma espécie de direito ao gozo é apontada como pilar que sustenta a sociedade nos dias de hoje. Há aí uma diferença fundamental entre a época do Nome do Pai, centrada numa lógica fálica, masculina, ligada ao todo, e os tempos atuais, cuja lógica se apresenta cada vez mais feminina, singular, não-toda. O terceiro artigo dessa primeira parte é o de Sidi Askofaré, para quem a saúde é tanto uma questão política quanto cultural. Política quando se inscreve como um dos S_1 do discurso e da prática política, através de programas, intervenções ou até mesmo promessas dos Estados em relação à saúde. Cultural quando a saúde torna-se a figura pós-moderna e secular de felicidade ou de graça. Essas mudanças têm consequências tanto sobre as ideias e as referências à doença, ao sofrimento, ao sintoma, como também nas disciplinas que se ocupam disso: a medicina e a psicologia. O quarto artigo é de Luciano Elia que parte da consideração da filiação científica (e não filosófica) da Psicanálise, que sustenta o caráter transindividual, coletivo e público da estrutura do inconsciente freudiano. Analisa as relações entre sujeito (psicanálise) e Estado à luz da história política recente da Reforma Psiquiátrica Brasileira e propõe um Estado que assegure os direitos sociais da população, embora saiba que a dimensão do sujeito lhe será sempre excedente e disjunta. O quinto artigo é o de Vinicius Darriba, um dos organizadores deste livro. Partindo do campo da saúde, guia-se pela caracterização do mestre contemporâneo como aquele que conjuga capitalismo e ciência, conjugação que embora seja clara no âmbito da psicanálise lacaniana, pretende relevar seu valor de transmissão. Assim, o foco de seu trabalho volta-se para a teoria dos discursos de Lacan, na qual a articulação do capitalismo com a ciência põe em destaque uma série de questões fundamentais em seu ensino. O artigo que fecha essa parte é o de Rita Manso, também organizadora deste livro. A partir do que se tem convencionado chamar a crise do capital, o artigo trata da saúde da educação ao considerar o pensamento de que as elites são avessas a que as massas pensem, isto é, aprendam a refrear o gozo transformando-o em desejo. A educação clássica, retirada dos currículos, promoveria um despertar dos sujeitos, aspecto não desejado pelo capital.

A segunda parte – *Psicanálise e saúde pública: clínica e pesquisa* – abre com o artigo de Doris Rinaldi. Seu artigo discute questões da prática clínica em instituições públicas de saúde mental, incluindo seus impasses e possibilidades. Valendo-se da "teoria dos quatro discursos" de Jacques Lacan (1969-1970) e enfatizando a importância da rotação discursiva no contexto institucional, ela procura pensar esses desafios a partir de uma ética que faz do sujeito do inconsciente o eixo do trabalho clínico e sustenta uma política de tratamento para cada sujeito, que incide sobre o trabalho em equipe no âmbito institucional, focalizando a prática "entre vários" do psicanalista nessa clínica. O texto seguinte é de Ana Cristina Figueiredo, que faz uma apreciação das práticas atuais na saúde mental inspirada na psicanálise, em particular a de orientação lacaniana. Para isso, recorta três referências principais a partir da experiência de psicanalistas europeus e brasileiros: a psicoterapia institucional de La Borde, sob a direção de Jean Oury na França; a "prática entre vários" proposta por Antonio Di Ciaccia, na Bélgica; e o trabalho em pequenos grupos com finalidades diferentes. Finaliza destacando a prática ambulatorial em atendimentos coletivos e individuais, propondo uma articulação entre esses dispositivos para o exercício da psicanálise. O artigo seguinte é de Sonia Leite. Partindo da noção de "tempo velocidade" do filósofo francês Paul Virilio, o artigo destaca a presença hegemônica dessa noção na lógica capitalista. Sublinha, desde a perspectiva da Reforma Psiquiátrica, a função do psicanalista nos Serviços de Emergência (SEP), indicando algumas diretrizes teóricas para essa prática. Destaca, como eixo fundamental nas emergências psiquiátricas, a noção de tempo, a partir da lógica do sujeito, exemplificando com dois fragmentos de casos clínicos. O quarto artigo dessa segunda parte do livro é o de Anna Carolina Lo Bianco.

Ali a autora examina as condições para que uma certa concepção de sujeito – considerado como em constante carência e necessidade de proteção e cuidado por parte de um outro – se sustente e encontre nas consequências do estabelecimento da ciência no mundo uma das razões para uma determinada visão. A partir daí procura entender o sujeito com os recursos da psicanálise. Argumenta que como sujeito à castração ele está face aos limites de sua condição e por eles deverá vir a se responsabilizar para aceder minimamente ao lugar de sujeito da sua própria existência. O quinto artigo é o de Tania Coelho dos Santos, que argumenta que o "cuidado de si" é uma resposta ao real sem lei do desamparo, ao contrário do que dissemina o discurso politicamente correto que, ao atribuir ao Estado o dever universal de prover o cuidado com a saúde e a educação, deixa na sombra a responsabilidade ética do sujeito para com seu corpo e sua mente. O artigo que encerra essa segunda parte é o de Sônia Elisabete Altoé, professora da UERJ, e sua equipe: Fernanda Hermínia Oliveira Souza, Tatiana Borsoi e Denise Martins da Luz. Corresponde ao trabalho realizado no SPA/UERJ, desde 2012, intitulado *Ateliê Lúdico e Expressivo*, onde são recebidas crianças que se encontram sob medida protetiva, vivendo em um Centro de Acolhimento Municipal. Esse trabalho visa propiciar um lugar de acolhimento às crianças, suas angústias, tristezas, conflitos e agressividade, buscando favorecer a capacidade do brincar e a experiência criativa. Ele se organiza a partir da expressão do imaginário da criança.

Na terceira parte – *O público e o privado na psicanálise* –, partindo do que ensina Lacan em seu Seminário sobre a possibilidade de medir a eficácia da psicanálise em função do valor de *a* que ela comporta, Sonia Alberti pergunta que orientação podemos sustentar na articulação da psicanálise quando ela se insere entre saúde e Estado, o qual, por definição, crê no progresso que vai na contramão daquela eficácia? Sem responder à questão, o texto levanta algumas orientações. Rodrigo Lyra Carvalho e Heloisa Caldas destacam a função do objeto *a* nas entradas em análise a partir dos desafios impostos pelo trabalho com as toxicomanias, interrogando-se sobre a importância das operações clínicas como formas de produzir o *sujeito suposto saber*. Andréa Guerra apresenta proposta metodológica para fundamentar a intervenção do psicanalista em instituições públicas, especialmente aquelas voltadas ao acompanhamento de adolescentes infratores. Para isso, parte da premissa de que há uma quebra no pacto civilizatório que suspende a resposta do Outro na travessia adolescente, quando alguns púberes encontram na criminalidade a solução subjetiva para entrada na vida adulta. Marcus André Vieira interroga o que a psicanálise pode propor como uma "Política do sintoma", tendo em vista que a abordagem dos sintomas, a partir da psicanálise, pode ser a de gozos que se articulam a um espaço de abertura na rede de acontecimentos de uma vida, pois, sem mais uma estrutura clara e uma chave única para o saber por meio do pai, os gozos vão se produzindo localmente. O quinto artigo dessa terceira parte é o de Roseane Freitas Nicolau. Ela toma a frase de Lacan "o inconsciente é a política", para discutir a possível implicação da psicanálise com o campo das políticas públicas de saúde pela via da *práxis* do analista nas instituições, pois convocar o inconsciente é fazer política, e isso pode ser feito em qualquer espaço onde haja analista, considerando que, do ponto de vista do desejo, podemos ser grandes subversivos e mudar os acontecimentos. O artigo seguinte, que fecha essa parte, articula algumas questões clínicas contemporâneas, como as buscas por marcar o corpo, com a referência aos discursos. Ana Costa busca situar o tema a partir da articulação lacaniana sobre a questão do gozo, dialogando com as proposições de Giorgio Agamben, que relaciona sacrifício e gozo.

Finalmente, a quarta parte do livro – *Capitalismo e cientificismo: incidências no campo da saúde* – abre com o artigo de Sérgio Laia sobre a nova versão do DSM-V que pretendeu apresentar novidades em relação ao DSM-IV, especialmente no que concerne à classificação dos chamados "transtornos mentais" em termos de "dimensões", ou seja, de determinados traços que podem se fazer presentes em diferentes diagnósticos. Pretende esclarecer o que fez o *National Institute of Mental Health* (NIMH) desaprovar o DSM-5 e como a concepção da psicanálise de orientação lacaniana nos permite localizar o que não para de fracassar nesse tipo de classificação. Em "Notas sobre a questão do diagnóstico na psicanálise e na psiquiatria", Deborah Lima Klajnman, Leonardo de Miranda Ferreira e Marco Antonio Coutinho Jorge retomam a discussão freudiana sobre as divergências entre a psicanálise e a psiquiatria, no que pese a complementariedade entre esses dois campos. Destacam que do diálogo inicial com a psiquiatria a psicanálise herdou algumas de suas categorias nosográficas e a relevância do estabelecimento do diagnóstico diferencial para o tratamento, embora mereçam diferentes contornos. Gilsa F. Tarré de Oliveira tece algumas reflexões sobre os efeitos da organização pulsional no campo social e político, ressaltando a atualidade das implicações políticas da subversão freudiana de um sujeito do desejo e de um corpo pulsional, desenvolvendo uma crítica à atual onda de medicalização da dor e à edificação de um saber normatizado, que reduz os sujeitos à mera existência biológica. O artigo de Marta Regina de Leão D'Agord afirma que o ensino de Lacan pela Universidade exerceu uma crítica ao discurso de poder como o avesso da psicanálise. A autora destaca que, ao final de seu ensino, Lacan nos convida a brincar com a cadeia borromeana, com a escrita do Real, se deixando levar pelo inconsciente, cuja eficácia não triunfante reúne o fragmentário semidizer da verdade ao bem-dizer ético. O penúltimo artigo do nosso livro – *Psicanálise e Saúde: entre o Estado e o Sujeito* – é o de Ana Beatriz Freire e Fabio Malcher que abordam a incidência da íntima relação entre capitalismo e ciência sobre o corpo, em especial pelo viés da medicina, baseando suas reflexões no filme "A pele que habito", de Pedro Almodóvar. Para isso, partem da estrutura dos discursos elaborada por Lacan, supondo que essa aliança seja favorecida por uma homologia estrutural entre a tentativa de foraclusão da castração no capitalismo e a foraclusão do sujeito visada pela ciência, que passam a tratar o corpo como um objeto de consumo. Finalmente, o artigo que encerra este livro é o de Fernanda Costa-Moura e Amanda Cerdeira Pilão. As autoras partem do exemplo do Transtorno do Déficit de Atenção e Hiperatividade – TDAH – para trazer algumas consequências da recente proliferação de diagnósticos, tratamentos e soluções medicamentosas para males que concernem ao campo do sujeito. Argumentam que cabe à psicanálise sustentar o real até que o sujeito possa advir, incorporando o que é falta no plano da estrutura como perda que lhe concerne e o constitui.

Convidamos nossos leitores à leitura.

Rita Maria Manso de Barros
Vinícius Anciães Darriba
Rio de Janeiro, fevereiro de 2015

Seção 1

Psicanálise, política e sociedade

A POLÍTICA DA SUBJETIVIDADE JURÍDICA

Alysson Leandro Mascaro

RESUMO

Propõe-se que a forma jurídica – consubstanciada no sujeito de direito – e a forma política estatal – que torna os indivíduos cidadãos –, tradicionalmente analisadas em termos quantitativos (maior ou menor parcela de direitos ou participação), possam ser compreendidas qualitativamente, a partir da própria reprodução do capital. A mercadoria é seu núcleo. A ideologia da subjetividade política e jurídica não é uma miragem da realidade mas, antes, sua representação imaginária nos indivíduos a partir das próprias formas da mercadoria, perpassando toda a sociabilidade capitalista e advinda da própria natureza da reprodução de tais relações de produção. A ideologia da centralidade da subjetividade é parelha, em exata medida, da centralidade da mercadoria. Nesse sentido, a mercadoria porta sujeitos. Somente a superação da sociabilidade da mercadoria permitirá a superação da própria ideologia da subjetividade jurídica e política estatal.

Palavras-chave: ideologia; forma jurídica; forma política estatal; subjetividade jurídica.

ABSTRACT

The political of the juridical subjectivity

It is proposed that the juridical form – embodied in the subject of law – and state political form – that turns individuals into citizens – traditionally analyzed quantitatively (more or less quantity of rights or participation), can be understood qualitatively if looked from the perspective of the reproduction of capital. The commodity is its core. The ideology of the political and legal subjectivity is not a mirage of reality, but rather its imaginary representation in individuals that comes from the forms of commodity, permeating the entire capitalist sociability and arising from the nature of reproduction of these relations of production. The ideology of the centrality of subjectivity is established in exact measure of the centrality of the commodity form. In this sense, commodity has its subjects. Only the overcoming of the commodity sociability allows overcoming their own ideology of state policy and legal subjectivity.

Key-words: ideology; juridical form; state political form; juridical subjectivity.

Sujeito de direito e cidadão não são categorias acidentais da sociedade capitalista; são, acima disso, as formas privilegiadas e necessárias da constituição da subjetividade que lhe corresponde. É impossível avançar na análise da subjetividade sem a articulação de sua base material, no nível das relações de produção, com as categorias do sujeito de direito e do sujeito político referenciado pelo Estado.

É grande a dificuldade dessa articulação. O direito e o Estado não se deixam ver imediatamente como ideologias, mas sim como instituições perenes da vida social. Fincando-se na base e em todo devir do processo da sociabilidade capitalista, as camadas jurídica e política da subjetividade haurem, então, alto grau de naturalização, permitindo que as lutas sociais e os debates teóricos tanto se fundem sobre elas quanto passem ao largo de seus termos, de tal sorte que se tornam substrato comum para a maioria das políticas, da direita à esquerda, e, ao mesmo tempo, sejam das mais esquecidas pela compreensão e pelos estudos das ciências humanas, na medida em que sua presença não é notada nem posta a relevo, dado que naturalizada.

Eis a presença: as lutas sociais e os debates teóricos passam pelo sujeito de direito e pelo sujeito político estatal. Por meio de tais formas é que operam os pleitos por mais direitos, por reformas sociais, por redistribuições, pelo reconhecimento de minorias e singularidades etc. Mas, ao mesmo tempo, eis a ausência: lutas e debates não passam pela subjetividade jurídica e política estatal. Isto é, não se põe em xeque a própria forma de subjetivação do capitalismo. Quase sempre, as demandas passam pela rearticulação da distribuição para outros sujeitos, mas, quase nunca, pelo fim do mundo da política da mercadoria e, portanto, dos sujeitos de direito. A direita sufoca a quantidade de direitos subjetivos, a esquerda luta pela sua ampliação, mas, nesse quadro, opera a naturalização do sujeito de direito e do sujeito-cidadão, na medida em que, já instalados, eles não estão na berlinda.

A maior presença na vida política e teórica é também sua maior ausência. Isso ainda porque a subjetividade jurídica opera no inconsciente sempre a partir de grandes plataformas de manifestação da consciência e da declaração de vontade. Não se trata de uma contradição entre aparência e realidade, mas sim do próprio talhe da sociabilidade capitalista, em cujas formas o sujeito tanto é constituinte quanto constituído. Para que a mercadoria fale, perpassando os sujeitos e retirando-lhes a centralidade, é dada aos sujeitos a vontade. As mercadorias não se trocam. Os sujeitos as trocam, por meio de sua autonomia. Tais mecanismos políticos e jurídicos da ideologia da subjetividade perpassam todas as formas da sociabilidade capitalista, sendo tábua-rasa do discurso, das necessidades práticas, das lutas e de todas as relações sociais, não lhe faltando nem materialidade nem substrato teórico em apoio.

Forma sujeito e forma mercadoria

Há um nexo estrutural entre a forma da mercadoria, a forma jurídica e a forma política estatal. No capitalismo, ao contrário de modos de produção anteriores, como o escravismo ou o feudalismo, o vínculo entre agentes na produção se dá de modo voluntário, contratual. Destituindo a força bruta como elemento central da relação de trabalho, o capitalismo se funda a partir dos liames entre capital e assalariado por meio dos dispositivos da vontade. Assim sendo, as subjetividades tomam forma jurídica: passam a portar direitos subjetivos e a transacioná-los, assumindo obrigações, num processo que é a própria raiz material de sua identidade enquanto sujeitos sociais.

O trabalho nas condições de assalariado estabelece seus vínculos a partir da forma da mercadoria. Tal qual se compra ou se vende a partir da vontade dos sujeitos, também o trabalho estabelece suas junções por meio de uma relação de compra e venda. Paga-se pelo trabalho não o necessário à dignidade da vida do trabalhador, mas um preço estabelecido como valor de uma mercadoria.

Também a forma política estatal é derivada da forma mercantil. Sendo múltiplas as subjetividades jurídicas, todas são dotadas de vontade livre e autônoma. Na sociedade capitalista, burgueses e trabalhadores articulam suas relações em bases concorrenciais e conflituosas – a partir de antagonismos inconciliáveis. A sociedade da mercadoria, assim, não pode presumir que um ou alguns dos sujeitos ascensionem a um poder de controle político direto sobre os demais sujeitos. Se se verificasse esse caso, abalar-se-ia a igualdade formal entre os concorrentes, fazendo regredir os vínculos a modalidades de servidão ou escravidão. A forma mercantil, estabelecida no capitalismo, tem como sua necessária a forma política de tipo estatal, na qual se aparta o poder político daquele econômico.

A forma jurídica e a forma política estatal são momentos distintos de uma mesma sociabilidade, mas remanescem de uma fonte única, a forma mercantil. Também entre forma jurídica e forma política estatal operam conformações[1]. De um lado, o sujeito de direito passa a ser regulado pelo Estado, que lhe estipula capacidades e formalizações. De outro lado, o próprio Estado se limita a partir de afirmações políticas dos sujeitos, que então passam a ser cidadãos. Tomando-se tal conformação de modo rápido e vulgar, como fazem juristas de matriz juspositivista, parece que o direito vem do Estado e o Estado, do direito. Mas, em verdade, esse processo de conformação recíproca é apenas derivado em segundo grau. A matriz da forma jurídica e da forma política estatal é a sua derivação, em primeiro grau e insigne a cada qual das formas, da própria forma mercantil.

[1] Nos termos que trabalho em *Estado e forma política* (São Paulo: Boitempo, 2013).

Todo o processo de ereção de tais formas da sociabilidade capitalista – forma jurídica e forma política estatal – só se instala quando a produção se instaura como mercadoria. É o trabalho tornado assalariado que dá base à forma valor. Relacionalmente, pessoas e coisas valem pela sua troca no mercado. Não se trata de uma troca incidental ou ocasional, mas de um sistema pleno que se estabelece a partir do momento em que a produção se assenta sobre o trabalho abstrato, numa subsunção não apenas formal, mas real, do trabalhador ao capitalista. A forma valor se metrifica na forma de mercadoria, que por sua vez, então, forja e dá margem a um complexo de formas sociais, nas quais a subjetividade tem papel primordial.

A sociabilidade capitalista, assim, é permeada pelas formas necessárias da mercadoria, que constituem tanto sua política quanto seu dispositivo jurídico de operacionalização. No átomo da mercadoria, que dá base a toda a vida social contemporânea, as subjetividades política e jurídica, sendo distintas mas conformadas, são algo como seu próton e nêutron.

Ideologia e política da subjetividade jurídica

A ideologia opera, no âmbito da subjetividade, numa interpelação aos indivíduos, conforme os termos de Althusser. Não se trata de uma imagem distorcida de uma realidade que há de ser revelada em meio às brumas da incompreensão. Antes, é a exata constituição da relação imaginária dos indivíduos com as relações de produção. Nesse sentido, a ideologia da subjetividade não é um logro do indivíduo: é sua própria concretização material. Tanto os indivíduos tornam-se sujeitos forjando uma ideologia da subjetividade quanto, em especial e fundamentalmente, uma ideologia da subjetividade interpela os indivíduos, forjando-os então como sujeitos. Essa operação tem no direito e na política estatal momentos cruciais.

Não se trata de denunciar o sujeito político e o sujeito de direito como miragens de suas definições ideológicas. Pelas normativas jurídicas, os sujeitos são livres e iguais. A denúncia imediata é sobre a miséria da liberdade apenas de contrato e da igualdade somente formal, a isonomia. É até possível que essa devassa imediatista da ideologia política e jurídica aconteça, mas, nesse caso, busca-se salvar a "verdadeira" natureza da liberdade e da igualdade entre os indivíduos. Uma espécie de socialismo utópico ou de capitalismo melhorado avulta dessa crítica imediata à ideologia. Os sujeitos pedem a plenitude de si mesmos, dentro da mesma ordem que os constitui.

A ideologia trabalha num plano maior que o da mera mentira ou da inversão. Advinda da materialidade das práticas dos sujeitos, ela opera na própria referência constitutiva dos termos da subjetividade. De fato, o capitalismo opera por mecanismos de igualdade e liberdade contratual. A ideologia da subjetividade política e jurídica não é uma miragem da realidade mas, antes, sua representação imaginária nos indivíduos a partir das próprias formas da mercadoria, perpassando toda a sociabilidade capitalista e advinda da própria natureza da reprodução de tais relações de produção.

Slavoj Zizek, num texto da década de 1990, analisando a ideologia a partir de referenciais hegelianos, distingue-a em três momentos, "em si", "para si" e "em si e para si":

> A propósito da religião (que, para Marx, era a ideologia por excelência), Hegel distinguiu três momentos: *doutrina*, *crença* e *ritual*; assim, fica-se tentado a distribuir em torno desses três eixos a multiplicidade de ideias associadas com o termo "ideologia": a ideologia como um complexo de ideias (teorias, convicções, crenças, métodos de argumentação); a ideologia em seu aspecto externo, ou seja, a materialidade da ideologia, os Aparelhos Ideológicos de Estado; e por fim, o campo mais fugidio, a ideologia "espontânea" que atua no cerne da própria "realidade" social (é altamente questionável que o termo "ideologia" seja apropriado para designar esse campo; exemplar aqui é o fato de que Marx nunca usou o termo "ideologia" a propósito do fetichismo da mercadoria) (ZIZEK, 1996, p. 15).

Tomando o mote de Zizek como guia didático, é possível desdobrar a ideologia da subjetividade jurídica nesses mesmos momentos.

"Em si", a liberdade e a igualdade dos indivíduos, numa sociedade da mercadoria, são eixos de uma ideologia como teoria de explicação de mundo. De fato, o direito e a política estatal se fundam em uma perspectiva filosófica quase sempre de cunho liberal, ou, mais explicitamente, de matriz juspositivista. Nesse complexo de aceitação da ordem estatal e de suas normativas, a subjetividade jurídica é seu coração. Tanto assim que o direito civil, que está abaixo do direito constitucional em termos hierárquicos, é que, no entanto, perpassa, enquanto matriz ideológica, toda a articulação dos negócios, atos e fatos jurídicos, em todos os ramos do direito. O discurso político e jurídico do sujeito forma a ideologia moderna e contemporânea enquanto teoria.

"Para si", a ideologia da subjetividade jurídica e política se revela em seu próprio eixo constituinte. São a disposição de si no contrato e a exploração do trabalho por meio assalariado que constituem a subjetividade nos termos do direito. Esse modelo circulacional, que advém não da simples circulação, mas das relações de produção, é o mesmo nos termos da subjetividade política, que iguala todos em termos de vontade na eleição e na submissão ao Estado. Em sua materialidade, há um nível dos Aparelhos Ideológicos de Estado que opera a ideologia no geral: a escola e os meios de comunicação de massa podem ser vistos como seus exemplos mais bem acabados.

A ideologia da subjetividade jurídica, além de ser operada por meio dos Aparelhos Ideológicos de Estado, que a controlam e a qualificam, advém, no entanto, de uma materialidade imediata e ainda mais profunda: é no nível elementar, íntimo e atômico da circulação das mercadorias que reside sua natureza. Os indivíduos são sujeitos de direito, em primeiro lugar, porque se compram e se vendem. Num segundo momento, porque o Estado os qualifica como cidadãos e portadores desses mesmos direitos que já operam. Por isso, embora haja relação próxima entre sujeito de direito e Código Civil, há uma distinção de origem. A subjetividade jurídica não é normativa, mas, sim, material nas relações de produção. O mesmo com a ideologia jurídica, que está nos Aparelhos Ideológicos de Estado mas, também e antes, materializada nas próprias formas da sociabilidade capitalista.

"Em si e para si", a ideologia da subjetividade jurídica e da subjetividade política se estabelece a partir da própria mercadoria, que assume papel central na articulação da vida social. Os sujeitos de direito assim o são a partir da mercadoria, porque a podem portar e transacionar. Assim sendo, a ideologia da centralidade da subjetividade é parelha, em exata medida, da centralidade da mercadoria, cuja existência forma subjetividades. Nesse sentido, a mercadoria porta sujeitos.

Para além da política da subjetividade

Se as subjetividades jurídica e política se lastreiam na materialidade profunda das relações de produção capitalistas, a luta social e mesmo as compreensões médias da teoria quase sempre se confinam a seus horizontes. Daí, se é verdade que a atualidade verifica uma ampla disputa quantitativa em termos de subjetividade, raramente vê em cena a luta por sua ruptura, superação ou transformação.

A oposição progressista tradicional à política da subjetividade política e jurídica se dá com a política classista. Contra um mundo de indivíduos atomizados, postos em uma ciranda infinda de compra-e-venda de si mesmos e de coisas, opõe-se a classe. Compreendendo na classe trabalhadora a possibilidade de luta de superação em face da classe burguesa, o discurso classista amplia o foco da ação política na mecânica da sociedade capitalista. Ocorre que a classe revolucionária, nessa perspectiva classista, acaba por ser a substituição do sujeito atomizado, mas sem romper com as formas dessa mesma subjetivação. A dificuldade em superar a política da subjetividade a partir da prevalência de uma classe sobre outra se dá porque, quase sempre, as lutas progressistas opõem ao sujeito no mercado o sujeito como trabalhador. Há um grande Outro que permanece. Tal qual o sujeito da religião está ligado a um Sujeito, Deus, que lhe dá a interpelação constituinte, na luta de classes todos os sujeitos, trabalhadores e burgueses, passam a ser referenciados por Sujeitos maiúsculos e orgânicos, classe burguesa e classe trabalhadora. Mas, ainda assim, o sujeito e tais Sujeitos assim o são porque todos estão submetidos ao Sujeito Mercadoria.

É verdade que a luta de classes tem papel proeminente e mesmo decisivo na articulação da sociabilidade do capital, mas as engrenagens de tal tessitura são constituídas por meio de formas sociais estruturantes que guardam o segredo da reprodução das relações de produção capitalistas: forma valor, forma mercadoria, forma jurídica, forma política estatal etc. Não se trata de negar a luta de classes, mas sim de enredá-la nas formas da sociabilidade capitalista.

Se, de um lado, uma perspectiva orgânica, eminente ou exclusivamente classista, dilui o sujeito em agrupamentos que ainda são tributários das mesmas formas gerais da sociabilidade capitalista – e, por última consequência, mantêm os termos gerais da própria política da subjetividade –, de outro lado a prática social e a teoria, desde as décadas finais do século XX, parecem se encaminhar para o seu oposto. No seio das perspectivas pós-modernas, é justamente o indivíduo que é ressaltado, ao mesmo tempo contra as classes e, também, contra os Sujeitos. Deus, Estado e Classe são seus alvos. As políticas de identidade, de gênero, de raça, de minoria, investem na radicalização do sujeito contra seus constrangimentos sociais moleculares.

Na política da subjetividade pós-moderna, o sujeito, ao ser tornado insigne, é revestido exatamente daquilo que forma sua potência imediata. A política da religião, do Estado e da classe, obrigando a um uniforme genérico, passa agora a enfrentar a oposição de uma moda sempre original a cada manequim. Ocorre que a política da subjetividade pós-moderna é ainda a política da mercadoria. O Sujeito se mantém, eventualmente, menor ou diferente no Estado, mas intacto e pleno na Mercadoria. A roupa que veste o sujeito contemporâneo que buscou se desvencilhar das vestes das classes ainda é comprada, e é na moeda do dinheiro que circula e veste os corpos. O sujeito se imediatiza ainda mais em face do Sujeito.

A pós-modernidade, ao atacar o Outro, reinveste exatamente os termos do sujeito, que, ao existir apenas na política das formas da sociabilidade capitalista, acaba por preservá-la. Seu combate aos Outros só é possível porque, por detrás deles, há ainda o grande Outro, a forma valor.

Por isso, nesse quadro, contra a política de Deus, do Estado, do Direito, das Classes e do sujeito-Sujeito, é preciso vislumbrar ainda e exatamente as formas da sociabilidade capitalista, das quais a política de todos esses termos é derivada. A política da subjetividade é a política da mercadoria, e sua única alteração possível é a superação do modo de produção capitalista. É na verdade na subjetividade estatal e jurídica que reside sua política: as relações de produção são o cerne de tal alteração.

Referências

MASCARO, A. L. (2013). *Estado e forma política.* São Paulo: Boitempo.

ŽIŽEK, S. (1996). “O espectro da ideologia”. In: *Um mapa da ideologia*. Rio de Janeiro: Contraponto, p. 7-38.

O sujeito do Direito e do inconsciente nas toxicomanias[1]

Fabián Naparstek

Resumo

O presente trabalho aborda as toxicomanias a partir do lugar do sujeito em diferentes perspectivas e da função do consumo na época atual. Fazendo uma primeira distinção entre sujeito do Direito – igual a todos os outros – e sujeito do inconsciente – inequivocamente singular –, a crença em uma espécie de direito ao gozo é apontada como pilar que sustenta a sociedade nos dias de hoje. Há aí uma diferença fundamental entre a época do Nome do Pai, centrada numa lógica fálica, masculina, ligada ao todo, e os tempos atuais, cuja lógica se apresenta cada vez mais feminina, singular, não-toda. Atualmente a ideia de um conjunto de sujeitos representado maciçamente por um dado significante mestre está cada vez mais dispersa, fato apontado por Lacan ao modificar o lugar do S_1 nos discursos do Mestre e do Capitalista. Nesse contexto, a toxicomania, antes circunscrita como exceção de gozo que dá existência ao todo, passa a ser uma experiência de mercado. Se o capitalismo sustenta o gozo diretamente atrelado ao consumo, a toxicomania não configura mais tanta exceção, podendo ser observada, em termos de tratamento, sob dois prismas. De um lado, da ciência aliada ao Estado, como mais uma das infindáveis classificações que tentam dar conta da dispersão igualando sujeitos: para

[1] Tradução de Heloisa Shimabukuro e Nelly Lara de Brito. Estabelecimento de texto de Heloisa Caldas.

aqueles com o mesmo problema, o mesmo remédio. De outro lado, o da psicanálise, privilegiando-se o trabalho a partir do sintoma: forma singular de acesso ao gozo inventada pelo sujeito a partir do corpo, a cada vez, para cada um.

Palavras-chave: toxicomania; Direito; inconsciente; classificação; invenção.

ABSTRACT

The subject of the Law and of the subject of the unconscious in drug addiction

This paper discusses addictions from the position of the subject by taking different perspectives, and the role of consumption in current days. Making a first distinction between the subject of the Law – the same as all the others – and the subject of the unconscious – unequivocally singular – the belief in a sort of right to *jouissance* is pointed out as a pillar that sustains society nowadays. Therein lies the fundamental difference between the days of the Name of the Father, centered on a phallic, male logic, connected to the whole; and present days, when logic appears to be increasingly feminine, singular, non-whole. Currently the idea of a set of subjects massively represented by a certain master signifier is increasingly dispersed, which is a fact highlighted by Lacan when he changes the S_1 position in the Master's and the Capitalist's discourses. In this environment, drug addiction, which was formerly circumscribed as an exception to *jouissance* that renders existence to the whole turns out to be a market experience. If capitalism maintains the *jouissance* directly related to consumption, drug addiction can no longer be framed as an exception; for the sake of treatment, it can now be observed from two viewpoints. On the one hand, namely, the perspective of science allied to the State, as another classification among the numerous ones that attempt to explain dispersion by ranking subjects in the same level: the same remedy to those who one have the same problem. On the other hand, the perspective from psychoanalysis, in which the work stemming from the symptom is privileged: singular form of access to the *jouissance* invented by the subjects from their own bodies, at a time for each one of them.

Key-words: drug addiction; Law; unconscious; classification; invention.

Pensei em um título para este trabalho, como sempre com antecedência, três meses atrás, mas naquela ocasião não sabia o que escreveria. Pensei somente em um título. Um título, no entanto, é sempre uma orientação do que abordar. Então tomarei o tema do sujeito e o do Direito, mas tentarei também abordar, um pouco, a época atual.

O primeiro ponto é sobre o sujeito da Psicanálise e o sujeito do Direito. Quando digo sujeito do Direito, estou falando do sujeito do Estado e da Lei no discurso jurídico. O sujeito do discurso jurídico é sempre considerado como igual a outro sujeito, tem os mesmo direitos. Hoje temos também o sujeito do consumo, do direito do consumidor. Podemos dizer que essa é uma concepção do sujeito do gozo, do gozo do consumidor. É uma concepção apropriada à nossa época pensar o sujeito a partir do gozo: todos têm o mesmo direito de gozar na vida. É necessário dizer que não é somente um direito. Há hoje uma obrigação de gozar na vida e quem não o faz é um deprimido. Podemos dizer que o mundo atual está entre a abstinência do gozo e o quanto se puder gozar.

Em Psicanálise, no entanto, falamos de sujeito do inconsciente que se define como sempre diferente de outro sujeito. Temos assim o contrário da definição do sujeito da Lei. Para a Lei, o sujeito é sempre igual ao outro; para a Psicanálise o sujeito é sempre diferente. Partimos da ideia da sua singularidade. Mas o fato de que essas concepções sejam opostas não quer dizer que a Psicanálise possa prescindir do sujeito da Lei. Ao contrário, a Psicanálise só tem lugar em um país em que haja o sujeito do Direito. Se não há o sujeito do Direito, não há Psicanálise. Uma vez localizada essa diferença, temos que localizar uma diferença do sujeito em função da época.

As drogas nas diferentes épocas

Lacan distinguiu entre o sujeito da época do Nome-do-Pai, dos ideais, e o sujeito do capitalismo. Para isso, Lacan utilizou o esquema do Discurso do Mestre vigente na época vitoriana de Freud. Lacan (1969-1970/1992, p. 12) o formulou assim:

$$\frac{S_1}{\$} \rightarrow \frac{S_2}{a}$$

O que nos interessa destacar nesse discurso é o significante mestre que representa o sujeito. Então, na época de Freud e na primeira época de Lacan havia um significante mestre. Ele podia ser atribuído aos ideais, à religião etc. e podia situar, no mesmo conjunto, muitos sujeitos que se faziam representar por esse mesmo significante mestre. Quando Lacan propõe o Discurso Capitalista (LACAN, 1972/1978, p. 40), faz uma inversão de lugar: o sujeito passa para o lugar acima e o significante mestre cai.

$$\downarrow \frac{\$}{S_1} \qquad \frac{S_2}{a} \downarrow$$

O que Lacan aponta com esse discurso é o sujeito, que não está representado por apenas um significante mestre. Lacan indica que o sujeito é um sujeito disperso. Ele não tem um significante único para se representar. Então, temos muitos significantes mestres soltos e o sujeito, que não tem um significante mestre único da época, sempre precisa localizar um significante para se fazer representar.

Os sujeitos dispersos tentam se representar, por exemplo, através de seu gozo. Uma pergunta que sempre me fiz é por que, uma vez aceito por todos que cada um pode gozar à sua maneira, em outras palavras, que cada um possa "fazer sua cama", fazer o que quiser na intimidade, por que é também necessário sair à rua com um cartaz para se fazer representar em praça pública? Para dizer "eu gozo de uma maneira"? Por que é preciso ainda se fazer representar? Por que é necessário, por exemplo, ir à praça pública e sustentar o "orgulho gay"? Não estou fazendo uma apreciação de valor, não estou dizendo se é bom ou ruim. Faço uma pergunta: por que, além de o sujeito fazer na intimidade o que quiser, ainda lhe falte sair à rua para dizê-lo? Isso mostra que há uma necessidade de se fazer representar por um significante, nesse caso a partir do gozo.

Também há alguns que se fazem representar por um trauma. Há pessoas que passaram por uma guerra, por um acidente. Soube que aqui no Brasil houve um incêndio em uma boate como na Argentina, onde também houve algo muito parecido. Agora muitos são ex-traumatizados desse evento na boate e andam na rua com um cartaz, todos juntos, a partir desse trauma. Os familiares dos traumatizados também vão à rua como ex-traumatizados e assim sucessivamente.

Também temos sujeitos que frente à fragmentação da informação – uma vez que a informação atualmente chega de todos os lados fragmentada – definem a si mesmos como sujeitos que têm uma única certeza. O exemplo que Jacques-Alain Miller utilizou em relação a isso foi o do fenômeno *otaku* no Japão (MILLER, 2002/2011). Um fenômeno de meninos que conhecem muito bem como fazer um jogo na rede da internet e passam vinte e quatro horas, todo o dia, jogando esse jogo. São conhecedores apenas disso. Eles têm uma certeza, um conhecimento bem restrito, o que leva Miller a falar de monomanias: uma mania limitada a uma única coisa (MILLER, 2002/2011). Descrições assim, que se pode observar continuadamente, são bem diferentes da descrição do Nome-do-Pai, na qual o sujeito tinha, desde o seu nascimento, um significante mestre que norteava em que grupo se situaria, a que conjunto determinado por um significante mestre pertenceria. Isso mudou e essa mudança também tem impacto na clínica psicanalítica.

A clínica psicanalítica clássica de Freud e de Lacan começa com uma tripartição de neurose, psicose e perversão. É uma classificação própria do Nome-do-Pai. Todo mundo é psicótico ou neurótico ou perverso. Trata-se de uma classificação própria da era do Nome-do-Pai, na qual todos são remetidos a um conjunto determinado. E, na clínica, não há mais do que esses três conjuntos.

O que encontramos em Lacan é a clínica do Nome-do-Pai própria do masculino, que ele veio a poder chamar de clínica do todo ou clínica do falo. Uma clínica ordenada ao redor do falo, do Édipo e que vem a ser muito diferente de uma clínica feminina (MILLER, 2003). Por isso fala-se, hoje em dia, da feminização do mundo, porque se trata de uma clínica do não-todo. Já não implica grandes classificações, comuns a muitos, mas uma pluralização do fenômeno clínico. Cada sujeito tem que inventar uma maneira de se identificar ao seu próprio significante.

Há três momentos muito claros na clínica lacaniana. Uma primeira clínica em referência ao Outro, centrada na questão do sujeito e na qual Lacan pôde diferenciar a histeria da obsessão a partir, por exemplo, de perguntas diferentes. Trata-se de uma clínica centrada no desejo, na pergunta e na identificação e que, portanto, está centrada no campo do Outro. Lacan o diz com todas as letras: "o que se passa com o sujeito depende do que se passa no campo do Outro" (LACAN, 1956/1998, p. 555).

Em seguida, temos uma clínica da fantasia, de uma época muito especial de Lacan, contemporânea ao movimento estudantil na França no ano de 1968. A clínica que surge a partir daí é balizada por um dispositivo próprio, uma maneira de mostrar um fim de análise. É uma clínica do passe.

E, finalmente, uma clínica do sintoma muito mais centrada no singular e que penso ser muito mais próxima da psicose. Baseado nessa última clínica, tentei demonstrar, na minha tese de doutorado, como a toxicomania da época atual está muito mais próxima da psicose do que da neurose e da perversão.

Uma vez que se observa esse panorama, pode-se ver que na toxicomania também há mudanças. Pode-se falar da toxicomania clássica, quando falamos dos velhos alcoolistas. Alcoolistas homens que se reuniam para beber num bar e choravam um amor passado por uma mulher. Eles faziam um grupo. Nomeei esses alcoolistas como alcoolistas românticos. Havia um laço entre eles estabelecido pelo romantismo da perda de um amor. Também havia na época alguns defensores de certas drogas precisas, como hoje em dia ainda existe. Mas na época havia ideais relacionados ao consumo de drogas, ideais de liberação, dos anos 60 e 70, que permitiam uma reunião ao redor de alguns significantes mestres para consumir a droga. O movimento hippie, por exemplo, e também outros movimentos que reuniam sujeitos para o consumo de uma droga especial. Também havia grupos que se reuniam a partir de uma prática. É muito habitual no Hemisfério Norte, na Europa e nos Estados Unidos, a prática de se picar. Na América do Sul não é tão habitual. Essa prática também reunia sujeitos, quiçá com menos ideais, mas que compartilhavam um modo de gozo. Na Europa existem bairros para toxicômanos nos quais o governo prepara um lugar para que o toxicômano possa gozar de se picar tranquilamente. O Estado lhe fornece a melhor droga do mercado para que ele possa gozar tranquilamente e ele vai a esse bairro para se drogar. Então, houve uma época na qual a toxicomania era uma toxicomania reunida, como referi antes, a partir de um significante mestre.

Penso que hoje há uma maneira de consumo de droga muito mais dispersa. As drogas novas são muito mais variadas. Há, a cada vez mais, mais drogas novas. A cada vez é mais difícil comparar um toxicômano a outro toxicômano. Cada vez mais a toxicomania não faz grupo.

Ao mesmo tempo, penso que a política para a toxicomania e para as drogas, na época do Nome-do-Pai, tinha uma definição muito precisa, a partir dos Estados Unidos. Era a política da repressão. A decisão dos Estados Unidos de manter uma política geral de repressão às drogas era coerente com a época do Nome-do-Pai, com a época das grandes classificações, com a época do todo.

Quero dizer que, quando se fala do todo, para dar existência ao todo, é preciso que em algum lugar exista um gozo. Trata-se de um pequeno lugar. Foi o que o próprio Freud descreveu da civilização dizendo que ela tem uma temporalidade. Há um momento muito preciso e limitado para o gozo que Freud chamou de "a festa totêmica" (FREUD, 1913/1996). Assim, na época do todo há um tempo de lei e há um tempo mais reduzido, um tempo recortado para o gozo. Há um momento preciso em que a própria cultura que reprime gera um gozo, sempre um tanto clandestino. Mesmo naquele tempo em que Freud escreveu já pôde demonstrar à civilização que, em algum lugar, o gozo existe. A função de Freud em sua época foi a de mostrar que a criança tem sexualidade, por exemplo. Todos eram muito corretos, mas, além de serem corretos, existia o gozo. Isso foi o que Freud (1905/1996) demonstrou. Atualmente o gozo esta à mostra por toda parte. O real do gozo – que no tempo de Freud era reservado a algum lugar – hoje em dia se explicitou. Referimo-nos àquela época como sendo uma época do todo.

O todo para Lacan se constitui porque há algo que está fora do todo. Sempre que há o todo, há algo fora do todo (LACAN, 1971-1972/2012). Então, a política de repressão das drogas tem como função, entre outras, a de fortalecer o todo. É necessário que haja algo proibido, reprimido, para que se possa constituir o todo. Uma maneira de fortalecer o todo é deixar sempre algo fora. A ideia de Lacan (1972-1973/2008) do não-todo é uma ideia do infinito. A ideia do não-todo não é a de que algo falta, mas, ao contrário, de que se pode tudo ao infinito, não há nada que falte.

No último ano pudemos ler em diferentes jornais, nos Estados Unidos, no México, no Uruguai e na Argentina, uma tendência geral à liberalização da maconha. No Uruguai, há uma lei totalmente nova, porque não somente a possibilidade de consumo pessoal é liberada, como também a possibilidade de produção de maconha. Da mesma forma, uma novidade muito importante neste momento, com relação à política da repressão nos Estados Unidos, é um movimento da liberalização da maconha não só para consumo pessoal, como também para produção. Li há mais de um mês em um artigo publicado na imprensa Argentina, como na de outros lugares do mundo, dizendo que hoje em dia há grupos financeiros que têm ações na Bolsa de Wall Street e que fazem investimentos na produção da maconha. O ex-presidente do México patenteou uma primeira marca de maconha e os artigos dos jornais diziam que há um *pool* de negócios, com ações na Wall Street, que organizam lugares onde vão produzir a maconha. Seattle, Oakland e Denver começam a ser os três grandes centros industriais de maconha. Eles falam de "espaço de *cannabis*" cujo mercado vai mover entre 40 a 50 milhões de dólares. Haverá uma boa produção de maconha, da melhor do mundo, controlada pelo Estado, de boa qualidade, não prejudicial, com benefícios medicinais, etc.

O que essas mudanças implicam? O mesmo texto diz que a maconha será a primeira droga e que depois virão outras drogas. A política de repressão às drogas vai acabar. Penso que o melhor exemplo desse processo foi o que ocorreu com o ópio na China. Os chineses conheciam o ópio, mas os ingleses precisavam vender algo para os chineses para sustentar seu negocio com estes, dos quais compravam tecidos. Então os ingleses proibiram a droga. O ópio era uma droga que os chineses consumiram durante séculos e séculos. Os ingleses a proibiram, mas a cultivaram na Índia e começaram a vender para os próprios chineses. A partir daí começa o problema do ópio na China, quando a droga entra no mercado. O povo chinês começa a ter problemas com essa droga e daí, desse momento, vem a expressão "ópio do povo". O que estou tentando dizer é que o problema atual será devido à entrada da droga no mercado. Não tanto porque ela será liberada, mas sim porque ela vai gerar ações no mercado de Wall Street.

MODOS TERAPÊUTICOS DE ABORDAR A TOXICOMANIA

Frente a essa distinção das drogas nas épocas, gostaria agora de centrar nos modos terapêuticos. Na época do Nome-do-Pai predominava, existem ainda, quatro modos terapêuticos gerais. A distinção como modos terapêuticos é de Éric Laurent (2008). Ele somente os mencionou mas, em minha tese (NAPARSTEK, 2011), pude desenvolver seu pensamento.

São quatro modos terapêuticos de acordo com os quatro elementos do discurso de Lacan: o objeto *a*, o significante mestre, o saber e o sujeito. São quatro formas terapêuticas de abordar a problemática da toxicomania.

A primeira é o tratamento a partir do objeto. Há uma velha discussão que questiona se o problema da toxicomania é o objeto ou o sujeito; se o problema é a droga ou a pessoa. É uma discussão antiga que vem desde os gregos. Por exemplo, no meio da tragédia das Bacantes, debatia-se se o problema era o vinho ou as mulheres que tomavam o vinho, porque se tratava de uma tragédia de mulheres.

O tratamento a partir do objeto toma a posição de que o problema é o objeto. Então, assim, o tratamento é de substituição do objeto. Atualmente, em muitos países, utiliza-se uma política de substituição. Mas não é uma novidade atual pensar que uma droga pode substituir outra droga e que uma droga é melhor que a anterior. O aparecimento da heroína foi pensado para o sujeito que consumia morfina e o Estado vendia a esses sujeitos a heroína porque pensava que podia curar esse sujeito da morfina. Uma ideia antiga que aparece na Europa no que se chama de "tratamento de manutenção", com metadona ou subutex, principalmente para o sujeito que consuma heroína.

É importante observar que a substituição aparece no momento em que a ciência descobre a síndrome de abstinência. A meu ver, este foi um momento muito importante na história das drogas. Antonio Escohotado, um autor espanhol que escreveu uma história das drogas (ESCOHOTADO, 1989/1998), situa com muita precisão esse momento central porque, quando se descobriu a síndrome da abstinência, foi a primeira vez que a ciência tomou um lugar na problemática das drogas. Até esse momento, a ciência não tinha nada a dizer sobre elas, que eram um problema da magia, da bruxaria, mas não um problema da ciência. Quando aparece a síndrome da abstinência, a ciência toma um lugar no mundo das drogas e propõe, então, o tratamento de manutenção que, depois de muito tempo, foi seguido pelos programas de redução de danos. Que fique bem claro que o programa político de redução de danos não toca à toxicomania. É um programa social que tem efeitos sobre a criminalidade, sobre o contágio de doenças, mas não tem nenhum efeito sobre a toxicomania. Com a redução de danos, a toxicomania se apresenta da mesma forma que antes.

O segundo modo de tratamento é a partir do saber. Esse tratamento tenta explicar o toxicômano como aquele que tem um gozo desordenado que vai levá-lo à morte. Esse tipo de tratamento encontra-se principalmente na comunidade terapêutica que utiliza a representação de um ex-toxicômano que pode explicar a um novo toxicômano o que é a toxicomania e como é a cura da toxicomania, pensando que todo toxicômano é igual a outro toxicômano. Parte-se da ideia de que a enfermidade é igual para todos e, portanto, a cura é igual para todos também. Então o ex-toxicômano explica ao novo toxicômano como se curou e o novo toxicômano vai se curar porque encontra algo para se identificar ao velho toxicômano. A comunidade terapêutica tem uma história que surge na Europa, no momento posterior à Segunda Guerra Mundial. No seu começo não havia nenhum profissional trabalhando nessas comunidades terapêuticas. Hoje em dia trabalham profissionais nelas, mas em um primeiro momento não havia profissionais, não havia psicólogos, não havia médicos, havia somente uma relação de saber entre pares iguais.

Temos um terceiro modo de tratamento a partir do significante mestre, no qual se inscreve o tratamento dos narcóticos anônimos e alcoolistas anônimos, que é bem diferente da comunidade terapêutica porque faz uma referência muito precisa a uma autoridade superior, que não pertence a nenhuma religião em especial, mas que é uma autoridade superior. Por exemplo, nesses grupos a tradição número dois diz o seguinte: "para o propósito de nosso grupo só há uma autoridade fundamental, um Deus bondoso tal como se manifesta em nossa consciência de grupo. Nossos líderes não são mais que servidores de confiança, não governam. Quem governa é Deus" (NARCÓTICOS ANÔNIMOS, 2014). Os líderes também têm que se reportar a Deus.

Finalmente, temos o tratamento pelo sujeito. Quem entra nessa vertente é a psicanálise, que busca a singularidade do sujeito como modo de enfrentar uma tendência geral de massificar o gozo. Para isso Lacan tem uma ideia muito forte: para que apareça o sujeito, do outro lado tem que haver um Outro barrado. O sujeito só aparece se, do outro lado, encontra-se com o Outro barrado que não sabe tudo, não é um Deus todo poderoso nem um rochedo. A ideia de Lacan, principalmente no texto "A direção da cura" (LACAN, 1958/1998), é que quando o sujeito vai procurar um psicanalista ou um terapeuta e encontra um Outro completo o resultado é a queda do sujeito, a transformação do sujeito em um objeto, um objeto dejeto. Lacan utilizou o exemplo do marasmo de Spitz (1979): quando a mãe encarna o lugar do Outro e, a cada vez que o sujeito abre a boca, ela coloca comida ali, o sujeito vai morrer com isso. Ele tenta, então, produzir uma barra no Outro, para ter um lugar como sujeito. Para Lacan trata-se de uma clínica entre a vida e a morte: o sujeito barrado ou não barrado marca uma diferença entre a vida e a morte. Uma clínica que permite pensar não somente o tratamento de cada sujeito singular, mas também o tratamento institucional. Como pensar uma instituição clínica que encarna o lugar do Outro barrado: uma clínica, uma instituição que pode não saber tudo, que tem regras bem escritas, mas que pode deixar nascer, ao mesmo tempo, a exceção à regra? Ao contrário do Outro que completa, Lacan sublinha que, em nossa clínica, a abstinência tem muita importância e, principalmente, a abstinência do analista. Não é a abstinência do sujeito, mas sim a abstinência do analista de se localizar no lugar do Outro completo.

Cada um desses tratamentos tem toda sua importância e eu recebo muitos sujeitos toxicômanos que, ao mesmo tempo, vão aos narcóticos anônimos. Não vejo nenhum problema em aceitar o sujeito que vá aos narcóticos anônimos ou a uma comunidade terapêutica ao mesmo tempo que faz um tratamento psicanalítico. Acho que seja possível em certos tratamentos, certos sujeitos podem encontrar uma maneira de sair da toxicomania. Mas a grande diferença é que a psicanálise permite conhecer por que ao sujeito, por exemplo um sujeito psicótico, muito sugestionável, faz bem ir aos narcóticos anônimos que ordenam a vida do sujeito, que lhe dizem o que tem de fazer todo dia. Só a psicanálise pode compreender por que esse tratamento foi um bom tratamento para o sujeito. Para os narcóticos anônimos há sujeitos que entram em tratamento e sujeitos que não. Eles não sabem por que uns entraram e outros não. A psicanálise pode explicar a razão de por que entrou naquele tratamento e em outro não.

Um último ponto. Esses quatros modos de tratamento são, a meu ver, tratamentos da época do Nome do Pai. São tratamentos em que a toxicomania apareceu tal como até hoje. Penso que se a política da toxicomania mudar também mudará o tratamento com o toxicômano. É a minha perspectiva na atualidade. Se a política da repressão vai verdadeiramente cair, os tratamentos com os toxicômanos também vão mudar.

A ideia do último Lacan, ele disse isso literalmente, é o direito ao sintoma. Essa é sua indicação quando fala de Joyce: todo homem tem direito ao sintoma (LACAN, 1979 [1975]/2003, p. 565). Já não se trata mais do direito à singularidade do sujeito, mas do direito ao sintoma. Quando ele diz isso, na sua segunda conferência de "Joyce e o sintoma", ele diz tudo junto, *toduomem, toutom* em francês, tem direito ao sintoma (LACAN, 1979 [1975]/2003, p. 565). No último ensino de Lacan vemos que a singularidade do sujeito se encontra no sintoma.

Lembro de um filme muito conhecido, *O discurso do rei* (HOOPER, 2010), que apresenta um tratamento do sintoma. Não é um tratamento de um psicanalista, mas é um tratamento de um sintoma: uma gagueira. Finalmente o rei consegue falar e aquele que, de certa forma, fez o lugar do psicanalista, diz a ele ao final: "você falou muito bem, mas você tropeçou uma vez". O rei responde: "se eu não tivesse tropeçado, eu não seria eu mesmo". Esta é a ideia de Lacan, a de que o sintoma é o mais singular que o sujeito tem. Trata-se de um paradoxo porque aquilo que é o mais singular que o sujeito tem é, ao mesmo tempo, o problema do sujeito.

Assim, ter direito ao sintoma tem múltiplas significações. Primeiramente, a psicanálise não tenta remover ou eliminar o sintoma. Lacan considera que para o sujeito há sintoma e, se há sintoma, o que se pode alcançar é fazer algo novo, diferente, com esse mesmo sintoma. Vale assinalar que é um sintoma que tem a ver com o corpo. É porque o homem tem corpo que tem sintoma. Trata-se de uma psicanálise muito mais humilde. Aceita-se que há o que há e com isso se pode fazer algo diferente. Não se pretende remover o sintoma do sujeito e colocá-lo na generalidade do gozo globalizado. Tenta-se respeitar o sintoma. Assim, ao mesmo tempo que Lacan diz "direito ao sintoma" (LACAN, 1979 [1975]/2003, p. 565), compreendo que se trata de ir direto ao sintoma. Não somente ter direito ao sintoma, ir direto ao seu sintoma.

A psicanálise de hoje pode ir direto ao sintoma de cada sujeito, à singularidade de cada sujeito, respeitando essa singularidade que o faz aparecer e que, ao mesmo tempo, não pode desaparecer. De nenhuma maneira, para a psicanálise, o desaparecimento do consumo é uma orientação na clínica do toxicômano. Isso pode acontecer em algum caso, mas não sempre. Temos que definir o que pensamos do toxicômano, como definimos um toxicômano em relação a um não toxicômano, ainda mais quando vivemos em uma época, podemos dizer assim, de toxicomania generalizada: todo mundo é consumidor. Então como definir um toxicômano?

Finalmente, retomando a questão da classificação, penso que o DSM tem sido uma maneira de apreciar a dispersão da época, o que Jacques-Alain Miller sublinha, sempre que tem oportunidade (MILLER, 2012). O DSM pôde, verdadeiramente, ver a dispersão do sujeito da época. Mas com outra orientação distinta daquela da psicanálise. O DSM tenta tomar a dispersão da época e fazer uma classificação a partir dessa dispersão. Ele mostra que a época atual não é mais a época do Nome do Pai, na qual há somente neurose, psicose e perversão. Mas tenta fazer uma classificação dessa dispersão.

A partir do que Lacan propõe que, no mesmo texto sobre Joyce, ao invés de fazer uma classificação, podemos fazer um inventário. Um inventário é quando se faz a conta do que há: há um, há outro, há mais outro. É uma lista. E então há um jogo de palavras entre inventário e inventar: inventário, inventar e inversão. Como o sujeito, a partir da sua própria invenção, cada um sozinho, pode encontrar uma maneira de sair do seu próprio sintoma, a partir do *sinthoma*? A clínica psicanalítica não faz estatística, mas faz inventário, e assim pode dar conta de um caso, outro caso, outro caso e outro caso.

REFERÊNCIAS

ESCOHOTADO, A. (1989/1998). *Historia general de las drogas* 2. 7. ed. rev. ampl. Madrid: Alianza.

FREUD, S. (1996). *Edição standard brasileira das obras psicológicas completas de Sigmund Freud*. Rio de Janeiro: Imago.

(1905). "Três ensaios para uma teoria da sexualidade", v. VII, p. 117-231.

(1913). "Totem e tabu", v. XIII, p. 11-163.

HOOPER, T. (diretor). *O discurso do rei*. Inglaterra: 2010. Duração: 118 min.

LACAN. J. (1956/1998). "De uma questão preliminar a todo tratamento possível da psicose". In: *Escritos*. Rio de Janeiro: Jorge Zahar, p. 537-590.

———. (1958/1998). "A direção do tratamento e os princípios de seu poder". In: *Escritos*. Rio de Janeiro: Jorge Zahar, p. 591-652.

———. (1969-1970/1992). *O seminário, livro 17: o avesso da psicanálise*. Rio de Janeiro: Jorge Zahar.

———. (1972/1978). "Du discours psychanalytique". *Lacan in Italia 1953-1978*. Milão: La Salamandra. Disponível em: <http://www.valas.fr/IMG/pdf/IIIIin_Italia_chap-3.pdf>. Acesso em: 03 fev. 2014.

______. (1979 [1975]/2003). "Joyce, o sintoma". In: *Outros escritos*. Rio de Janeiro: Jorge Zahar, p. 560-566.

______. (1971-1972/2012). *O seminário, livro 19: ... ou pior*. Rio de Janeiro: Jorge Zahar.

______. (1972-1973/2008). *O seminário, livro 20: mais, ainda*. Rio de Janeiro: Jorge Zahar.

LAURENT, E. (2008). "Apuestas del congreso 2008: el objeto *a* como pivote de la experiencia analítica". In: *Lo inclasificable de las toxicomanías*. Buenos Aires: Ed Grama, Serie TyA, p. 13-26.

MILLER, J.-A. (2002-2011). "Intuições milanesas II". In: *Opção Lacaniana online nova série*, n. 6. Revista digital da Escola Brasileira de Psicanálise. Disponível em: <www.opcaolacaniana.com.br>. Acesso em: 30/9/2013.

______. (2003). "El inconsciente es político". In: *Revista lacaniana de psicoanálisis*, 1(9-19). Buenos Aires: EOL.

______. (2012). "O real no século XXI". In: *Opção Lacaniana – Revista Brasileira Internacional de Psicanálise*. São Paulo: Eolia, 63, p. 11-20.

NARCÓTICOS ANÔNIMOS. Disponível em: <http://www.na.org.br/>. Acesso em: 17 fev. 2014.

NAPARSTEK, F. (2011). La direction de la cure dans les toxicomanies et l'alcoolisme. Tesis de doctorado, Université Paris VIII – Saint-Denis, date de soutenance: 21 juin, 2011. Inédito.

SPITZ, R. (1979). *O primeiro ano de vida: um estudo psicanalítico do desenvolvimento normal e anômalo das relações objetais*. 3 ed. São Paulo: Martins Fontes.

Anormalidade, anomalia, patologia e bem-estar: a saúde e suas políticas à prova da psicanálise[1]

Sidi Askofaré

Resumo

Na ordem do pensamento, percebemos a questão de a saúde ser substituída gradualmente na questão do mal – filosofia – e na da doença – medicina. A saúde é tanto uma questão política quanto cultural. Política quando se inscreve como um dos S_1 do discurso e da prática política, através de programas, intervenções ou até mesmo promessas dos Estados em relação à saúde. Cultural quando a saúde torna-se a figura pós-moderna e secular de felicidade ou de graça. Estas mudanças têm consequências sobre as ideias e as referências à doença, ao sofrimento, ao sintoma. E também nas disciplinas que se ocupam disso: a medicina e a psicologia.

Palavras-chave: normal; patológico; saúde; políticas públicas; psicanálise.

Abstract

Abnormality, anomaly, pathology and well-being: health and its policies faced by psychoanalysis

In the order of thought, the question of health has been gradually replaced by the question of evil – philosophy – and disease – medicine. Health is both a political and a cultural issue. Political, when it becomes

---

1 Tradução: Ligia Gama e Silva Furtado de Mendonça. Estabelecimento de texto: Rita Manso.

one of the S_1 of the speech and political practices, through programs, interventions or even political promises of the State regarding health. Cultural, when health becomes the postmodern and secular figure of happiness or grace. These changes have consequences on the ideas and references to disease, on the suffering, and on the symptom. And therefore on disciplines dealing with it: medicine and psychology.

Key-words: normal; pathological; health; public policies; psychoanalysis.

Não é comum convocar a psicanálise para falar sobre saúde, especialmente a saúde enquanto fenômeno, fator e questão política. É que onde a política, isto é, o discurso do mestre, desenrola-se em um espaço definido pela medicina e estatísticas, a psicanálise é obrigada a se emancipar para dar lugar ao sujeito e à subjetividade e, assim, ela é levada a questionar e subverter a própria categoria de saúde.

Tal polaridade poderia sobreviver por muito tempo se o Estado, a política, se limitasse ao que é de sua preocupação e à sua gestão de órgãos ou agências. Na verdade, a medicina científica não só é compatível com a exclusão do sujeito, mas a exclusão do sujeito foi um dos fatores determinantes para a sua fertilidade prodigiosa. Em seu artigo intitulado *Les maladies,* Georges Canguilhem afirmou de forma clara e convincente:

> A medicina de hoje foi fundada, com a eficácia que é preciso lhe reconhecer, na dissociação progressiva da doença e do doente, aprendendo a caracterizar o doente pela doença ao invés de identificar uma doença com base no feixe de sintomas espontaneamente apresentados pelo doente. [...] A doença coloca em vantagem a medicina do mal [tradução nossa][2].

---

2 Optamos por manter as citações feitas pelo autor, no original em francês, em notas de rodapé. "La médecine d'aujourd'hui s'est fondée, avec l'efficacité qu'il faut lui reconnaître, sur la dissociation progressive de la maladie et du malade, apprenant à caractériser le malade par la maladie plutôt qu'à identifier une maladie d'après le faisceau de symptômes spontanément présentés par le malade. [...] Maladie renvoie davantage à médecine du mal" (CANGUILHEM, 2001a, p. 35).

Parto disso:

> Havia a saúde e havia a política. A "visão política do mundo" e a "medicalização da existência" conduziram progressivamente a saúde dos sujeitos e das populações a uma questão e a um problema políticos. Não somente fomentando as políticas de saúde, mas reduzindo a própria política ao que Michel Foucault e seus alunos – particularmente G. Agamben – tematizaram como uma "biopolítica". O que podemos pensar e falar do ponto de vista da psicanálise? Que subversão a psicanálise produz em relação ao sujeito do inconsciente, considerando a saúde e suas políticas desde que os Estados pararam de se ocupar em tratar as doenças, as patologias, visando apenas o bem-estar e a felicidade? [tradução nossa][3].

É que passamos quase sem aviso da psiquiatria à saúde mental!

Pergunto: por que e como chegamos aqui? Apenas, talvez, o historiador poderia responder. Resta ao psicanalista, auxiliado pelo trabalho de historiadores e epistemólogos, interrogar-se sobre as incidências dos dispositivos da aliança da política com a medicina e sobre o seu lugar na recepção e no tratamento do sujeito excluído devido ao aumento da *cientifização* do discurso médico.

Difícil chamar a psicanálise para esse debate sem deixar espaço para a sua própria operação sobre os conceitos de saúde e doença, de normal e patológico.

---

[3] "Il y avait la santé et il y avait la politique. La 'vision politique du monde' et la 'médicalisation de l'existence' ont conduit progressivement à faire de la santé des sujets et des populations une question et un problème politiques. Non seulement en fomentant des politiques de santé, mais en réduisant la politique elle-même à ce que Michel Foucault et ses élèves – notamment G. Agamben – ont thématisé comme une 'biopolitique'. Que peut-on en penser et en dire depuis le belvédère de la psychanalyse? Quelle subversion la prise en compte du sujet de l'inconscient produit-elle dans la considération de la santé et de ses politiques depuis que les Etats ne s'occupent plus de faire traiter les maladies, les pathologies, visant qui le bien-être, qui le bonheur?" (CANGUILHEM, 2001a, p. 35).

1.

Por isso basta lembrarmos, com grande respeito, o périplo freudiano. Podemos considerar que falar sobre o normal e o patológico em Freud é claro, tanto que parece assegurado que esse par de conceitos estrutura o campo freudiano e direciona a prática analítica. No entanto, não há ilusão e, propriamente falando, ignorância na subversão introduzida por Freud em Psicopatologia?

Para começar o exame dessa questão, farei algumas observações gerais.

Primeira observação: o par conceitual do normal e do patológico não é uma razão freudiana. Quero dizer com isso que em nenhum momento Freud esforçou-se em definir rigorosamente esses conceitos, em opô-los, em colocá-los em tensão e articulá-los em uma modalidade especificamente analítica.

Segunda observação, que pode parecer contradizer a primeira: lendo Freud, somos atingidos pela recorrência e insistência de noções e sintagmas tais como doença, patogênico, patológico, causa patogênica, normalidade psíquica, cura, tratamento etc.

É difícil ignorar a presença desses conceitos e deixar de considerá-los como índices que, no pensamento freudiano, apontam para essa problemática do normal e do patológico ou, mais precisamente, do normal e do anormal e do saudável e do patológico.

A extensão do trabalho de Freud – e isso não é uma desculpa, nem um processo retórico – proíbe estritamente o tratamento exaustivo e sistemático da questão. Portanto, decidi reter algumas ocorrências para lembrarmos não de uma teoria freudiana de normal e patológico – que, na minha opinião, não existe –, mas como essa questão do normal e do patológico atravessa a obra de Freud e como o conceito de inconsciente e a lógica específica da prática psicanalítica levam a reconfigurar e repensar as coordenadas do problema.

Abordarei cinco perspectivas – que não apresentarei uniformemente e que são temas de reflexão que proponho seguir:

Uma perspectiva histórica e técnica;

Uma perspectiva teórica e metapsicológica;
Uma perspectiva "psicopatológica";
Uma perspectiva estrutural;
E, finalmente, uma perspectiva ética.

A) Para introduzir o primeiro ponto de vista, sugiro partir da definição psicanalítica proposta por Freud em 1913, em seu artigo intitulado *L'intérêt de la psychanalyse* (O interesse científico da psicanálise).

> A psicanálise é um procedimento médico que visa à cura de certas formas de doenças nervosas (as neuroses) através de uma técnica psicológica. Num pequeno volume publicado em 1910, descrevi a evolução da psicanálise a partir do procedimento catártico de Josef Breuer e de sua relação com as teorias de Charcot e Pierre Janet. Podemos citar como exemplos de distúrbios que são acessíveis ao tratamento psicanalítico as convulsões histéricas e as paralisias, bem como os diversos sintomas da neurose obsessiva (ideias e ações obsessivas). Todas elas são condições que estão ocasionalmente sujeitas a recuperação espontânea e dependem da influência pessoal do médico, de uma maneira fortuita que ainda não foi explicada. A psicanálise não tem efeito terapêutico sobre as formas mais graves da perturbação mental propriamente dita. Mas possibilitou — pela primeira vez na história da medicina — uma certa compreensão (*insight*) da origem e do mecanismo das neuroses e das psicoses. Esta importância da psicanálise para a medicina, entretanto, não justificaria que a trouxesse à apreciação de um círculo de *savants* interessados na síntese das ciências e isso poderia parecer particularmente prematuro na medida em que grande número de psiquiatras e neurologistas se opõe ao novo método terapêutico e rejeita tanto os seus postulados quanto as suas descobertas. Se, não obstante, considero a experiência legítima, é porque a psicanálise pode também pretender o interesse de outras pessoas além dos psiquiatras, desde que ela toca em várias outras esferas do conhecimento e revela inespera-

> das relações entre estas e a patologia da vida mental (FREUD, 1913/2006, p. 169)[4].

Percebemos com essa definição que Freud buscou precisar todos os elementos que constituem a complexidade do problema. Podemos invocar certamente uma estratégia freudiana e uma conjuntura histórica que daria conta de certas escolhas na apresentação e na formulação, mas permanece indiscutível que Freud apresenta sua invenção.

- Como um procedimento médico de tratamento de certas afecções neuróticas que busca cura;
- É a técnica desse procedimento médico que é de natureza psicológica. Ou seja, a psicanálise seria médica em sua visão e psicológica apenas nos meios pelos quais ela implementa. O termo psicoterapia convém para dar conta da natureza do tratamento e especialmente do desejo que é suposto habitar o agente dessa operação.

---

[4] Utilizamos a tradução da Imago, edição de 2006, mas mantivemos em nota a versão em francês para que o leitor possa fazer a sua comparação. Optamos em colocar entre colchetes os termos que se convencionou melhor corresponder à palavra de Freud, como, por exemplo, recalque ao invés de repressão, pulsão no lugar de instinto. "La psychanalyse est un procédé médical qui tend à la guérison de certaines formes de nervosité (névroses) au moyen d'une technique psychologique. Dans un petit écrit publié en 1910, j'ai décrit l'évolution de la psychanalyse à partir du procédé cathartique de J. Breuer et ses rapports avec les doctrines de Charcot et de P. Janet. Comme exemples de formes de maladies qui sont accessibles à la thérapie psychanalytique, on peut nommer les convulsions et les phénomènes d'inhibition hystériques, ainsi que les innombrables symptômes de la névrose obsessionnelle (représentations compulsionnelles, actions compulsionnelles). Il se trouve toujours des situations qui montrent à l'occasion une guérison spontanée et sont soumises de façon jusqu'alors incomprise à l'influence personnelle du médecin. Contre les formes les plus graves de perturbations psychiques, la psychanalyse n'a pas d'effet thérapeutique. Mais assurément dans les psychoses comme dans les névroses elle permet – pour la première fois dans l'histoire de la médecine – d'obtenir un aperçu sur l'origine et le mécanisme de ces maladies. Cette importance médicale de la psychanalyse ne justifierait pas néanmoins la tentative de la présenter à un cercle de savants qui s'intéressent à la synthèse des sciences. De plus cette entreprise pourrait sembler prématurée tant qu'une grande partie des psychiatres et des neurologues a une attitude de refus envers le nouveau procédé de guérison et récuse les présupposés et les résultats de celui-ci. Si je considère pourtant cet essai comme légitime, c'est en me fondant sur le fait que la psychanalyse revendique l'intérêt d'autres que des psychiatres, dans la mesure où elle effleure différentes autres sphères du savoir et établit des relations inattendues entre celles-ci et la pathologie de la vie psychique" (FREUD, 1913/1985, p. 187-188).

A história do método em si, de suas origens catárticas à castração na transferência e a análise das resistências, não nega essa perspectiva. Em todos os casos, a psicanálise requer como condição de sua efetivação um sujeito que está sofrendo de sintomas, que Freud refere como uma neurose – que ele não hesita em chamar de doença –, e um agente que, através da aplicação de uma técnica psicológica, visa a cura pelo tratamento.

O esquema através do qual Freud apresenta sua invenção é, portanto, de parte em parte médica. A neurose é uma doença e o neurótico, um doente. E como em qualquer doença, a neurose tem uma etiologia e uma patogênese. Freud ocupa-se constantemente tanto com uma como com a outra. É a essa preocupação que devemos os dois pilares de sua doutrina, a pulsão e a representação, e os dois textos mais fundamentais de toda a sua obra, sem dúvida: os *Trois essais sur la théorie sexuelle* (Três ensaios sobre a teoria da sexualidade) e *L'interprétation du rêve* (Interpretação de sonhos).

Essa localização paradoxal da psicanálise entre a medicina e a psicologia foi por muito tempo mantida por Freud. Alguns textos como *La méthode psychanalytique de Freud* (O método psicanalítico de Freud) ou *De la psychothérapie* (Sobre a psicoterapia), destinados ao público médico – ao qual Freud visava principalmente em defesa de sua causa – sustentam até a caricatura a medicalização da psicanálise e sua identificação a uma psicoterapia.

Deve ser dito que tal posição não foi sem benefícios para a psicanálise em si, no que concerne a sua recepção, sua difusão e sua "respeitabilidade". Freud manteve essa posição tática até estourar a sua incoerência e inconsistência. Isto ocorreu na ocasião do debate sobre a análise leiga.

Sabemos que é em 1926, e com a finalidade assumida de influenciar a legislação austríaca que proíbe o não-médico de realizar tratamento em pacientes, que Freud redige esse artigo. Para não ser desnecessariamente longo, contentar-me-ei em citar algumas linhas do argumento que Freud colocou no início do seu texto:

> Dessa forma, aqui a questão de se leigos (não-médicos) podem tratar pacientes pela psicanálise tem um sentido prático. Logo que é levantada, contudo, parece ser solucionada pela letra da lei. Os neu-

> róticos são pacientes, os leigos são não-médicos, a psicanálise é um método para curar ou melhorar as perturbações nervosas, e todos esses tratamentos ficam reservados a médicos. Depreende-se que não se permite aos leigos praticar a análise em neuróticos, sendo puníveis se não obstante agirem dessa maneira (FREUD, 1926/2006, p. 179-180)[5].

Mas após o indiciamento do procurador da justiça, Freud assume o lugar do advogado de defesa. Ele argumenta que

> [...] há aqui certas complicações com as quais a lei não se preocupa, mas que não obstante exigem consideração. Talvez venha a acontecer que nesse caso os pacientes não sejam como outros, que os leigos não sejam realmente leigos, e que os médicos não tenham exatamente as mesmas qualidades que se teria o direito de esperar deles e nos quais suas alegações devem basear-se (FREUD, 1926/2006, p. 180)[6].

Todos conhecem esse diálogo deslumbrante, digno de Platão – de quem Freud foi um dos tradutores para o alemão –, no qual Freud libera, parece-me definitivamente, a psicanálise de suas aderências médicas. Certamente há muita retórica e dialética neste texto, mas é indubitável que Freud defende uma posição que está em desacordo com a de 1913 que descrevi acima. Ele desenvolve uma concepção da psicanálise que a liberta da tutela do discurso médico, por pelo menos duas razões:

---

5 "[...] les non-médecins doivent-ils pouvoir traiter des malades par la psychanalyse? Mais cette question, aussitôt posée, semble tranchée par la lettre de la loi. Les « nerveux » sont des malades, les non-médecins ne sont pas des médecins, la psychanalyse est une pratique dont le but est la guérison ou l'amélioration des maladies nerveuses, tout traitement de ce genre est réservé aux médecins: donc il n'est pas permis que des non-médecins appliquent aux "nerveux" l'analyse, et si cela arrive quand même il faut sévir" (FREUD, 1926/1971, p. 96).

6 "[...] il y a ici quelques difficultés dont la loi ne se soucie pas, et qui méritent pourtant d'être prises en considération. Peut-être apparaîtra-t-il que les malades, dans ce cas, ne sont pas des malades ordinaires, les non-médecins pas absolument des 'profanes', et les médecins pas tout à fait ce qu'on peut attendre de médecins et sur quoi ils basent leurs prétentions" (FREUD, 1926/1971, p. 96).

- A primeira é o estatuto da neurose que, se é uma doença – precisaria determinar se pode-se argumentar que é uma –, não é uma doença como outra qualquer.
- A segunda é a irredutibilidade da psicanálise a uma terapêutica ou, se preferirmos, a afirmação insistente da função ou mesmo da "vocação" epistêmica da psicanálise. Aqui, pode-se dizer, o "desejo do analista" ou o "desejo de saber" substitui definitivamente em Freud o "desejo de curar".

> Não achamos desejável [disse ele a seu interlocutor imaginário] que a psicanálise seja tragada pela medicina, que ela encontre seu último abrigo nos tratados de psiquiatria, no capítulo "Terapêutica", entre a sugestão hipnótica, a autossugestão, a persuasão ou outras práticas nascidas de nossa ignorância e que deve seus efeitos a curto prazo à inércia e à covardia de multidões humanas. Ela merece um destino melhor, e espera-se que ela o terá. [...] Em qualquer caso, seria injusto sacrificar à uma aplicação todas as outras, simplesmente porque o domínio desta aplicação toca no círculo de interesses médicos profissionais (FREUD, 1926/2006, p. 96)[7].

Essa orientação da psicanálise naturalmente leva Freud a considerar que os fenômenos normais e patológicos têm igual dignidade para a psicanálise. Em outras palavras, por um lado a cura é uma das possíveis aplicações da psicanálise, por outro lado, a psicanálise é irredutível a uma

---

[7] "Nous ne trouvons en effet pas du tout désirable, dit-il à son interlocuteur imaginaire, que la psychanalyse soit engloutie par la médecine, qu'elle trouve son dernier gîte dans les traités de psychiatrie, au chapitre 'Thérapeutique', entre la suggestion hypnotique, l'autosuggestion, la persuasion, ou autres pratiques nées de notre ignorance et qui ne doivent leurs effets à court terme qu'à l'inertie et à la lâcheté des foules humaines. Elle mérite un meilleur destin et il faut espérer qu'elle l'aura. [...] En tout cas il serait injuste de sacrifier à une application toutes les autres, simplement parce que le domaine de cette application touche au cercle des intérêts médicaux professionnels" (FREUD, 1926/1971, p. 181-182). O artigo de Freud *Die Frage der Laienanalyse* foi traduzido para o francês com dois títulos diferentes: *Psychanalyse et médecine*, encontrado no livro *Ma vie et la psychanalyse*, e depois retraduzido para *L'analyse profane*. Essa citação acima foi retirada de *Psychanalyse et médecine*.

transferência sobre os fenômenos normais de um conhecimento recolhido e desenvolvido a partir de fenômenos patológicos. Seu trabalho em *Psychopathologie de la vie quotidienne* (Psicopatologia da vida cotidiana) atesta isso. Sobre esses fenômenos Freud dirá em *L'intérêt de la psychanalyse* (O interesse científico da psicanálise) que a psicanálise conseguiu demonstrar que eles poderiam ser

> [...] inteligíveis por meio de hipóteses de natureza puramente psicológica e encaixados na cadeia de fatos psíquicos que já conhecemos. Assim, se por um lado a psicanálise restringiu a área submetida ao ponto de vista fisiológico, por outro trouxe uma grande parte da patologia para a esfera da psicologia. Nesse caso, os fenômenos normais oferecem as provas mais convincentes. A psicanálise não pode se acusada de ter aplicado a casos normais descobertas a que chegou partindo de material patológico. As provas, nestes como naqueles, foram atingidas independentemente e demonstram que os processos normais e os descritos como patológicos seguem as mesmas regras (FREUD, 1913/2006, p. 170)[8].

B) É a perspectiva que chamei de metapsicológica que melhor explicita e fundamenta a ideia à qual Freud conduziu inexoravelmente, a saber, que a psicanálise não é redutível a uma terapêutica nem a uma psicopatologia. Esta ideia não deve surpreender se nos lembrarmos que, para Freud, a psicanálise é, considerando sua inclinação teórica e heurística, essencialmente uma teoria do inconsciente. No entanto, do inconsciente como do psíquico, do inconsciente que, para Freud, é o psíquico em si e sua essencial realidade, podemos dizer desse inconsciente que ele é normal ou patológico?

---

8 "[...] intelligibles par des suppositions de nature purement psychologique et rangés dans l'enchaînement du devenir psychique connu de nous. Ainsi la psychanalyse a d'une part restreint le mode de penser (*Denkeweise)* physiologique et d'autre part a conquis un grand fragment de pathologie au profit de la psychologie. La force démonstrative la plus solide échoit ici aux phénomènes normaux. On ne peut reprocher à la psychanalyse de transposer sur le normal des idées (*Einsichten*) acquises sur le matériel pathologique. Elle apporte, ici comme là, des preuves indépendamment les unes des autres et montre ainsi que les processus normaux, comme les processus dits pathologiques, suivent les mêmes règles" (FREUD, 1913/1985, p. 188-189).

Independente de se isso foi entendido no sentido descritivo, tópico ou dinâmico, sabemos que o inconsciente resiste a tal caracterização e redução. Sem dúvidas há muitas razões para isso, das quais só convocarei duas para dar suporte a minha tese.

A primeira razão é que basicamente o inconsciente freudiano é essencialmente o trabalho do inconsciente, isto é, as operações de condensação e deslocamento a que a instância inconsciente submeteu as representações pulsionais. Este trabalho está, nós sabemos, em atos falhos e nos sonhos, como no delírio ou na paralisia histérica. Cruzam, portanto, tanto os fenômenos normais como os fenômenos patológicos, marcando que há recalque, sentido e satisfação recusada e procurada apenas pela presença deles.

A segunda razão refere-se ao recalque e ao seu *status* metapsicológico em Freud. Sabemos que, a esse respeito, existem dois pontos de vista concorrentes que quase nunca deixaram de coexistir em seu trabalho. O primeiro tende a definir e apresentar o recalque como um modo de defesa patológica do Eu. Essa tese, que aparece em 1894 em *Les psychonévroses de défense* (Psiconeuroses de defesa), domina, eu diria, toda a primeira parte da obra freudiana, encontrando sua formulação mais elaborada em *Remarques psychanalytiques sur l'autobiographie d'un cas de paranoïa (Le président Schreber)* (Notas psicanalíticas sobre um relato autobiográfico de um caso de paranoia *(dementia paranoides)*): "Na psicanálise, acostumamo-nos a encarar os fenômenos patológicos como derivados, de maneira geral, da repressão [do recalque]" (FREUD, 1911/2006, p. 74)[9].

No desenvolvimento que se segue àquele em que detalha as três fases do recalque – fixação, recalque propriamente dito e retorno do recalcado – Freud insiste no terceiro tempo, que ele apresenta como o mais importante "no que se refere aos fenômenos patológicos" (FREUD, 1911/2006, p. 75)[10]. No entanto, essa perspectiva que é certa e que foi tão frutífera para a clínica analítica tem seu limite aqui: não há processo de subjetivação possível na doutrina freudiana que não tenha seu ponto de partida no re-

---

9 "Nous faisons, en psychanalyse, dériver les phénomènes pathologiques en général du refoulement" (FREUD, 1911/1975, p. 311).

10 "[...] en ce qui touche les phénomènes pathologiques" (FREUD, 1911/1975, p. 312).

calque e, em particular, no recalque originário ou fixação. É realmente esse recalque originário, por mais mítico que seja, que justifica a constituição do inconsciente como "lugar psíquico separado". Se esta operação justifica a constituição do inconsciente (nascimento do sujeito) e condiciona todos os recalques – isto significa que Freud determina de parte em parte o psiquismo – somos a base para o desenvolvimento de um fenômeno ou normal ou patológico? Poderíamos complexificar e propor um recalque "normal", um recalque originário e um recalque "patológico", o retorno do recalcado. Isso não procede, pois um recalque originário sem o recalque propriamente dito é inconcebível e, além disso, o recalque propriamente dito e o retorno do recalcado são a mesma coisa. Os fenômenos considerados normais – atos-falhos ou o sonho – revelam, enquanto formações do inconsciente, o retorno do recalcado e demonstram-nos suficientemente a futilidade de tal distinção.

C) Para o que eu propus chamar de psicopatológico, pode-se obter uma ideia bastante precisa referindo-se ao texto de Freud, datado de 1922, intitulado *Sur quelques mécanismes névrotiques dans la jalousie, la paranoïa et l'homosexualité* (Sobre alguns mecanismos neuróticos no ciúme, na paranoia e na homossexualidade). Um mesmo fenômeno, o ciúme, é examinado sucessivamente e a partir do ponto de vista econômico como "ciúme normal", "ciúme projetivo" e "ciúme delirante".

D) O oposto desse ponto de vista econômico, que é bastante continuísta e gradualista – ou seja, leibniziano –, podemos considerar ser o problema do normal e do patológico em Freud segundo uma perspectiva, digamos, estrutural. Estrutural tal como concebo aqui não é equivalente ao ponto de vista tópico de Freud; refere-se principalmente à estrutura estruturante, ou seja, à linguagem. A questão a se perguntar a partir da psicanálise não é se existe ou não uma normalidade e uma norma psíquica, mas aquela a que se reporta a instituição de tais normas e por qual processo de "normatização" o sujeito está em conformidade ou não. Conhecemos a resposta freudiana e sabemos que é invariável: é o complexo de Édipo e o de castração, cujo princípio comum é o pai, a função paterna, que é normativa. Digamos, para ser radical, que para Freud *a norma é a castração*. O que é interessante de observar e considerar, nesse caso, é que essa norma não corresponde a nenhuma essência realizável, nenhum tipo ideal. Na concepção freudiana, a castração, na verdade, engendra geralmente tipos de normalidade. Estes correspondem às diferentes posições que a estrutura permite identificar na localização da castração: recalque, desmentido, foraclusão/rejeição.

O que dizer senão que, no lugar de castração, não há posição ideal que seja de pleno reconhecimento – um reconhecimento sem negação – e de assunção integral. A castração como norma é, paradoxalmente, o que introduz na ordem psíquica a anomalia, se entendemos por anomalia, com Canguilhem (1966/1979, p. 85), "a variação individual, que impede dois seres de poderem substituir um ao outro de uma forma completa e que ilustra (na ordem biológica) o princípio leibniziano dos indistinguíveis. Mas a diversidade não é doença. O anormal não é patológico"[11]. Elas não são, no entanto, nada mais que posições no lugar da castração; neurose, psicose e perversão são estruturas normais, modos normais de tratar o único anormal que o ser falante deve gerir, ou seja, o gozo.

Então, como a partir de agora situar nessa problemática a questão do patológico? Neste ponto, orientar-me-ei igualmente por algumas indicações de Canguilhem.

Em *Examen critique des concepts* (*Le normal et le pathologique*, 1966/1979), G. Canguilhem argumenta três coisas:

O que nós chamamos de patológico (1) "implica *pathos*, sentimento direto e concreto de sofrimento e de impotência, sentimento de vida frustrada" (CANGUILHEM, 1966/1979, p. 86). Sob esse ponto de vista o patológico é anormal, mas não enquanto contrário do normal. O que se opõe ao (2) patológico é então a saúde que autoriza apenas "colocar a equação entre os conceitos de doença, de patologia e de anormal" (CANGUILHEM, 1966/1979, p. 86).

---

[11] "[...] le fait de variation individuelle qui empêche deux êtres de pouvoir se substituer l'un à l'autre de façon complète, elle illustre (dans l'ordre biologique) le principe leibnizien des indiscernables. Mais diversité n'est pas maladie. L'anormal ce n'est pas le pathologique" (CANGUILHEM, 1966/1979, p. 85).

Portanto não devemos confundir anomalia e doença (3):

> [...] a anomalia irrompe na multiplicidade espacial, a doença eclode na sucessão cronológica. A doença é interromper um curso, é ser devidamente crítica. Mesmo quando a doença se torna crônica, depois de ter sido crítica, há um passado de que o paciente ou o *entourage* se mantêm nostálgicos. Somos, portanto, doentes não só pela referência aos outros, mas em relação a nós mesmos [tradução nossa][12].

O que Canguilhem afirma sobre a doença orgânica é tão verdade quanto para as doenças psíquicas. Que a doença seja a interrupção de um curso explica tão bem a irredutibilidade das estruturas clínicas em doenças quanto o fato de ela iluminar e sustentar a preocupação e o interesse constante de Freud na eclosão, na entrada da doença, na história da doença. Basta ler *Cinq psychanalyses*[13] ou *Études sur l'hystérie* (Estudos sobre a histeria) para se convencer.

E) Venho agora para a quinta e última perspectiva que enunciei, ou seja, a perspectiva ética correspondente ao fim da análise e à finalidade da psicanálise. A concepção de Freud sobre o normal e o patológico não podia ser deixada de lado dentro da prática freudiana e na orientação ética da psicanálise. A esse respeito, o texto de 1937, o qual Lacan considerava como um verdadeiro testamento de Freud, *L'analyse avec fin et l'analyse sans fin* (Análise terminável e interminável), é uma valiosa referência.

Não é ao término deste trabalho que me engajarei em comentar e a discutir um texto de tamanha complexidade. Contentar-me-ei em evocar alguns pontos que indicam a ligação, entrelaçamento ou amarração

---

12 "[...] l'anomalie éclate dans la multiplicité spatiale, la maladie éclate dans la succession chronologique. Le propre de la maladie, c'est de venir interrompre un cours, d'être proprement critique. Même quand la maladie devient chronique, après avoir été critique, il y a un autrefois dont le patient ou l'entourage garde la nostalgie. On est donc malade non seulement par référence aux autres, mais par rapport à soi" (CANGUILHEM, 1966/1979, p. 86-87).

13 Referência à edição francesa que congrega os cinco grandes casos clínicos: Dora, Hans, Homem dos Ratos, Schreber e o Homem dos Lobos.

entre a questão do fim da "doença neurótica" e o problema do fim da análise.

Sabemos que Freud aborda essa questão do fim da análise sob dois olhares:

- O fim da análise de um indivíduo que se submete a ela porque ele sofre. Sobre esse fim, Freud afirma que

> Uma análise termina quando analista e paciente deixam de encontrar-se para a sessão analítica. Isso acontece quando duas condições foram aproximadamente preenchidas: em primeiro lugar, que o paciente não mais esteja sofrendo de seus sintomas e tenha superado suas ansiedades e inibições; em segundo, que o analista julgue que foi tornado consciente tanto material reprimido [recalcado], que foi explicada tanta coisa ininteligível, que foram vencidas tantas resistências internas que não há necessidade de temer uma repetição do processo patológico em apreço (FREUD, 1937/2006, p. 235)[14].

- O fim da análise daquele que visa ocupar, para outros, a função de analista, de agente do discurso analítico. No capítulo VII Freud escreve:

> Entre os fatores que influenciam as perspectivas do tratamento analítico e se somam às suas dificuldades da mesma maneira que as resistências, deve-se levar em conta não apenas a natureza do ego do paciente, mas também a individualidade do analista. Não se pode discutir que analistas, em suas próprias personalidades, não estiveram invariavelmente à altura do padrão de normalidade psíquica

14 "[...] l'analyse est terminée quand l'analyste et le patient ne se rencontrent plus pour l'heure de travail analytique. Ils régiront ainsi lorsque deux conditions sont à peu près remplies; la première, que *le patient ne souffre plus de ses symptômes* et ait surmonté ses angoisses comme ses inhibitions; la seconde, que l'analyste juge que chez le malade tant de refoulé ait été rendu conscient, tant d'incompréhension élucidée, tant de résistance intérieure vaincue, que l'on n'ait pas à craindre la répétition des processus pathologiques en question" (FREUD, 1937/1978, p. 235).

> para o qual desejam educar seus pacientes (FREUD, 1937/2006, p. 264)[15].

Se Freud rejeita as críticas que se apoiam nessa observação, ele aceita, no entanto, o posicionamento de seu aluno Sandor Ferenczi, cujo texto *Le problème de la terminaison des analyses* (O problema do fim da análise) incita o aprofundamento das análises didáticas. Freud o justifica em especial por este que, enquanto analista, é solicitado e mobilizado na direção das curas.

> Enquanto for capaz de clinicar, um médico que sofre de uma doença dos pulmões ou do coração não se acha em desvantagem para diagnosticar ou tratar queixas internas, ao passo que as condições especiais do trabalho analítico fazem realmente com que os próprios defeitos do analista interfiram em sua efetivação de uma avaliação correta do estado de coisas em seu paciente e em sua reação a elas de maneira útil. É, portanto, razoável esperar de um analista, como parte de suas qualificações, um grau considerável de normalidade e correção mental (FREUD, 1937/2006, p. 264-265)[16].

Os elementos aqui mencionados por Freud merecem uma consideração atenta e uma discussão assídua. O que me parece importante

---

15 "Ce n'est pas seulement la constitution du moi du patient, mais le caractère propre de l'analyse qui revendique sa place parmi les facteurs qui influencent les perspectives de la cure analytique et rendent celle-ci difficile selon le caractère des résistances. Il est incontestable que les analystes n'ont pas complètement atteint, dans leur propre personnalité, le degré de *normalité* psychique auquel ils veulent faire accéder leurs patients" (FREUD, 1937/1978, p. 262-263).

16 "Le médecin malade des poumons ou du cœur, dans toute la mesure où il est resté apte à remplir sa fonction, n'est handicapé par son état de malade ni dans le diagnostic ni dans la thérapeutique des maux internes, alors que l'analyste par suite des conditions particulières du travail analytique, est vraiment perturbé par ses propres défectuosités quand il s'agit de saisir exactement la situation du patient et d'y réagir de façon efficace. C'est donc à bon escient qu'on exigera de l'analyste, comme une part de ce qui atteste sa qualification, un assez haut degré de *normalité* et de rectitude psychique" (FREUD, 1937/1978, p. 263).

ressaltar é que, apesar de certas tentações, ele não cede à ideia de que seria a normalidade psíquica do analista que garantiria a autenticidade do ato analítico. Esse posicionamento de Freud possui seguramente uma fundamentação. Primeiramente deve-se ressaltar que os critérios do fim da análise são relativos e não absolutos. Além disso, se algumas de suas coordenadas são terapêuticas é devido ao fim que elas põem à dimensão patológica. "Parar de sofrer desses sintomas" não é já não os ter, mas modificar a relação desses sintomas que perderam seu gozo através da análise. Terapêutico aqui não quer dizer cura no sentido da *restitutio ad integrum*.

Além disso, e é um tópico que me parece essencial na caracterização da psicanálise como prática *sui generis*, a análise não busca de forma alguma um estado anterior ao sujeito, pelo contrário:

> Não é precisamente a reivindicação de nossa teoria o fato de que a análise produz um estado que nunca surge espontaneamente no ego e que esse estado recentemente criado constitui a diferença essencial entre uma pessoa que foi analisada e outra que não o foi? Mantenhamos em mente aquilo em que se baseia essa reivindicação. Todas as repressões [os recalques] se efetuam na primeira infância; são medidas primitivas de defesa, tomadas pelo ego imaturo, débil. Nos anos posteriores, não são levadas a cabo novas repressões [novos recalques], mas as antigas persistem, e seus serviços continuam a ser utilizados pelo ego para o domínio dos instintos [das pulsões]. Livramo-nos de novos conflitos através daquilo que chamamos de "repressão [recalque] ulterior". [...] A análise, contudo, capacita o ego, que atingiu maior maturidade e força, a empreender uma revisão dessas antigas repressões; algumas são demolidas, ao passo que outras são identificadas, mas construídas de novo a partir de material mais sólido. O grau de firmeza dessas novas represas é bastante diferente do das anteriores; podemos confiar em que não cederão facilmente ante uma maré ascendente da força instintual [pulsional]. Dessa maneira, a façanha real da terapia analítica seria a subsequente correção do processo original de repressão [recalque],

correção que põe fim à dominância do fator quantitativo (FREUD, 1937/2006, p. 242-243)[17].

Em Freud, mesmo sabendo interpretá-lo, a terapia analítica é essencialmente retificação ética da posição do sujeito. Essa retificação não traz nenhum retorno para uma "era de ouro" ou um caos frente à lei e à regra. O que ela traz, no entanto, é uma escolha da norma no sentido de Canguilhem que escreve que "nenhum de nós fixa as normas escolhendo seus modelos de exercício".

2.

Nesse momento farei um breve desenvolvimento sobre a medicina contemporânea tal qual o seu procedimento de uma determinação dupla: uma determinação pela ciência e seu discurso e uma determinação pela política.

Paremos no primeiro ponto. Se existe uma diferença fundamental entre a medicina dos Antigos – seja dos gregos, dos árabes ou de outras áreas culturais não nomeadas pelo discurso da ciência – e a medicina moderna e além, contemporânea, ela deve-se principalmente, ou até exclusivamente ao que podemos chamar de "colonização da medicina pelas ciências fundamentais e aplicadas".

---

[17] "Notre théorie ne revendique-t-elle justement pas l'instauration d'un état qui n'est jamais présent spontanément dans le moi et dont la création originale constitue la différence essentielle entre l'homme analysé et celui qui ne l'est pas? Examinons à quoi se réfère cette revendication. Tous les refoulements se produisent dans la première souffrance; ce sont des mesures de défense primitives du moi immature et faible. Dans les années ultérieures aucun nouveau refoulement ne s'accomplit, mais les anciens se maintiennent et le moi continue à recourir à leurs services en vue de la domination sur les pulsions. De nouveaux conflits sont, comme nous le disons, liquidés par 'refoulement d'après-coup'. [...] Mais l'analyse amène le moi, qui a mûri et s'est fatigué, à réviser ces anciens refoulements; quelques-uns sont détruits, d'autres reconnus, mais nouvellement construits en matériau solide. Ces nouvelles digues ont une tout autre solidité que les premières; on peut se fier à elles pour qu'elles ne cèdent pas si facilement à la marée montante de l'accroissement pulsionnel. La correction après-coup du processus de refoulement originaire, laquelle met fin à la puissance excessive du facteur quantitatif, serait donc l'opération proprement dite de la thérapie analytique" (FREUD, 1937/1978, p. 242).

Sem retornar ao que já tratei em *A arqueologia do cuidado: da prática ao discurso* (2006), eu diria que testemunhamos, com essa dependência da medicina no lugar das tecnociências, uma mudança de regime discursivo em que a consequência maior é o que chamamos comumente – e de forma bastante justificada – a rejeição ou até a foraclusão do sujeito.

E essa "rejeição" do sujeito da medicina moderna – mesmo não compartilhando conosco a mesma concepção de sujeito –, ninguém a percebeu e a estabeleceu melhor que G. Canguilhem, que conhecia os assuntos ligados ao interior, se posso assim dizer, já que ele tornou-se médico depois de seus estudos de filosofia.

E o que nos diz G. Canguilhem em 2001a? Retomo e amplio a citação feita no início deste texto:

> A medicina de hoje foi fundada, com a eficácia que é preciso lhe reconhecer, na dissociação progressiva da doença e do doente, aprendendo a caracterizar o doente pela doença ao invés de identificar uma doença com base no feixe de sintomas espontaneamente apresentados pelo doente. Quando um médico fala da doença de Basedow, ou seja, o bócio exoftálmico, ele designa um estado de disfunção endócrina, onde a instrução dos sintomas, o diagnóstico etiológico, o prognóstico e a decisão terapêutica são sustentados por uma sucessão de investigações clínicas e experimentais, de exames de laboratório durante os quais os pacientes foram tratados não como sujeitos de suas doenças, mas como objetos [tradução nossa][18].

O que é então fixado por Canguilhem é o movimento tendencioso de desumanização da doença, de a experiência subjetiva da doença pelo

---

18 "La médecine d'aujourd'hui s'est fondée, avec l'efficacité qu'il faut lui reconnaître, sur la dissociation progressive de la maladie et du malade, apprenant à caractériser le malade par la maladie plutôt qu'à identifier une maladie d'après le faisceau de symptômes spontanément présentés par le malade. Quand un médecin parle de maladie de Basedow, c'est-à-dire de goitre exophtalmique, il désigne un état de dysfonction endocrinienne dont l'énoncé des symptômes, le diagnostic étiologique, le pronostic et la décision thérapeutique sont soutenus par une succession de recherches cliniques et expérimentales, d'examens de laboratoire, au cours desquels les malades ont été traités non comme le sujets de leur maladie mais comme des objets" (CANGUILHEM, 2001a, p. 35).

doente ser posta em segundo plano. Porém não vem a ser uma crítica da medicina e ainda menos dos médicos. É a observação clínica das consequências de lançar o que era a arte médica nas redes da ciência moderna.

Assim sendo,

> [...] nas sociedades contemporâneas, onde a medicina esforçou-se para se tornar uma ciência das doenças [conclui G. Canguilhem], a popularização do saber por um lado, e as instituições de saúde pública por outro lado, fazem com que, na maioria dos casos, viver sua doença por um doente, seja também falar ou ouvir falar com base em clichês ou estereótipos, isto é, valorizar implicitamente os benefícios de um saber cujo progresso é em parte devido a colocação entre parênteses do doente enquanto um representante eleito dos cuidados médicos [tradução nossa][19].

O segundo ponto sob o qual convém se debruçar diz respeito à determinação política. Aqui, continuarei a seguir G. Canguilhem, quando ele salienta que

> [...] a eliminação progressiva, no conhecimento das doenças, da referência às situações vividas pelos doentes não é apenas o efeito da colonização de medicina pelas ciências fundamentais e aplicadas desde os primeiros anos do século XIX, é também um efeito de atenção interessada, em todos os sentidos do termo, que desde a mesma época as sociedades de tipo industrial acordaram e deram à saúde da classe trabalhadora, ou, para falar como alguns, ao componente humano das forças produtivas. O monitoramento e a melhoria das condições de vida foram objeto de medidas e regulamentos

[19] "[...] dans les sociétés contemporaines où la médecine s'est efforcée de devenir une science de maladies [conclut G. Canguilhem], la vulgarisation du savoir d'une part, les institutions de santé publique d'autre part, font que, dans la plupart des cas, vivre sa maladie pour un malade, c'est aussi en parler ou en entendre parler d'après des clichés ou des stéréotypes, c'est-à-dire valoriser implicitement les retombées d'un savoir dont les progrès sont en partie dus à la mise entre parenthèses du malade en tant qu'élu de la sollicitude médicale" (CANGUILHEM, 2001a, p. 36).

> decididos pelo poder político solicitado e informado pelos higienistas. Medicina e política, portanto, reencontram-se em uma nova abordagem da doença, e as organizações e práticas de hospitalização ilustram isso convincentemente [tradução nossa][20].

Dessas questões, tanto epistêmicas quanto institucionais, podemos destacar duas consequências, as quais devemos anotar.

A primeira é o enfraquecimento progressivo de toda reflexão, meditação ou análise do papel ou do sentido da doença. Como se para o sujeito que sustenta seu ser através da fala a doença não fosse uma experiência, mas um real sem sentido que é pura negatividade.

A segunda diz respeito à saúde que se transformou, por um passe de mágica de tirar o fôlego, em um dos significantes centrais de nossa pós-modernidade. Mas, devido a sua integração com a lógica do discurso da ciência e do capitalismo, a saúde perdeu seu sentido existencial, oculto pelas exigências de uma compatibilidade, perdendo seu verdadeiro significado.

A saúde se transformou em um objeto calculável, portanto, em última instância, numa receita (receita fiscal como dizemos também receita médica!).

> O alargamento histórico do espaço onde se exerce o controle administrativo da saúde dos indivíduos resultou, no presente, em uma organização mundial de saúde que não poderia definir seu campo de intervenção sem publicar, ela mesma, sua própria definição dc

---

20 "[...] l'élimination progressive, dans la connaissance des maladies, de la référence aux situations vécues des malades n'est pas seulement l'effet de la colonisation de la médecine par les sciences fondamentales et appliquées depuis les premières années du XIXe siècle, elle est aussi un effet de l'attention intéressée, à tous les sens du terme, que depuis la même époque les sociétés de type industriel ont accordé à la santé des populations ouvrières, ou, pour parler comme certains, à la composante humaine des forces productives. La surveillance et l'amélioration des conditions de vie ont fait l'objet de mesures et de règlements décidés par le pouvoir politique sollicité et éclairé par les hygiénistes. Médecine et politique se sont donc rencontrées dans une nouvelle approche des maladies, dont on trouve une illustration convaincante dans l'organisation et les pratiques de l'hospitalisation" (CANGUILHEM, 2001a, p. 39-40).

> saúde. Aqui está: "a saúde é um estado de completo bem-estar, moral e social, resultando não apenas na ausência de doença ou enfermidade" [tradução nossa][21].

Dessa forma compreendemos por que não é somente a psicanálise que se encontra na mira do discurso dominante e de sua antropologia, a psicopatologia também deve deixar seu lugar para... a psicologia da saúde!

REFERÊNCIAS

ASKOFARÉ, S. (2006). "A arqueologia do cuidado: da prática ao discurso". *Psicologia USP*, v. 17, n. 2, p. 157-166.

CANGUILHEM, G. (1966/1979). *Le normal et le pathologique*. Paris: PUF.

————. (2001a). "Les maladies". In: *Écrits sur la médecine*. Paris: Seuil, p. 33-48.

————. (2001b). "La santé: concept vulgaire et question philosophique". In: *Écrits sur la médecine*. Paris: Seuil, p. 49-68.

FREUD, S. (1926/2003). *La question de l'analyse profane*. Paris: Gallimard, Folio bilingue [————. (1926/2003). "A questão da análise leiga". In: *Edição standard brasileira das obras psicológicas completas de Sigmund Freud*, v. XX. Rio de Janeiro: Imago, p. 173-239].

————. (1904 [1903]/1978). La méthode psychanalytique de Freud. In: *La technique psychanalytique*. Paris: PUF, p. 1-8 [————. (1904 [1903]/ 2006). "O método psicanalítico de Freud". In: *Edição standard brasileira das obras psicológicas completas de Sigmund Freud*, v. VII. Rio de Janeiro: Imago, p. 233-239].

————. (1905 [1904]/1978). De la psychothérapie. In: *La technique psychanalytique*. Paris: PUF, p. 9-22 [————. (1905 [1904]/ 2006). "Sobre a

[21] "L'élargissement historique de l'espace où s'exerce le contrôle administratif de la santé des individus a abouti, dans le présent, à une organisation mondiale de la santé qui ne pouvait pas délimiter son domaine d'intervention sans publier, elle-même, sa propre définition de la santé. La voici: La santé est un état de complet bien-être, moral et social, ne consistant pas seulement en l'absence d'infirmité ou de maladie" (CANGUILHEM, 2001b, p. 60).

psicoterapia". In: *Edição standard brasileira das obras psicológicas completas de Sigmund Freud*, v. VII. Rio de Janeiro: Imago, p. 241-253].

———. (1913/1985). L'intérêt de la psychanalyse. In: *Résultats, idées, problèmes*, Tome 1. Paris: PUF, p. 187-213 [———. (1913/2006). "O interesse científico da psicanálise". In: *Edição standard brasileira das obras psicológicas completas de Sigmund Freud*, v. XIII. Rio de Janeiro: Imago, p. 165-191].

———. (1911/1975). Remarques psychanalytiques sur l'autobiographie d'un cas de paranoïa (Le Président Schreber). In: *Cinq psychanalyses*. Paris: PUF, p. 263-324 [———. (1911/ 2006). "Notas psicanalíticas sobre um relato autobiográfico de um caso de paranoia (*dementia paranoides*)". In: *Edição standard brasileira das obras psicológicas completas de Sigmund Freud*, v. XII. Rio de Janeiro: Imago, p. 13-85].

———. (1922/1974). Sur quelques mécanismes névrotiques dans la jalousie, la paranoïa et l'homosexualité. In: *Névrose, psychose et perversion*. Paris: PUF, p. 271-281) [———. (1922/ 2006). "Alguns mecanismos neuróticos no ciúme, na paranoia e no homossexualismo". In: *Edição standard brasileira das obras psicológicas completas de Sigmund Freud*, v. XVIII. Rio de Janeiro: Imago, p. 233-247].

———. (1937/1978). L'analyse avec fin et l'analyse sans fin. In: *Résultats, idées, problèmes*, Tome 2. Paris: PUF, p. 231-268 [———. (1937/2006). "Análise terminável e interminável". In: *Edição standard brasileira das obras psicológicas completas de Sigmund Freud*, v. XXIII. Rio de Janeiro: Imago, p. 223-269].

———. (1926/1971). Psychanalyse et médecine. In: *Ma vie et la psychanalyse*. Paris: Gallimard, p. 231-268.

Política da Psicanálise e política do Estado: uma exclusão possivelmente fecunda

Luciano Elia

Resumo

Considerando a filiação científica (e não filosófica) da Psicanálise, o autor sustenta o caráter transindividual, coletivo e público da estrutura do inconsciente freudiano. As relações entre sujeito (psicanálise) e Estado são analisadas à luz da história política recente da Reforma Psiquiátrica Brasileira, desde seus primórdios nos anos 1980 até os dias de hoje, em que ela passa por um retrocesso relacionado ao neoliberalismo, à privatização dos setores sociais e a um sanitarismo positivista. Conclui propondo um Estado que assegure os direitos sociais da população, mas que, nem por isso, poderá comportar a dimensão do sujeito, que sempre lhe será excedente e disjunta, mas com a qual uma determinada concepção de Estado poderá manter relações profícuas.

Palavras-chave: inconsciente; público; coletivo; reforma psiquiátrica; Estado, políticas públicas; sujeito.

Abstract

Politics of Psychoanalysis and state policy: a possibly fruitful exclusion

Considering the scientific (and not philosophical) affiliation of Psychoanalysis, the author sustains trans individual, collective and public character of the structure of the Freudian unconscious. The relationship between the subject of psychoanalysis and the State are then addressed from an analysis of historical and political events of the Brazilian Psychiatric Reform, from its beginnings in the 1980s until the present day, when she goes throwback related to neo-liberalism privatization of social sectors of public policy and of the state in general way and a positivist sanitarism. Concludes by proposing a state that guarantees social rights, but that, not for all that, will be able to accommodate the dimension of the subject, the unconscious and (therefore) of psychoanalysis, which will always exceed, overflow and trespass the state order, in a possibly fruitful disjunction, since the state does not become a mere instrument of capital.

Key-words: unconscious; public; collective; Brazilian Psychiatric Reform; State; public politics; subject.

Prática não trivial que se sustenta em um saber incomum, mas que, embora não trivial, concerne ao que de mais concreto e real há na experiência, e implica um saber que, ainda que incomum, funda-se no verbo mais comum, a Psicanálise sobrevive em um mundo que, se sempre lhe foi inóspito, dirige a ela, nos dias que correm, a mais completa antipatia.

É moeda corrente afirmar-se que a psicanálise tem suas origens no Romantismo alemão e no Individualismo – corrente filosófico-sociológica. Não pretendemos demonstrar a impropriedade dessa análise de suas raízes e admitimos que, sob determinado ângulo, ela pode inclusive ser procedente. Mas queremos contrapor a ela uma outra, segundo a qual a origem da psicanálise é científica, galileana, e que a *démarche* psicanalítica é tal que nenhuma unidade totalizante subsiste à incidência da operação analítica, de modo que indivíduo ou mesmo o grupo social seriam ambas, e de modo equivalente, categorias estranhas à psicanálise, por apresentarem, em sua estrutura, o caráter de totalidades unas, íntegras, autônomas. A filiação da psicanálise não poderia, nesse caso, ser nem romântica nem individualista, mas científica e fragmentária.

Só na perspectiva do individualismo, que é a mesma do sociologismo (indivíduo e grupo social constituindo unidades análogas), uma práxis do singular, que diz respeito a cada um, um a um, seria oposta a uma práxis do coletivo, do muitos, do que atravessa e ultrapassa o Um. Desde uma perspectiva social entendida assim, a psicanálise diria respeito ao que é da ordem do individual. E permaneceríamos nessa dualidade, nessa dicotomia opositiva, nessa lógica de contrários, sem perceber que os supostamente contrários são, na verdade, a mesma coisa. Trata-se de uma falsa diferença, de uma oposição de homologias – como aliás ocorre com a maioria das oposições – em que o heteróclito não encontra lugar, não havendo lugar para nenhuma *colusão na heterotopia*[1].

*

Mas tanto Freud quanto Lacan contrariam essa posição, dissolvendo a oposição individual x grupal, demonstrando que, do ponto de vista do que se conceitua lacanianamente como sujeito, essa oposição revela-se insustentável porque o sujeito não é uma categoria individual, mas transindividual, como é o inconsciente, na proposição que Lacan formula em seu Seminário XI. Tampouco será grupal o sujeito (e o inconsciente). Se ambos são transindividuais, ambos implicam a fragmentação, a coleção de traços, peças, letras, marcas – podemos escolher entre muitos nomes que esses fragmentos constitutivos do sujeito do inconsciente recebem na psicanálise.

Freud assim se exprime sobre as relações respectivas do Eu e do Isso, a herança simbólica e cultural, a transmissão da religião e da moralidade:

> A questão é a seguinte: qual foi – o Eu do homem primitivo ou o seu isso – que adquiriu a religião e a moralidade? [...] nenhuma vicissitude externa pode ser experimentada ou sofrida pelo Isso, exceto por via do Eu, que é o representante do mundo externo para o Isso. Entretanto, não é possível falar de herança direta no Eu. É aqui que o abismo entre um indivíduo concreto e o conceito de uma espécie se torna evidente. [...] as experiências do Eu parecem, a princípio, estar perdidas para a herança; mas quando se repetem com bastante

---

1 Esta expressão (*colusão na heterotopia*) é usada por Lacan em sua *Proposição 9 de outubro de 1967 sobre o psicanalista da Escola* (cf. LACAN, *Autres écrits,* Paris, Seuil, 2001, p. 256) para designar a própria experiência psicanalítica como constituída pela colusão dos três registros – simbólico, imaginário e real.

> frequência e com intensidade suficiente em muitos indivíduos, em gerações sucessivas, transformam-se, por assim dizer, em experiências do Isso, cujas impressões são preservadas por herança. Dessa maneira, no Isso, que é capaz de ser herdado, *acham-se abrigados resíduos das existências de incontáveis Eus* (FREUD, 1923/1969, p. 53; grifos nossos).

Freud assinala assim o caráter *trans-euoico* do isso e do inconsciente, o caráter coletivo, transgeracional, de "muitos" eus. O que diz respeito à relação do sujeito com a ancestralidade, a herança simbólica, ao *set* de figuras que compõem a sua história e sua pré-história no campo do Outro, é do isso que o sujeito o recebe – e não do eu, atrelado que este é à reduzida e delimitada história biográfica do sujeito na trajetória individual de sua vida iniciada no nascimento e terminada na morte.

Além de fragmentário, herdado simbolicamente (por via significante), transindividual, comportando incontáveis eus, coleção de estilhaços subjetivos que se estruturam em torno de um vazio central de sentido, o sujeito e o inconsciente também admitem o caráter de *públicos*. Por quê? Porque são desprovidos de qualidades semânticas, anímicas, empíricas.

É claro que podemos ter do campo público uma concepção eivada de qualidades, valores, significados culturais compartilhados, que aparecem em noções como bem comum, direitos sociais etc. Mas por outro lado, podemos entender o público, do ponto de vista da lógica atributiva, como o "para todos" desprovido de qualquer qualidade semântica ou valorativa, se concebermos que o engendramento desses sentidos e valores se faz a partir do privilégio, da *legis do privi*, a lei do privado. O que é só para alguns e não para todos ganha, em decorrência deste *apriorismo* que recorta um conjunto previamente finito e qualificado, um acento valorativo. "Só pessoas não muito idosas, com determinado nível mínimo de cultura e de recursos financeiros poderão fazer análise" – eis a enunciação elitista e valorativa atribuída a Freud, em um golpe de distorção fenomenal, que exprime com clareza a valoração engendrada pelo "alguns" *apriorístico*, ideologicamente produzido. O que Freud diz, quase na contramão disso, mas que, pelo modo como o formula, pode parecer aproximar-se de um argumento como esse, é:

> Quando um homem pobre produz uma neurose, só com dificuldade permite ser livrado dela. Ela lhe presta ótimo serviço na luta pela existência; o lucro secundário da doença que ela lhe traz é demasiado importante. Ele agora reivindica por direito de sua neurose a piedade que o mundo lhe recusou à aflição material, e pode então eximir-se da obrigação de combater a sua pobreza por meio do trabalho (FREUD, 1913/1969, p. 175).

Portanto, o que na verdade Freud está fazendo é igualar todo mundo em relação ao atributo "posição social", é incluir radicalmente todo sujeito, seja qual for sua posição social, no campo do gozo (*lucro secundário*, na citação acima), independente de se ele é rico ou pobre – e neste último caso ele supostamente gozaria menos do lucro secundário do sintoma pois que teria uma vida difícil e problemas "realmente sérios" a enfrentar quotidianamente, do que resulta a ideia corrente de que a dureza de sua vida não lhe daria tempo para se entreter com "bobagens psíquicas". Ao contrário, o que Freud diz é que aquele que tem que enfrentar uma vida difícil, posto que gozará, como todo sujeito, de um sintoma que porventura tiver, e posto que já goza como sofredor da vida difícil que tem, estará em um tal acúmulo de gozo que terá mais dificuldade de renunciar a ele, e é disso que decorre sua dificuldade maior em fazer análise, e não de sua condição social.

Bem, esse exemplo freudiano serviu para desfazer mal-entendidos ensurdecedores na maneira como se lê, se entende e se transmite a psicanálise, mas sobretudo para nos situar em relação ao *para todos* do inconsciente como uma dimensão que o insere na lógica do público e não do privado. O privado padeceria do excesso de significação não permitido pela Ciência, como os arquétipos junguianos, como exorbitâncias de saber que não cabem em um inconsciente estruturado a partir dos cânones da ciência, como é o inconsciente freudiano, assim estabelecido por Lacan em "A ciência e a verdade" (LACAN, 1965/1998, p. 858). Já o público é, como qualquer categoria científica, da ordem do contingente, do "para todo x", da igualdade, como afirma Alysson Mascaro ao considerar as condições de formação político-subjetiva do Estado moderno (MASCARO, 2013). A partir dessa igualdade, o que, para a Psicanálise, singularizará cada sujeito será obra do significante, diferença absoluta, mas a obra do significante só poderá incidir sobre um fundo prévio de igualdade pública, e não de particularidades privadas que obstarão esse trabalho.

Assemântico, transindividual e público, esse inconsciente que é também sem qualidade alguma abrirá a via para que a psicanálise se despregue do seu *setting* clássico, o consultório particular (expressão em que o termo *particular* deveria assumir o sentido da particularidade aristotélica mais do que de equivalente a privado, objeto de propriedade, iniciativa privada), e seja amplamente aplicável em diversos dispositivos clínico-institucionais públicos.

Nesse ponto de incidência da psicanálise no campo público é que começam as questões que pretendemos discutir nesta comunicação. Se a psicanálise se dispõe a incidir no campo das práticas públicas em saúde e saúde mental, ela terá necessariamente que se dispor também a entreter com o Estado, a quem cabe não apenas a formulação mas também a execução de políticas públicas que rejam as práticas públicas de saúde, assistência e setores sociais. Quem gerencia o que é público é (ou deveria ser) o Estado. Se queremos trabalhar em um campo gerido pelo Estado, e se o eixo de nosso trabalho é o sujeito, então a relação entre sujeito e Estado não pode não ser colocada, problematizada, tratada. No enunciado dessa relação, o termo sujeito equivale aos termos psicanálise ou inconsciente e pode ser substituído por estes.

Qual é o estatuto da relação sujeito/Estado? A primeira coisa que se pode dizer é que essa é uma relação de disjunção. Categorias disjuntas podem se articular, à condição de manter, entre elas, o espaço de uma interseção vazia, que não pode ser ocupada justamente por nenhum elemento de cada uma dessas categorias. Nada do que é da ordem do Estado e nada do que é da ordem do sujeito encontra-se na intersecção vazia que os disjunta, permitindo alguma articulação entre eles. Na álgebra lacaniana, esse espaço vazio de qualquer significante é o objeto *a*.

O Estado gerencia, governa e, quando não é apenas um instrumento do capitalismo, assegura o que é público "para todos". Mas sua lógica não comporta nem suporta os efeitos do inconsciente, do sujeito. Gostaria de tentar demonstrar essa lógica tomando como exemplo o que vem se passando no movimento que responde pelo nome de Saúde Mental e Reforma Psiquiátrica no Brasil, do qual um número significativo de psicanalistas, sobretudo de orientação lacaniana (pelos próprios recursos que essa orientação fornece à aplicação da psicanálise teoricamente rigorosa a um campo como a saúde mental pública), decidiu participar, o que faz com que o discurso psicanalítico se venha fazendo presente nesse campo, seja nas propostas e práticas de intervenção, nos dispositivos clínicos, na concepção e exercício da supervisão clínico-territorial, e isso vem se expressando em volumosa pesquisa, com produção de dissertações, teses etc., tornando esse campo particularmente propício à nossa análise das relações do sujeito e do Estado.

O que vem ocorrendo na Reforma Psiquiátrica Brasileira? Ela se produz, como se sabe, na esteira e como desdobramento da Reforma Sanitária, que criou o Sistema Único de Saúde (SUS) na década de 80, em 1988, e que trouxe a Saúde, pelo menos em princípios e diretrizes, para a proa da política de vanguarda no país.

Dizemos "pelo menos em princípio" porquanto o SUS jamais se realizou satisfatoriamente como projeto político sanitário por ausência de determinação política dos dirigentes brasileiros. Na sequência da Constituição de 1988 tivemos Collor, Itamar e Fernando Henrique Cardoso, e este último transformou direitos sociais em "serviços" sociais, como os serviços de saúde, assim definidos em Lei, inserindo de vez a questão dos direitos sociais na ordem capitalista das mercadorias a serem fornecidas pelo Estado via terceiro setor "parceiro". Depois veio a era Lula-Dilma, que como se sabe estão mais preocupados com a elevação do poder aquisitivo e portanto do consumo das classes desfavorecidas do que com uma verdadeira reestruturação social do Brasil. Seguindo um pouco a linha de pensamento de Alysson Mascaro (2013) sobre os níveis da Filosofia Política: os governos têm permanecido no nível do jus-positivismo, direito de todos, mas não fazem reger sua ação estatal por princípios maiores, que se situam em um nível que transcende a ação operacional. No entanto, os princípios e diretrizes do SUS estão lá – acessibilidade, acolhimento universal, integralidade da ação do cuidado etc.

Digamos que o campo da saúde mental, através do movimento da Reforma Psiquiátrica Brasileira, começou por fazer valer princípios e diretrizes na elaboração mesma de suas políticas públicas, e a operar através desses princípios. Entre eles, além dos do SUS, já citados, encontrávamos uma arrojada concepção de loucura e uma proposta de que a sociedade começasse a suportá-la, para o que o desmonte da lógica manicomial, meta prioritária do movimento, era uma condição e uma consequência. Essa concepção, para não estender aqui sua consideração teórica, pode ser resumida pelo seu ícone mais expressivo e mais vigoroso: Franco Basaglia.

Basaglia não se situava no plano operacional, era um marxista que tomou o louco no mesmo lugar lógico do proletário em suas relações de exclusão em relação ao capital. O louco, portanto, para Basaglia, não era uma categoria que designasse um ser periférico, mas o eixo mesmo de seu pensamento e de suas propostas. Tudo que ele propõe tem no louco e na sua relação com o corpo social o seu eixo. Daí sua afirmação de que todo sofrimento psíquico grave deve ser entendido como "existência-sofrimento de um corpo em sua relação com o corpo social" (ROTELLI, 1990).

A Reforma começou basagliana. Será? Se respondemos que sim, ela não se limitava a uma humanização da prática assistencial, pois sabemos que a mera humanização de uma prática não altera suas condições discursivas, e afirmo que, em Basaglia, essas condições são alteradas. É a força de um pensamento como o de Marx que, tal como o de Freud, muda a ordem das coisas. Por isso, lanço uma pergunta: Basaglia aceitaria a absorção de suas propostas no campo sanitário? Seria ele um sanitarista? Ou suas próprias concepções já partiam de um outro lugar, o de que a loucura não pode ser entendida exclusivamente a partir de uma lógica de saúde/doença e qualquer forma de tratar da questão deve ultrapassar, exceder, transbordar o campo da saúde.

O Brasil inventou, nesse contexto, um campo novo, que considero basagliano e freudiano, chamado de *atenção psicossocial.* Um binômio interessante, cujo primeiro termo – atenção – parece inseri-lo no campo da saúde (a saúde define níveis e modalidades de atenção – primária, secundária, terciária) mas o segundo – psicossocial – indica bem o transbordamento desse campo. A atenção psicossocial, se bem concebida e praticada, implica um conjunto de ações territoriais que tocam o tecido social em cheio, afetam a posição da população que convive com os loucos, os vizinhos, as instâncias informais que compõem seu território, além de pressupor, é claro, todas as ações intra e intersetoriais (dentro do campo da saúde e junto à Educação, Assistência Social, Justiça, Esporte e Lazer, Cultura, Transportes, Habitação, Direitos Humanos etc.). A atenção psicossocial tem – na verdade tinha, teve um dia, talvez só na ideação de alguns – um polo ordenador, chamado CAPS – Centro de Atenção Psicossocial. Meu modo de concebê-lo, talvez peculiar, não admite que ele seja definido como um serviço de saúde (talvez como uma instância do direito social à saúde e outros direitos, mas nunca um serviço), e mais: exige que o CAPS, entendido como polo de encarnação territorial de uma política pública e não como um serviço, ordene a rede de atenção psicossocial, em uma lógica de ordenação cujo modo de exercício do poder não pode ser piramidal, hierárquico, nem mesmo estatal, mas um poder tal como definido por Michel Foucault: poder descentralizado, pactuado, pontual.

Mas no Brasil assistimos a um processo progressivo de sanitarização da atenção psicossocial, sua fagocitose e sua subsunção pelos níveis de atenção, sua subordinação à atenção primária, do que resulta que a atenção psicossocial seja hoje explicitamente definida pela política pública de saúde mental como uma modalidade especializada de atenção em saúde. Ora, isso é a morte da atenção psicossocial e a eliminação de qualquer resíduo do espírito basagliano que poderia tê-la habitado em seus tempos iniciais e heroicos.

Afirmo, e essa é a tese de fundo deste trabalho, que o Estado não poderia ter incorporado Basaglia em suas políticas públicas – é insuportável para o Estado um pensamento e uma práxis correlata como a dele, assim como não há Estado, não há sociedade, não há civilização que suporte conviver com a loucura. Tampouco os há que suportem ter a Psicanálise como posição de proa em suas políticas. E digamos imediatamente que não seria nem viável para a própria sobrevivência da Psicanálise ocupar esta posição de proa. Nada a lamentar, portanto. É isso mesmo, e Freud já o demonstrou suficientemente bem em "O mal-estar na civilização" (Freud, 1929/1969).

A política pública de saúde mental desconsiderou as posições discursivas capazes de manter os fundamentos exigíveis para que um projeto como o de Basaglia pudesse ser bem-sucedido. Jean Oury, psiquiatra e psicanalista francês que fundou em 1953 e desenvolveu até a sua morte, em maio de 2014, o projeto da Clínica de La Borde, participou do movimento da Psicoterapia Institucional francesa, foi colega de Tosquelles e Bonnafé na criação da Psiquiatria de Setor, e é talvez a prova mais viva de que a Psicanálise pode incidir em movimentos profundamente transformadores do cenário psiquiátrico e estatal. Em seu seminário intitulado "O coletivo" (Oury, 2005), ele propõe que existem dois níveis em nossas ações: o nível de seus fundamentos e justificativas, que ele chama de transcendental para em seguida demonstrar que é o nível mesmo do inconsciente, e o nível pragmático-empirista e meramente operacional, que não pode coincidir com o primeiro, mas depende dele. Ora, o que se chama hoje de gestão, termo que é empregado no lugar de governo, direção, coordenação, consiste na redução de toda ação política ao plano operacional, o plano dos protocolos, da simplificação do cuidado, como se exprime um determinado gestor municipal de saúde do Rio de Janeiro que tem tanto poder quanto ignorância de todo e qualquer princípio ou diretriz política. Vivemos uma tecnoburocratização que é politicamente intencional, e não neutra como sua roupagem faria supor.

Movimento análogo é verificado na gestão federal de saúde mental. Tida como uma gestão "mais radical" do que as que a precederam na área da Saúde Mental, ela exibe uma concepção de inclusão social que não dá mais nenhum lugar à particularidade, à positividade e à diferença irredutível que a loucura é.

Ao instituir a chamada RAPS – Rede de Atenção Psicossocial, em final de 2011, essa gestão começa por querer reinventar a roda, pois a Portaria que a estabelece afirma estar criando a rede de saúde mental, quando todo o campo da atenção psicossocial, em pleno vapor no Brasil há cerca de vinte e cinco anos (o primeiro CAPS brasileiro, o da Rua Itapeva, em

São Paulo, data de 1987), sempre operou em termos de rede, da qual inclusive o CAPS era dito ordenador, sem nunca ter sido na prática. Em seguida, a RAPS define o CAPS como um serviço especializado, com todas as letras. Para as urgências e emergências, a RAPS recorre a uma outra rede, a RUE, Rede de Urgência e Emergência, o que é o atestado, na letra da Portaria, de que a crise deixa de ser um assunto primordial do CAPS, que entra como um recurso periférico (alínea "b") nos recursos da RUE. A atenção básica é o carro-chefe da RAPS e, sendo ela primária, o modo de atenção do CAPS passa a ser especializado "em casos graves" e secundário ou mesmo terciário, chegando a ele o que os filtros da rede já filtraram, o que significa que a lógica do acolhimento e do encaminhamento não é psicossocial, mas sanitária. O CAPS é destinado precipuamente aos casos envolvendo sofrimento psíquico grave e persistente, mas não pode ficar alheio à ordenação da rede em termos de porta de entrada e fluxo, sob pena de que todo o campo da atenção psicossocial perca sua alma lógica, sua eletricidade, sua dinâmica, seu espírito transformador, sua função social, antropológica e política.

Vivemos o desmonte disso tudo sob as alegações de um discurso promissor que promete aumentar a rede de CAPS – principalmente os CAPS-AD, pois o dinheiro para uma política de combate ao uso de drogas é enorme, mas aumentar a rede de quê e para quê? Ampliar enormemente uma rede de CAPS reduzidos a serviços especializados não altera em nada a lógica do processo que destrói o campo da atenção psicossocial em seus princípios regentes, que, estes sim, são transformadores e poderiam sustentar uma política de manter o louco no laço social civilizado e de criar condições de que esse laço pudesse suportar mais e melhor conviver com ele. Do mesmo modo, ampliar a rede de serviços especializados em álcool e drogas deixa intacta a problemática subjetiva e psicossocial determinante da relação dos usuários com as drogas.

As estratégias da gestão para conseguir esse desmonte são claras. Elas consistem em algumas ações que podem ser apontadas:

a) começam pela destituição da figura do supervisor clínico-territorial que tinha uma posição êxtima em relação à própria gestão, não sendo funcionário público da administração direta nem contratado por carteira com vínculo empregatício, o que simbolizava, já no nível do contrato de trabalho, uma relativa distância em relação ao poder gestor capaz de sustentar tensões importantes do campo. A supervisão não era encarada como uma função meramente profissional, uma carreira, e os supervisores eram em geral pessoas com algum percurso profissional prévio, que tinham suas carreiras, seus vínculos empregatícios alhures, o que lhes conferia essa relativa independência necessária à sua função. A gestão percebeu que esse tipo de supervisor seria um risco aos seus propósitos protocolares e tecno-redutores e criou um quadro de "supervisores" inexperientes, sob o cabresto de um contrato de trabalho e inseridos no quadro profissionalista de uma função de carreira técnica. Detive-me nesse aspecto porque, mais do que uma casuística particularizada, ele revela de modo vivaz a relação da psicanálise com o estado, uma vez que o lugar do supervisor pode ser representativo, por sua extimidade, do lugar do psicanalista: só na psicanálise um tal estatuto de supervisão clínico-territorial é concebível.

b) a gestão privatiza e terceiriza os serviços de saúde mental através das famosas OSs (organizações sociais) de modo a tornar todo profissional de saúde mental eminentemente vulnerável, podendo ser demitido a qualquer momento, e dissolvendo os vínculos teóricos, ideológicos e éticos que poderiam ligar os profissionais a esse campo; além disso, a privatização muda a política de saúde mental, deixando a critério das OSs uma série de decisões sobre metas, procedimentos, dispositivos etc;

c) a gestão, ao sanitarizar e protocolarizar suas ações, elimina o nível dos princípios, diretrizes, fundamentos, tornando todas as suas ações meramente operacionais, e faz obstáculo a que os profissionais se organizem em um movimento que se desenvolva em paralelo à sua prática profissional em serviço.

*

Para concluir, trago uma proposição. Se é verdade que Estado e Psicanálise não se conjugarão internamente, se não se trata de esperar que as políticas públicas adotem a psicanálise como eixo de suas propostas, se é sem promessas que o sujeito seja incluído nas ações de saúde (e isso soa até mesmo de uma ingenuidade que mata a própria virulência do discurso analítico), será que o que temos que tomar como inevitável seja um Estado blindado, tecnoburocrático, sem princípios nem fundamentos, reduzido a ações e metas produtivas e a protocolos operacionais? Não há outro Estado possível senão o que temos hoje no município e no estado do Rio de Janeiro, e no governo federal na área da saúde?

Penso que não, e afirmaria mesmo que o tipo de estado que temos hoje no Brasil não segue os melhores padrões democráticos na tomada de decisões e que tende a sufocar a tensão necessária que se trava entre ele e os movimentos sociais. Estado blindado, fechado sobre si mesmo, sobre técnicos que substituem os políticos na condução das políticas. Estado invulnerável aos movimentos sociais, e as manifestações de rua poderiam, incidentalmente, ser entendidas, entre outras coisas, como a única forma, violenta, de furar a surdez e a blindagem do Estado brasileiro.

Defendo não um Estado inclusivo do sujeito, que morre ao ser incluído demais, mas um Estado vulnerável, menos forte, mais tenso, mais afetado e ameaçável pelos movimentos sociais, que suporte não o que lhe é insuportável – Basaglia, Freud, Marx, loucos, psicanálise, sujeitos – mas as tensões produzidas por esses e outros elementos discursivos perturbadores, que nós, até mesmo em uma Universidade, quem diria?, podemos formular e transmitir.

Referências

FREUD, S. (1969). *Edição standard brasileira das obras psicológicas completas de Sigmund Freud*. Rio de Janeiro: Imago.

(1923/1969). "O eu e o isso", v. XIX, p. 13-83.

(1913/1969). "Sobre o início do tratamento", v. XII, p. 163-187.

(1929/1969). "O mal-estar na civilização", v. XXI, p. 75-171.

LACAN, J. (1965/1998). "A ciência e a verdade". In: *Escritos*. Rio de Janeiro: Jorge Zahar, p. 869-892.

————. (1967/2001). "Proposition 9 de octobre 1967 sur le psychanalyste de l'école". In: *Autres écrits*. Paris: Seuil, p. 248-264.

MASCARO, A. L. (2013). *Estado e forma política.* São Paulo: Boitempo.

OURY, J. (2005). *Le collectif – Le séminaire de Sainte-Anne.* Nîmes (França): Champ Social.

ROTELLI, F. (1990). "A instituição inventada" In: Revista *Per la salute mentale/ For mental health*, 1/88 -- do *Centro Studi e Ricerche per la Salute Mentale della Regione Friuli Venezia Giulia*: <www.oriundi.net/files/istituz.invent_po.pdf>, p. 1.

Em que consiste a dita conjunção do capitalismo com a ciência?

Vinicius Darriba

Resumo

Diante do que vemos nos desafiar nas injunções que permeiam o campo da saúde, guiamo-nos recorrentemente pela caracterização do mestre contemporâneo como aquele que conjuga capitalismo e ciência. É uma referência que parece facilmente inteligível na troca entre os pares no âmbito da psicanálise lacaniana. Interessa-nos, no entanto, indagar o contexto desde o qual tal formulação adquire seu valor de transmissão. Nesse sentido, o foco volta-se para a teoria dos discursos de Lacan, na qual a articulação do capitalismo com a ciência põe em relevo uma série de questões relevantes em seu ensino.

Palavras-chave: ciência; capitalismo; discurso.

Abstract

What does capitalism conjunction with science mean?

Given the challenges faced in the injunctions that permeate the health field, we are recurrently guided by characterization of the contemporary master as one that combines science and capitalism. It is a reference that seems readily intelligible in the exchange between peers in Lacanian psychoanalysis. Our concern, however, is to ask the context in which such a formulation acquires its value in transmission. In this sense, the focus turns to Lacan's theory of discourse, in which the articulation of capitalism with science highlights a number of issues relevant to his teaching.

Key-words: science; capitalism; discourse.

A evidente aceleração da presença da ciência no mundo é uma questão da qual Lacan se ocupa. Para ficar em um exemplo, em 1960, no *Seminário 7, A ética da psicanálise*, ele comenta "o desenvolvimento repentino, prodigioso da potência do significante, do discurso que surge das pequenas letras matemáticas, e que se diferencia de todos os discursos até então sustentados [...]" (LACAN, 1959-1960/1991, p. 287). Em "A ciência e a verdade" (1965/1998), apoiando-se nomeadamente na obra de Koyré, o corte da ciência moderna figura como pano de fundo para esse apontamento trazido à baila reiteradamente por Lacan. Koyré é referência incontornável à ideia de que a ciência moderna, mais do que conhecer a realidade, passa a operar a introdução nela de uma estrutura adequada a uma ciência matematizada (KOYRÉ, 1991). A aceleração da presença da ciência no mundo se esclareceria, assim, por razões do próprio desdobramento da ciência, se imporia nos termos da matematização requerida.

Menos de três meses após proferir a aula cuja estenografia deu origem à publicação de "A ciência e a verdade", Lacan parece, no entanto, introduzir um elemento novo à discussão. Foi quando se endereçou aos médicos na famosa conferência pronunciada em fevereiro de 1966, intitulada "O lugar da psicanálise na medicina". Lacan indica, na conferência, que o condicionamento à ciência, no caso da medicina, é subvencionado por créditos sem limites, os meios lhe sendo fornecidos do exterior de sua função, "especialmente da organização industrial" (LACAN, 1966/2001, p. 9). Encontramos aí a associação da suposta *cientificização* da atividade médica com as razões do capital, o que se repete na conferência quando, por exemplo, ele observa que a produção industrial de agentes terapêuticos químicos ou biológicos demanda do médico que se converta em agente distribuidor.

O que encontramos na conferência aos médicos enseja a cogitação de que a aceleração da presença da ciência no mundo não se encontre dissociada das incidências do capitalismo. Sem entrar no mérito de se tratar aí de uma eventual degradação da ciência com relação ao que, baseado em Koyré, designaria tão somente seu estatuto, a associação da ciência com o capitalismo de fato se reforça na sequência do ensino de Lacan, em particular no desenvolvimento da teoria dos discursos. É esse o contexto do qual deriva o estabelecimento da conjunção do capitalismo com a ciência como uma referência eminente no âmbito da psicanálise lacaniana.

Já no *Seminário 16, De um Outro ao outro*, Lacan observa "que a realidade capitalista não tem relações muito ruins com a ciência, não se dá nada mal com ela, e tudo indica que isso pode continuar a funcionar assim, pelo menos por algum tempo" (LACAN, 1968-1969/2008, p. 38). No *Seminário 17, O avesso da psicanálise*, no ano seguinte, menciona a "curiosa copulação" (LACAN, 1969-1970/1992, p. 103) do discurso do capitalista com a ciência, justamente quando afirma ser esse discurso do capitalista o desenvolvimento do discurso do mestre.

São indicações como essas que despontam quando, por exemplo, diante do que vemos nos desafiar nas injunções que mais e mais permeiam o campo da saúde, guiamo-nos recorrentemente pela caracterização do mestre contemporâneo como aquele que conjuga capitalismo e ciência. Essa acaba revelando-se uma referência de fácil assimilação no âmbito de enunciados que se apoiam no ensino de Lacan. Quanto a isso, no entanto, é preciso indagar o contexto em que tal formulação adquire seu efetivo valor de transmissão. Esse é o escopo do presente trabalho, visando perfazer uma breve menção aos diferentes pontos que concernem à questão. Para tal, parte-se de que, se a conjugação do capitalismo com a ciência se situa na articulação dos discursos, ela terá que ser delimitada por aquilo que a própria noção de discurso em Lacan impõe.

Com tal objetivo, aproximemo-nos do que nos interessa na fundamentação da noção de discurso de Lacan com base em três citações sucessivas do autor:

No *Seminário 16, De um Outro ao outro*:

> Se alguém quiser explicar o discurso de outra maneira, como expressão ou como relação com um conteúdo para o qual se inventa a forma, fique à vontade. Mas observo então que é impensável, nessa situação, que vocês inscrevam nele, seja a que título for, a prática da psicanálise, até mesmo como charlatanismo (LACAN, 1968-1969/2008, p. 31).

No *Seminário 17, O avesso da psicanálise*:

> Isto é só para especificar um aparelho que não tem absolutamente nada de imposto, como se diria em uma certa perspectiva, nada de abstraído de qualquer realidade. Muito pelo contrário, está desde já inscrito naquilo que funciona como essa realidade de que eu falava agora mesmo, a do discurso que já está no mundo e que o sustenta, pelo menos aquele que conhecemos (LACAN, 1969-1970/1992, p. 12).

Até aí, Lacan pontua não se tratar, no discurso, nem da forma de um conteúdo, nem da abstração de uma realidade. O discurso não se reduz, portanto, a uma categoria descritiva.

Finalmente, no *Seminário 18, De um discurso que não fosse semblante*, já trabalhando com este último termo, encontramos: "O semblante não é apenas situável, essencial, para designar a função primária da verdade; sem essa referência, é impossível qualificar o que se passa no discurso" (LACAN, 1971/2009, p. 24). Na medida em que não se trata de oposição no binômio verdade/semblante, o que é dado a ver pelo discurso analítico, a própria ideia de conhecimento passa a ser questionada. Citando novamente Lacan nesse mesmo *Seminário 18*, já não estamos no âmbito do conhecimento, "já não acreditamos conhecer alguma coisa pela via da percepção, da qual extrairíamos sabe-se lá que quinta-essência, e sim por meio de um aparelho que é o discurso" (LACAN, 1971/2009, p. 26). A noção de discurso em Lacan, que já é ela mesma efeito do que o autor nomeia como discurso analítico, implica que a conjugação da ciência com o capitalismo, sustentada na articulação discursiva, não pode assumir nem estatuto descritivo, como já indicado, nem, com o que vemos agora, estatuto cognoscente.

Por isso, Lacan indica, nesse *Seminário 18*, que a denúncia não basta para derrubar o que se sustenta no discurso do capitalista (LACAN, 1971/2009, p. 154). Assim como acrescenta, em "Televisão", que a denúncia o reforça por aperfeiçoá-lo (LACAN, 1974/2003, p. 517). O equívoco de reduzir a articulação discursiva fundada no discurso analítico a seu potencial denunciatório – por exemplo, no que se refere à conjunção da ciência com o capitalismo – assenta-se na ausência de problematização do lugar do saber como alheio à determinação discursiva. Que o lugar do saber se encontre reportado a sua relação com o gozo na estrutura é justamente um dos alicerces da teorização dos discursos em Lacan, sintetizado em enunciados como: "A psicanálise nos ensina que todo saber ingênuo está associado a um velamento do gozo que se realiza nele" (LACAN, 1971-1972/2012, p. 145). No que partimos do discurso analítico, "essa coisa com que se sonhara no passado, e que era chamada de conhecimento", como diz Lacan, já se encontra subvertida (LACAN, 1971/2009, p. 49, p. 153). Que o discurso analítico possibilite articular ciência e capitalismo, isso não deve ser reportado à dimensão da aquisição e da comunicação de um conhecimento, visto que o próprio discurso analítico subverte esse modo de operar.

Através do percurso que se inicia no *Seminário 16, De um Outro ao outro* é possível situar mais de perto tal subversão, que, se funda o discurso analítico, tem em Marx, segundo Lacan, uma espécie de antecessor. Nesse *Seminário*, a verdade já fora situada, em razão da inconsistência do Outro, como só podendo corresponder à função de um objeto que não é do conhecimento, o objeto *a*, com a qual se introduz o mais-de-gozar. Este último foi, por um lado, formalizado em homologia à mais-valia de Marx; mas, por outro lado, tal formalização por Lacan dependeu da entrada em cena do discurso analítico. Formalização essa que, por sua vez, apoiada no discurso analítico, permitiu constatar, em um efeito de retroação, que a mais-valia se esclarece pelo mais-de-gozar.

Ainda dentro dessa visada, Lacan afirma que, tal qual o mais-de-gozar é efeito de discurso para ele próprio, efeito do discurso analítico, a mais-valia é também efeito de discurso para Marx. Ou seja, as condições para a formalização da mais-valia por Marx estavam dadas quando a absolutização do mercado, de seu regime de equivalência, de troca, passou a englobar o próprio trabalho. Com isso, já no *Seminário 16, De um Outro ao outro*, Lacan nomeia como *discurso capitalista* a articulação da qual a mais-valia é efeito.

Para ser rigoroso quanto ao que dissemos acerca da noção de discurso em Lacan, é preciso enfatizar que, ao nomear aqui um discurso capitalista, não se trata da mesma proposição que quando, mais tarde, formaliza o discurso do capitalista em termos de S_1, S_2, $ e *a*. Até porque, deve-se insistir, a noção de discurso não pretende nomear abstratamente uma dada realidade, que se encontraria por sua vez reificada. Trata-se antes do que o manejo dos termos na estrutura torna pensável em cada um desses diferentes contextos. Do mesmo modo, só há sentido nos discursos em função do modo como se encontram articulados uns aos outros.

Se esse último ponto é mostrado no matema introduzido em *O avesso da psicanálise*, Lacan já antecipava, no *Seminário* anterior, que a psicanálise "é sintoma do momento temporal a que chegamos no que chamarei, com uma palavra provisória, de civilização" (LACAN, 1968-1969/2008, p. 31). Ao pretender a formalização do discurso analítico, a articulação aos outros discursos já se encontra, assim, implicada. É esse o trabalho de escrita que Lacan seguirá aprofundando nos anos seguintes. Trabalho que, no entanto, se sustenta no discurso analítico, o que tem, por encadeamento, a evidência de que a articulação discursiva que vem a situar a conjugação do capitalismo com a ciência se sustenta no discurso analítico. Fora dessa sustentação, portanto, enunciar (ou denunciar) que a ciência se encontra conjugada ao capitalismo importa pouco à psicanálise.

O que implica, então, tal sustentação no discurso analítico? Em primeiro lugar, Lacan o toma por aquele que mostra a inconsistência do Outro. É nisso que se funda a possibilidade de ser o discurso analítico o que articula os demais. Trata-se de uma articulação que só pode se dar em torno à inconsistência do Outro, o que é sustentado pelo discurso analítico. O que Lacan explora do inconsistente, do não totalizável, do indecidível exemplifica seu esforço em transmitir a impossibilidade que – da castração à inexistência da relação sexual - estaria na base dos discursos articuláveis a partir do discurso analítico. Só assim tal articulação concerne ao real.

O impossível é o real – é em torno dessa fórmula presente de modo reiterado no ensino de Lacan que a articulação dos discursos se sustenta a partir do discurso analítico. É uma fórmula situável desde o discurso analítico, ao mesmo tempo que é aquilo que justifica que um dos efeitos de tal discurso, se ele visa o real, seja a articulação dos outros discursos, na medida em que não há totalização possível, em que o campo do Outro não é consistente.

Antes de precisar em que termos a conjugação da ciência com o capitalismo se inscreve na articulação dos quatro discursos no *Seminário 17, O avesso da psicanálise*, é preciso retomar, ainda no *Seminário 16, De um Outro ao outro*, que a relação entre saber e gozo é privilegiada para situar o que haveria de homólogo entre o mais-de-gozar e a mais-valia de Marx. Lacan também acrescenta que esse apoio que encontra na relação entre saber e gozo é devido, segundo ele, ao que se estabeleceu com o capitalismo. Associando a ciência à discussão, Lacan faz menção a um "mercado da ciência": "o próprio processo pelo qual a ciência se unifica, no que ela extrai seu nó de um discurso consequente, reduz todos os saberes a um único mercado" (LACAN, 1968-1969/2008, p. 40).

Ao reportar a problemática do saber ao capitalismo, Lacan aponta para o caminho através do qual a questão do capitalismo será explorada no âmbito do *Seminário 17, O avesso da psicanálise*: a lógica do capitalismo aparecerá associada privilegiadamente a um dos discursos que compõem o matema dos quatro discursos, o discurso universitário. Ao delimitar um novo lugar do saber, o discurso universitário é aquele "que mostra onde o discurso da ciência se alicerça" (LACAN, 1969-1970/1992, p. 97), ao mesmo tempo que situa o capitalista como o senhor moderno. A conjugação do capitalismo com a ciência se apoia, então, na formalização do discurso universitário, o que a vincula à problemática do saber, revelando aquilo de que, segundo Lacan, Marx não se dá conta: que no próprio saber está o segredo do que ele denuncia como espoliação.

O novo lugar do saber associa-se a um *tudo contável*:

> [...] o próprio ideal de uma formalização onde tudo é conta [...], não estará aqui o deslizamento, o quarto de giro? Este é o que faz com que se instaure, no lugar do senhor, uma articulação eminentemente nova do saber, completamente redutível formalmente [...] (LACAN, 1969-1970/1992, p. 76).

É igualmente o que estaria em jogo no estabelecimento da lógica capitalista:

> alguma coisa mudou no discurso do mestre a partir de certo momento da história. Não vamos esquentar a cabeça para saber se foi por causa de Lutero, ou de Calvino, ou de não sei que tráfico de navios em torno de Gênova, ou no Mar Mediterrâneo, ou alhures, pois o importante é que, a partir de certo dia, o mais-de-gozar se conta, se contabiliza, se totaliza. Aí começa o que se chama de acumulação de capital (LACAN, 1969-1970/1992, p. 169).

Para além da associação ao discurso universitário, Lacan já introduz, como vemos, a ideia de que essa articulação capitalista tem implicações para o discurso do mestre; o que ele, na sequência, priorizará e tentará formalizar com a escrita de um discurso do capitalista:

> Trata-se, em suma, de pormos uma coisa à prova: se a chave dos diversos problemas que se proporão a nós não está em nos colocarmos no nível do efeito da articulação capitalista que deixei na sombra no ano passado, ao lhes fornecer apenas sua raiz no discurso do mestre. Talvez eu possa dar-lhes um pouco mais este ano (LACAN, 1971/2009, p. 36).

Se no *Seminário 17, O avesso da psicanálise*, delimitou-se algo que derivaria do discurso do mestre, estabilizando-o, como ao falar de um estilo capitalista para tal discurso, aqui já se busca a apreensão formal dessa mudança. Entretanto, na medida em que aquilo que é articulado por Lacan em torno ao discurso do capitalista é antinômico com relação à própria definição de discurso que ele estabelecera, cabe interrogar o porquê de tal nomeação. Ou seja, a articulação discursiva que toma por base o discurso analítico conduziria à apreciação de um discurso do capitalista, ao mesmo tempo que o formalizaria em termos que destituiriam sua condição de discurso. Entende-se então que, para Lacan, a exploração do que tem implicações para o discurso analítico impõe a escrita de um discurso que não se sustenta como tal. Pode-se pensar que se trata de algo semelhante ao que Lacan faz quando toma em questão um discurso que não existe, mas que designa um limite a ser explorado pela psicanálise: o discurso que não fosse semblante:

> Para poder fazê-lo num prazo tão curto, é preciso partir do ponto central, que é também um ponto de enigma, do discurso psicanalítico, na medida em que, aqui, ele fica apenas à escuta desse discurso derradeiro, aquele que não seria o discurso do semblante. Ele fica à escuta de um discurso que não existiria e que, aliás, não existe. Quero dizer que o que se indica aqui é apenas o limite imposto ao discurso quando se trata da relação sexual (LACAN, 1971/2009, p. 155).

Ao seguir por esse caminho, a conjunção do capitalismo com a ciência continuou em pauta para Lacan, segundo novas declinações. Por exemplo, ele situou nos seguintes termos o que a partir daí emerge no mundo: "de maneira que existe de fato, sendo uma presença no mundo, não o pensamento da ciência, mas a ciência de algum modo objetivada, refiro-me a essas coisas inteiramente forjadas pela ciência, simplesmente essas coisinhas, *gadgets* e coisa e tal, que por enquanto ocupam o mesmo espaço que nós no mundo em que essa emergência teve lugar" (LACAN, 1969-1970/1992, p. 140). Essa indicação é feita justamente quando questiona, no que concerne à temática maoísta, se "o *savoir-faire*, no nível do manual, pode ainda ter peso suficiente para ser um fator subversivo" (LACAN, 1969-1970/1992, p. 140). Se o discurso da ciência estabiliza-se com a constituição da *episteme* no âmbito da filosofia, o advento de uma ciência objetivada formula uma problemática mais ampla para Lacan, inclusive no que diz respeito às possibilidades de se deslocar desse discurso.

É o que está em jogo quando Lacan se refere às *latusas*, "aos pequenos objetos *a* que vão encontrar ao sair, no pavimento de todas as esquinas, atrás de todas as vitrines, na proliferação desses objetos feitos para causar o desejo de vocês, na medida em que agora é a ciência que o governa" (LACAN, 1969-1970/1992, p. 153). Isso se reporta à ideia do capitalista como senhor moderno, na medida em que a exploração do desejo, chegando a sua industrialização, figura como a grande invenção do discurso capitalista, conforme Lacan o encaminha. Há uma diferença a se situar, então, entre a presença da ciência no mundo em termos *koyréanos* e em termos da industrialização do desejo inventada pelo discurso capitalista.

Em que isso tudo importa para a psicanálise? Tal pergunta exige retomar a questão da ciência para a psicanálise. Já em "A ciência e a verdade", Lacan dizia que a ciência se mostra definida pela impossibilidade do esforço de suturar o sujeito que lhe é correlato (LACAN, 1965/1998, p. 875). No *Seminário 18, De um discurso que não fosse semblante*, esse ponto é, de certo modo, desdobrado quando se toma o real como o que faz furo no discurso científico. Citando Lacan: o discurso científico "só tem como referência a impossibilidade a que conduzem suas deduções. Essa impossibilidade é o real" (LACAN, 1971/2009, p. 27). Para além da preocupação de saber se se trata ou não de um semblante, nos termos do *Seminário*, o que importa, segundo Lacan, é que o discurso científico "faça surgirem os furos certos no lugar certo" (LACAN, 1971/2009, p. 27).

A relação da psicanálise com a ciência passa, portanto, pelos furos que a última faz surgir, depende de que o discurso científico conduza à impossibilidade que é o real. É nisto que o discurso analítico, não sendo um discurso científico, é "um discurso cujo material a ciência nos fornece" (LACAN, 1971-1972/2012, p. 136), como observa Lacan no *Seminário 19, ... ou pior*. Ora, se o discurso do capitalismo é aquele que justamente se distingue, segundo dirá Lacan (1971-1972/2011, p. 88), pela rejeição da castração para fora de todos os campos do simbólico, é aquele que não tem a impossibilidade na base – o que é fundamento da própria noção de discurso em Lacan –, talvez esteja aí o ponto-chave em que sua conjunção com a ciência tem necessariamente implicações para a psicanálise. Talvez esteja aí a razão de o discurso psicanalítico precisar elucidar o que está em jogo na conjunção do capitalismo com a ciência. Isso não diria respeito a uma denúncia genérica, vaga, mas à própria possibilidade de a psicanálise continuar a sustentar seu laço com a ciência, na medida em que esse laço se borda do impossível que o dito discurso capitalista não cessa de rejeitar.

Referências

KOYRÉ, A. (1991). *Estudos de história do pensamento científico*. Rio de Janeiro: Forense Universitária.

LACAN, J. (1959-1960/1991). *O seminário, livro 7: a ética da psicanálise*. Rio de Janeiro: Jorge Zahar.

———. (1965/1998). "A ciência e a verdade". In: *Escritos*. Rio de Janeiro: Jorge Zahar, p. 869-892.

———. (1966/2001). "O lugar da psicanálise na medicina". In: *Opção Lacaniana, 32*, p. 8-14.

———. (1968-1969/2008). *O seminário, livro 16: de um Outro ao outro*. Rio de Janeiro: Jorge Zahar, 2008.

———. (1969-1970/1992). *O seminário, livro 17: o avesso da psicanálise*. Rio de Janeiro: Jorge Zahar .

———. (1971/2009). *O seminário, livro 18: de um discurso que não fosse semblante*. Rio de Janeiro: Jorge Zahar.

———. (1971-1972/2011). *Estou falando com as paredes: conversas na capela de Sainte-Anne*. Rio de Janeiro: Jorge Zahar.

———. (1971-1972/2012). *O Seminário, livro 19: ... ou pior*. Rio de Janeiro: Jorge Zahar.

———. (1974/2003). "Televisão". In: *Outros escritos*. Rio de Janeiro: Jorge Zahar, p. 508-543.

Algumas considerações sobre educação, ciência e capitalismo: o que pode a psicanálise?

Rita Manso

Resumo

O artigo destaca a questão da educação a partir de uma leitura psicanalítica do que está em jogo no que se tem chamado a crise do capital que faz com que este aja mais agressivamente que nunca na tentativa de apagamento do sujeito em vários setores da vida. Utiliza a ideia lacaniana do discurso do analista como lente de análise do discurso vigente, o Outro do capital. Considera o pensamento de que as elites são avessas a que as massas pensem, isto é, aprendam a refrear o gozo transformando-o em desejo. A educação clássica, retirada dos currículos, promoveria um despertar dos sujeitos, aspecto não desejado pelo capital.

Palavras-chave: educação; ciência; capitalismo; gozo; psicanálise.

Abstract

Some considerations on education, science and capitalism: what psychoanalysis can do?

The article highlights the issue of education from a psychoanalytic approach of what is at stake in the so-called crisis of capital that makes this act more aggressively than ever in an attempt to extinguish the subject in several areas of life. The Lacanian notion of the discourse of the analyst is used as a reference to analyze the current discourse, the Other of capital.

It is considered the idea that elites are averse that masses think; in other words, that they learn to restrain the jouissance turning it into desire. The classical education, removed from curriculums, could promote an awakening of the subjects, aspect unwanted by capital.

Key-words: education; science; capitalism; *jouissance*; psychoanalysis.

Nosso tema

Em entrevista concedida poucos dias antes de participar do Congresso de Roma de 1974, de onde advirá o texto "A terceira", Lacan (29/10/1974) faz alguns comentários preciosos sobre a psicanálise, a educação e a ciência, saberes que lidam com o impossível, com o real, com a angústia.

> Como a ciência não tem nenhuma ideia do que faz, exceto quando tem uma dessas crisezinhas de angústia [referindo-se às questões éticas que apareceram depois de inúmeros experimentos com bactérias que poderiam redundar, se espalhadas, na destruição das "merdinhas humanas que habitam o planeta"], ela vai assim continuar por um certo tempo e, provavelmente por causa de Freud [que sempre tentou vincular a psicanálise ao campo da ciência, embora tenha com ela se decepcionado] ninguém pensou em dizer que era tão impossível ter uma ciência, uma ciência que dê resultados, quanto governar e educar (LACAN, 1974, p. 4).

Aos significantes educação, ciência e psicanálise acrescentamos o capitalismo. Isso porque a questão que aqui queremos discutir não diz somente respeito ao que está em jogo no que se tem chamado a crise do capital (EAGLETON, 2012; JAMESON, 2006; HARVEY, 2012, 2013; ANDERSON, 2004; ŽIŽEK, 2012a, 2012b; CLARK, 2013; BADIOU, 2012; MASCARO, 2013, Mészáros, 2008, 2009a) que faz com que este aja mais agressivamente que nunca na tentativa de apagamento do sujeito em vários setores da vida: na saúde, na política, na ciência, na vida íntima da dor de existir, na educação. Faremos apenas algumas considerações sobre o tema da educação. Utilizaremos a ideia lacaniana do discurso do analista como lente de análise do discurso vigente, o Outro do capital.

Do tema geral que relaciona psicanálise e saúde destacamos a "saúde da educação", considerando que ela não anda muito bem em nosso mundo. Apesar do pragmatismo reinante, a educação é mais do que ensino de matemática, português ou ciências, mas deveria trazer de volta a educação clássica com ensino da filosofia, conhecimento tão evidente nos seminários de Lacan[1], ou da sociologia e da ciência política. Mais do que formar mão de obra barata, a formação do sujeito deve ser priorizada. Aqui e no mundo. Partamos da ideia de que as elites são avessas a que as massas pensem, isto é, aprendam a refrear seu gozo.

EFEITOS DA EDUCAÇÃO SOBRE OS CORPOS

A educação é consequência dos efeitos da castração sobre o controle da energia pulsional, isto é, sobre os corpos. Tomada como limite, a castração dará a unidade ao sujeito, ainda que imaginária, uma vez que ao sujeito sempre falta algo.

Vou repetir aqui a máxima freudiana de que educar, governar e psicanalisar são profissões impossíveis. Não por que não se possa e deva exercê-las, tampouco por que uma subsuma (*Aufhebung*) a outra, mas porque cada uma delas deve lidar com a castração. Sendo a psicanálise um dos produtos mais sofisticados da cultura, ela o é, sobretudo, porque possibilita aos sujeitos o aumento de seu limiar de tolerância para a frustração sem recorrer à descarga imediata, já que coloca nesse lugar o pensamento, a elaboração, a ligação da carga energética às palavras. Quando se analisa, e não se sintetiza, estamos diante de um saber fazer com o real do trauma que nenhuma outra técnica psicológica possibilita.

---

[1] Lacan estudou no Colégio Stanislas, dirigido por jesuítas, escola particular que atende à alta burguesia de Paris. O projeto educativo dessa escola é, sobretudo, religioso, visando "formar homens e mulheres para serem os atores na sociedade de amanhã". Contudo, não escapou, como outros estabelecimentos católicos, de denúncias de práticas pedófilas. <http://www.stanislas.fr/ewb_pages/c/college_stanislas_projet_educatif.php>.

Freud definiu a psicanálise como uma espécie de "pós-educação" da pulsão, em nada solidária à adaptação pretendida por muitos tratamentos contemporâneos, já que ela fornece ao sujeito uma espécie de segunda chance ao proporcionar o aumento da capacidade crítica, o que redunda em eficiência e capacidade de ganhar a vida. Assim, tem-se o direito de dizer, com Freud, que os pacientes fizeram um bom negócio, já que "nada na vida é tão caro quanto a doença – e a estupidez" (FREUD, 1914/1976, p. 176). Contudo, é preciso ressaltar, nada é mais distante de um objetivo da psicanálise, como insistiu Lacan, do que uma "reeducação emocional do paciente" (LACAN, 1958/1998, p. 591), que visa muito mais ao exercício de um poder, aspecto estranho à subversão pretendida pela psicanálise.

Muitos acusaram Freud de fazer o jogo do capital com a psicanálise, que seria um tratamento elitista, caro e para poucos, e que um de seus objetivos era a adaptação do sujeito ao *status quo*. E não estavam errados, de todo, apenas desconheciam que essa nunca foi a intenção de Freud. Ao contrário. Marcuse, por exemplo, em conferência pronunciada em 1963, em Nova Iorque, intitulada "A obsolescência da psicanálise" (1963/1998), denunciava uma psicanálise que fazia o jogo do poder ao buscar calar a voz da revolta contra o estabelecido. Ainda assim, destacava e prestava sua homenagem à força conceitual que Freud nos legou: "a verdade da psicanálise consiste em manter a fidelidade as suas hipóteses mais provocadoras" (MARCUSE, 1963/1998, p. 110).

Mas isso antes da chegada de Lacan ao cenário psicanalítico mundial, pois, em suas palavras, quem mais "trovejou como esse homem de gabinete [Freud] contra o açambarcamento do gozo por aqueles que amontoam sobre os ombros dos outros os fardos da necessidade?" (LACAN, 1958/1998, p. 648). De forma que a psicanálise criada por Freud, ao dizer que a vida tem apenas um sentido, e este é a morte, e o desejo é carregado por ela, ainda nas palavras de Lacan, propõe que "cada macho ou fêmea deve aceitar tê-lo ou não tê-lo, a partir da descoberta de que não o é" (LACAN, 1958/1998, p. 649), situação avessa às práticas que pretendem tamponar o desejo.

O uso da ciência contra a educação

A ciência, nascida no Renascimento, tem sua origem no projeto de descobrir as causas dos males humanos e deles proteger os homens. Pretendia também maior conforto na vida. Seu projeto envolvia o controle da natureza em benefício da humanidade com as invenções de barragens, hidrelétricas, sensores contra maremotos e terremotos, explosões vulcânicas, furacões, tornados, enchentes etc., a descoberta de vacinas contra doenças epidêmicas, a cura de doenças agressivas que encurtam o tempo de vida, como o câncer em suas variedades ou a AIDS.

Mas vem também do campo dito "científico" da psiquiatria a elaboração de manuais que sustentem o ofício de um médico que desconhece os sujeitos e suas histórias do que fazer com o real do corpo. O novo DSM-V, por exemplo, propõe que o processo de elaboração de um luto, para ser considerado normal, não deve ultrapassar 15 dias. Certo, os tempos são outros. O homem produziu máquinas e identificou-se a elas. Todos devem ser tão rápidos quanto um computador, até mesmo para deletar seus objetos queridos e para quem faziam falta. Lembremos que ao perder seu neto, após a morte de sua filha Sophie, Freud confessou não ter sentido dor maior do que a que se originou da perda desse menino, seu neto, e dizem que dela jamais se recuperou. Já Lacan, vivendo em outra época, em dezembro de 1969, embora tenha ficado felicíssimo com o primeiro neto, primogênito de Thibaut, e que levaria seu sobrenome, logo experimenta a perda, pois a criança vive apenas três dias. Mais tarde, em 30 de maio de 1973, experimenta outra perda violenta: sua filha Caroline morre num acidente automobilístico. Se fosse hoje, teriam Freud e Lacan, e qualquer um de nós, de 15 dias a 20 dias para superar seus lutos antes que lhes fossem administrados medicamentos.

O campo da educação não passa ao largo da influência desse manual originário do uso que o capitalismo faz ao cooptar as descobertas científicas em seu próprio benefício, para o seu lucro, em detrimento do laço social, já que está em jogo uma grande fonte de riqueza para os donos dos laboratórios que fabricam os medicamentos. Para isso é preciso criar demanda. E aqui, o domínio da Mídia é essencial. Palavras quebram ossos, vendem ilusões, criam demandas, mas também, como faz a psicanálise, curam, despertam, fazem o sujeito "cair na real". Sabemos o quanto a infância tem sido adoecida, crianças medicadas por serem apenas crianças, numa proliferação de diagnósticos com consequente administração de psicofármacos. O bicho carpinteiro da curiosidade infantil agora deve ser devidamente contido por medicamentos, pois se tornou o Transtorno Disruptivo de Desregulação do Humor, cujos sintomas descritos, entre outros, são a irritabilidade e o descontrole emocional[2]. A agitação dos corpos não é tolerada. As salas de aula devem ser lugares de controle e as crianças vão para as escolas cada vez mais cedo, tendo em vista que o capitalismo arranca-as de suas casas para que suas mães e pais possam ser arrancados de suas funções e melhor explorados. Mas como controlar a pulsão? Não adviria daí o incremento da violência, da intolerância, da segregação?

Em argumento para o congresso intitulado "Falar com seu sintoma, falar com seu corpo" (2013), Eric Laurent admite que existe uma ordem de ferro – expressão de Lacan no *Seminário livro 21: Os não-tolos erram* – que reduz o salário do trabalhador ao mínimo necessário para sobreviver. Mas qual é o "mínimo necessário"? Baseado em quais cálculos alguém estabelece essa ordem de ferro: o mínimo que um trabalhador ou trabalhadora necessita para sobreviver? E as diferenças mínimas entre os sujeitos? Laurent aponta que a exigência de gozo em primeiro plano – o prioritário é lucrar – submete os corpos a uma lei de ferro cujas consequências têm sido graves. Talvez por isso tenha sido "tão gostoso" (fala de um sujeito em análise) poder estar nas ruas nas manifestações de junho de 2013, usando o corpo para outra coisa que não trabalho ou o esforço para esquecer a miséria humana em baladas ou excessos de substâncias químicas.

O Nome-do-Pai foracluído retorna como normas sociais do discurso, o politicamente correto das últimas décadas, mas que provavelmente não está "colando" mais, conforme as últimas manifestações sociais pelo mundo. Marie-Helène Brousse (2009) assinala que, a partir de 1974, Lacan redimensiona a função do Nome-do-pai como nomeador repassando-a à mãe: são as mães, na contemporaneidade, que passam a nomeação

2 Lembrando que a Ritalina é o recomendada para todo aquele que apresente TDAH.

para os seus filhos. Ela acrescenta que a psicose ordinária, termo de Miller (2006), num mundo onde as estatísticas assumem valor de certeza, é um comportamento "supersocial", isto é, o que determina as formas como os sujeitos devem agir. Santos (2007) lembra que as funções de proibição e autorização, prerrogativa do Nome-do-Pai, estão flácidas na família atual e acabam por sobrecarregar a escola, deixando crianças e adolescentes entregues ao risco da perda de rumo.

O CAPITALISMO

O pensamento capitalista faz o sujeito acreditar que o mercado é capaz de provê-lo de algum objeto, fabricado pela ciência, capaz de satisfazer seu desejo. Acrescido como um modelo de discurso que, ao contrário dos quatro enunciados por Lacan – o da histérica, o da universidade, o da ciência e o do analista –, não forma laço social, o chamado "discurso capitalista" tem um objetivo claro ao pensamento do psicanalista francês: prometer a eliminação da falta (objeto *a*) que nos constitui como sujeitos desejantes para com isso angariar cada vez mais fundos para acrescer ao capital. É um discurso colado ao da perversão que faz de cada um objeto de seu gozo, e se oferece como indivíduo, não dividido, desprovido de desejo, mas apenas respondendo ao desejo do Outro. Dessa forma, esvaziado, obedece aos imperativos de gozo que seu mestre, o capital, determina. Eis por que o discurso do analista é, atualmente, capaz de se antepor ao mestre capitalista, já que o denuncia.

O capitalismo surge na passagem da Idade Média ao Renascimento. Um dos escritos mais marcantes dessa passagem comemora 500 anos em 2013: *O príncipe*, de Nicolau Machiavel (1513/ 1968)[3]. *O príncipe* ou *De principatus*, que só foi publicado postumamente, em 1532, é um tratado do que se deve fazer para manter o poder. Muito mais do que dar origem

---

[3] Com a banca mercantilista de Florença, dirigida a ferro e fogo pelos Médici, banqueiros que reinaram por quase 300 anos na Itália renascentista, Maquiavel dedica seu texto ao príncipe Lourenço de Médici. Como uma forma de sedução, própria do capital ao demonstrar seu poder, os Médici também favoreceram as artes e as ciências como mecenas: de Michelangelo e Leonardo da Vinci a Galileu Galilei, muitos foram auxiliados pelo mecenato dos Médici. Antes, Maquiavel serviu aos Bórgias.

ao adjetivo "maquiavélico" – maldoso, conspirador, manipulador –, o texto pretendia orientar o novo príncipe a manter a união dos principados para extinguir as constantes disputas e guerras entre eles.

Com o final do feudalismo e a ascensão da burguesia, inaugura-se uma nova forma de administração dos Estados, separando o Estado da Política, pois em

> modos de produção anteriores ao capitalismo, não há uma separação estrutural entre aqueles que dominam economicamente e aqueles que dominam politicamente: de modo geral, são as mesmas classes, grupos e indivíduos – os senhores de escravos ou os senhores feudais – que controlam tanto os setores econômicos quanto os políticos de suas sociedades (MASCARO, 2013, p. 17).

Estado e política eram um só nas sociedades pré-capitalistas. As explicações de como as coisas eram sobrevinham de ordens teológicas: Deus quis assim! Servos e senhores correspondiam a obras divinas, alimentando a resignação e o conformismo de cada um a sua dor. O rei era a encarnação de Deus na Terra. Embora as teorias platônica e aristotélica discutam a *res publica*, os anos de domínio do pensamento pelas premissas judaico-cristãs e, sobretudo, da Igreja Católica, que se apropriou da herança romana, fizeram com que essas teorias fossem surrupiadas e mantidas fora do alcance do conhecimento da grande maioria. Não é à toa que a Idade Média é conhecida também como a Idade das Trevas da razão (do pensamento, do conhecimento). O Renascimento recupera o movimento que impulsiona ao conhecimento, no que pese o assassinato de pioneiros como Copérnico ao ter ele revelado que a Terra não era o centro do Universo.

A modernidade, então, inaugura-se com o capitalismo. Se antes política e economia estavam nas mãos dos senhores, com a chegada da burguesia ao poder elas se separam, daí advindo a criação do Estado, sendo a "troca de mercadorias a chave para desvendar essa especificidade" (MASCARO, 2013, p. 18). O sistema de trabalho moderno inaugura uma forma mais sofisticada de escravidão: o sujeito é obrigado a vender seu único bem, sua força de trabalho, ao preço suficiente para repô-la ao mínimo e poder tornar a vendê-la ao capital. Forja o retorno ao estado de natureza onde a lei da selva impera. O constante encontro com o real é mais íntimo para quem não tem acesso aos produtos da civilização, às modernidades criadas pela ciência. O trabalhador nem sequer conhece seu patrão e as relações passam a ser dominadas pelas coisas e não pelo intercâmbio entre sujeitos.

Essa passagem da relação entre homens para a relação entre coisas é constatada no matema lacaniano do "discurso" do capitalista pela inexistência de um vetor entre agente e outro. Isso evidencia a inexistência de laço social. O homem deixa de ser agente e passa a mero servo do capital, tomado como uma peça na engrenagem da produção. Não há liberdade alguma, o homem não tem outra escolha que não seja submeter-se à lógica do mercado, oferecendo seu próprio corpo para implemento de um gozo a mais (mais-valia) para o capitalista.

> Por isso, é preciso buscar a descoberta do sintoma na maneira como Marx concebeu a passagem do feudalismo para o capitalismo. Com o estabelecimento da sociedade burguesa, as relações de dominação e servidão são *recalcadas*: formalmente, parecemos estar lidando apenas com sujeitos livres, cujas relações interpessoais estão isentas de qualquer fetichismo; a verdade recalcada – a da persistência da dominação e da servidão – emerge num sintoma que subverte a aparência ideológica de igualdade, liberdade e assim por diante (ŽIŽEK, 1996, p. 310).

Temos então a clareza de que o "discurso capitalista" se sustenta pela foraclusão da castração: ele sempre goza, enquanto o trabalhador é duplamente privado, pois não goza nem dos objetos que produz, nem de sua posição masoquista de objeto (como, antes, o escravo gozava de sua posição de objeto).

A PSICANÁLISE E A EDUCAÇÃO

Em artigo anterior (BARROS & OLIVEIRA, 2008), do qual retomaremos algumas passagens, destacamos o quanto Freud se interessou pelo campo da educação. Em diversos momentos de sua obra ele aborda o tema, motivado, em parte, pelo fato de Anna, sua filha psicanalista, ser pedagoga de formação. Embora Freud soubesse o quanto a educação é necessária já que possibilita ao ser humano aprender a controlar e adiar a satisfação de suas pulsões, a educação de sua época, vitoriana e preconceituosa, tinha, do seu ponto de vista, o objetivo de inibir, suprimir, proibir a colocação em prática de todos os impulsos, sem restrição, o que é, em si, causa de neuroses.

> A iniciativa para a aplicação da psicanálise à educação deve, hoje [1925], ser buscada em outra área. Vamos tornar claro para nós mesmos qual a tarefa primeira da educação. A criança deve aprender a controlar suas pulsões. É impossível conceder-lhe liberdade de pôr em prática todos os seus impulsos sem restrição. Fazê-lo seria um experimento muito instrutivo para os psicólogos de crianças; mas a vida seria impossível para os pais, e as próprias crianças sofreriam grave prejuízo, que se exteriorizaria, em parte, imediatamente, e, em parte, nos anos subsequentes. Por conseguinte, a educação deve inibir, proibir e suprimir, e isto ela procurou fazer em todos os períodos da história. Na análise, porém, temos verificado que precisamente essa supressão das pulsões envolve o risco de doença neurótica (FREUD, 1925/1976, p. 256).

A formação humana, a humanização, nosso principal tormento no dizer de Lacan, é que "toda formação humana tem, por essência, e não por acaso, de refrear o gozo", lembrando que justamente o "princípio de prazer é o freio do gozo" (LACAN, 1967/2003, p. 362). Como psicanalistas, somos levados a pensar como a educação pode dar conta dos aspectos destrutivos da pulsão uma vez que ela busca incessantemente a satisfação, o gozo sem obstáculos. Então, não se pode ignorar a relação da educação com a força pulsional (BARROS & OLIVEIRA, 2008). Além disso, convivemos com um dos fatores mais complexos e enigmáticos que é a pulsão de morte ou a exigência de gozo.

A satisfação pulsional só pode se dar nos limites impostos pelas suas margens, fornecidas pelas imposições da realidade, da linguagem que sinaliza a existência do outro. O transbordamento indicaria o enfraquecimento do rio, a impossibilidade de alcançar deu destino: a satisfação de desembocar no mar. Na Conferência XXXI, Freud (1933 [1932]/1976, p. 102) afirma que a psicanálise "é uma obra de cultura, não diferente da drenagem do Zuider Zee", as terras holandesas que o homem extraiu do mar, tornando-as férteis para o plantio e a alimentação da população dos Países Baixos. A satisfação vigora nos limites impostos ao mar pelos diques, fruto da engenharia humana, decorrência de altos índices de conhecimento proporcionado pela educação, e o processo educativo, com as barreiras que impõe à descarga pulsional, acaba por construir "dutos" psíquicos, isto é, vias ou caminhos de condução da pulsão rumo à satisfação (BARROS & OLIVEIRA, 2008).

Mas enquanto as facilitações promovem a descarga, queremos chamar atenção para um caminho que admita a contenção sem descarregar. Essa capacidade de suportar o aumento da excitação sem procurar imediatamente a descarga é que possibilita à criança o processo de pensamento. O pensar se dá no intervalo de tempo entre o estímulo e a descarga. Deve-se tolerar o desconforto (mal-estar) para transformá-lo em aprendizagem, ou melhor, em palavras, em formas de estabelecer laços sociais e assim promover a cultura. O refreamento do gozo, e o consequente mal-estar que disso se origina, é o preço que devemos pagar pela fruição de todas as grandes vantagens que obtemos da vida em civilização, fator necessário para uma existência confortável em termos de aquisições culturais (BARROS & OLIVEIRA, 2008).

Tomando-se a castração como limite, libera-se o sujeito para melhor administrar seu capital, a libido. Amplia-se sua capacidade em reter, poupar, em nome de um gasto mais adequado a ele e ao outro no futuro, na formação e manutenção de laços sociais. Evita-se o desperdício de vida. Basta lembrarmo-nos de Freud em "Mal-estar na cultura", ao constatar que as massas são pouco propensas ao adiamento da satisfação pulsional. Alegar que essas palavras do psicanalista estão carregadas de preconceito burguês não diminui o valor de verdade que elas carregam. Os dias de hoje, cheios de pressa e aceleração, podem confirmar o quanto cada vez menos se tolera o adiamento da satisfação pulsional. A consequência dessa pouca tolerância é o aumento da destrutividade, da violência contra o outro (aumento da violência, do racismo, do terrorismo etc.) ou contra si mesmo (consumo exagerado de drogas, de objetos, de comida, de imagens etc.). Até certo ponto, diríamos que quanto mais civilizado é um homem, mais ele tolera a insatisfação pulsional por um período maior de tempo com a condição que a satisfação da pulsão esteja antevista no horizonte. Assim, a educação chega à criança como uma coerção (BARROS & OLIVEIRA, 2008).

Se a educação deveria inibir, suprimir, proibir a colocação em prática de todos os impulsos, sem restrição, fica claro por quais motivos Freud indispôs-se, inicialmente, contra o processo educativo de sua época. Ao impor restrições para a satisfação pulsional, a educação vitoriana retirava de cena a possibilidade de satisfação em um futuro próximo. Uma vez que a criança deve aprender a controlar suas pulsões até poder satisfazê-las, controle que representa o quão educada teria sido, estaria melhor aparelhada para poder suportar o desconforto do acúmulo de energia pulsional (insatisfação) até a descarga (satisfação) (BARROS & OLIVEIRA, 2008).

Retomando a entrevista já citada de Lacan, tomamos alguns comentários preciosos sobre a educação. De fato, a educação constitui-se, tal como governar e analisar, em um fazer cujos efeitos não se conhece de antemão. São posições insustentáveis e, embora não faltem candidatos para elas, eles não sabem exatamente o que querem fazer quando analisam, governam ou educam. Contudo, eles são tomados de vez em quando por uma força que os analistas conhecem bem, a angústia, estando por isso um pouco à frente das demais profissões que lidam com o impossível. E é aí que alguns educadores se pegam pensando: o que é, afinal, educar? Tudo indica que seja uma certa ideia do que é preciso para fazer homens, como se fosse a educação que os fizessem. Contudo, Lacan admite que o homem se educa sozinho, já que é preciso que aprenda alguma coisa, sobretudo porque "é preciso, de fato, que haja uma certa educação para que os homens consigam suportar-se entre si" (LACAN, 29/10/1974). Os psicanalistas já estão mais calejados no lidar com o real, é possível mesmo afirmar que eles estão "blindados contra a angústia" (LACAN, 29/10/1974), são relativamente novos no ofício de lidar com o real – a psicanálise não tem mais que cem anos enquanto a arte de educar e governar tem a idade da civilização – e estão por isso na fase do despertar, na função totalmente nova que é a analítica.

E como Lacan afirma que os seus sonhos, ao contrário dos de Freud, inspirados pelo desejo de dormir, são animados pelo desejo de acordar (LACAN, 2011, p. 25), passemos ao despertar.

ADORMECER OU DESPERTAR?

O psicanalista Sérgio Laia, ao tecer considerações sobre as manifestações de junho de 2013 no Brasil, referiu-se a uma frase de Lacan no *Seminário livro 23*: "eu aguardo, mas não espero nada" (LACAN, 1975-1976/2007, p. 133). Em sua análise, "um analista é aquele que, frente à agitação dos corpos [refere-se às citadas manifestações], aguarda sem esperar, transmitindo-lhes, assim, inclusive, alguma serenidade" (LAIA, 2013, p. 7). Um psicanalista aguarda, mas, como analista-cidadão, espera mais do que o deserto do real. E aí a arte é soberba e é inevitável lembrar da poesia de Geraldo Vandré: "Vem vamos embora que esperar não é fazer, quem sabe faz a hora não espera acontecer", hino da juventude que pegou em armas contra a ditadura civil-militar. Não é o caso agora, longe disso, mas os corpos começaram a ir além do adormecimento.

O discurso de que estaria havendo, entre os jovens, um despertar denega o fato de que não se esteve dormindo. A psicanálise, como discurso instituído no século passado e largamente disseminado, no que pese o constante ataque as suas formulações, tem responsabilidade na produção e sustentação de pensamentos, pois se produz enquanto se dorme, nesse suposto despertar. Quem assistiu ao domínio simbólico dos jovens do Midia Ninja na entrevista que deram ao Roda Viva (05/08/2013), pôde ver ali efeitos da educação, do adiamento da satisfação pulsional e a transformação de ideias em palavras contra o gozo desenfreado ao qual impele o "discurso capitalista", a lei do goze sempre e elimine a incompletude. Bruno Torturra e Pablo Capilé foram brilhantes!

No governo do Estado do Rio de Janeiro de Leonel Brizola, junto com os conhecimentos avançados de Darcy Ribeiro sobre o que é a educação e a genialidade arquitetônica de Oscar Niemeyer, foram construídos mais de quinhentos Centros Integrados de Educação Pública, os CIEPs ou, pejorativamente, na boca dos invejosos, "Brizolões". A ideia de Darcy era manter as crianças em horário integral nas escolas, considerando mesmo essa uma forma revolucionária. Ali fariam três refeições diárias, se alfabetizariam, entrariam no mundo da escrita, teriam acesso a diversos campos da ciência e do saber, praticariam esportes e, sobretudo, se afastariam das ruas. Adiando a satisfação imediata da pulsão, caminho do gozo, estariam mais protegidas contra o caminho das ações impensadas, caminho curto, portanto único, da pulsão de morte. As crianças aprenderiam a pensar de forma crítica, descobrindo seus potenciais desejos do que fazer em sociedade. O projeto, como sabemos, fracassou, pois os governos seguintes trataram de desmantelá-lo, transformando cada unidade em escolas de turnos, simplesmente abandonando-o. Entre as várias críticas sofridas, a mais banal era de que os CIEPs foram construídos na beira das estradas pretendendo uma propaganda do Governo, daí o termo "Brizolão", quando na verdade o foram assim pois era o mais fácil acesso para quem vinha a pé de regiões mais remotas.

Hésio Cordeiro, médico graduado na antiga Universidade do Estado da Guanabara, atual Universidade do Estado do Rio de Janeiro, e Reitor no período de 1992-1995 por eleições diretas, um dos idealizadores do Sistema Único de Saúde, o SUS, e professor no Instituto de Medicina Social, na época Secretário de Estado da Educação do Governo Garotinho, que ainda estava no Partido Democrático Trabalhista, em artigo intitulado "O que Darcy Ribeiro faria?", conclui que

> O CIEP é um patrimônio do povo e aí residem os "germes resistentes" da brasilidade, da cidadania e da democracia. Assim, Darcy gostaria de continuar o "fazimento" da educação. Com ironia, ele diria que o custo-dia do aluno do CIEP para permanecer na escola por oito horas é de cerca de R$ 3,50, bem menos do que o aluguel da TV a cabo para diversão das classes médias (CORDEIRO, 2013).

Segundo o Censo de 2010, realizado pelo IBGE, a população do Brasil, na ocasião, era de 190.732.694 pessoas. Na cidade do Rio de Janeiro, o mesmo censo apontou uma população de 6.320.446, com previsão para 2013 de 6.429.922 pessoas (http://www.ibge.gov.br). Em julho de 2013 o Programa das Nações Unidas para o Desenvolvimento (PNUD) divulgou o Índice de Desenvolvimento Humano Municipal (IDHM) do Brasil. Ele cresceu 47,5% entre 1991 e 2010. As faixas classificatórias do Índice de Desenvolvimento Municipal (IDHM) são "muito baixo" (0 a 0,499); "baixo" (0,500 a 0,599); "médio" (0,600 a 0,699); "alto" (0,700 a 0,799) e "muito alto" (0,800 a 1). O Índice de Desenvolvimento Humano Municipal do Rio de Janeiro é 0,799, e o da Educação é 0,719. Em valores correntes, o PIB brasileiro atingiu R$ 4,403 trilhões (US$ 2,223 trilhões), enquanto o PIB *per capita*, em 2012, ficou em R$ 22.400.

Embora o IDH da Noruega seja bem próximo de 1, alcança 0.927, seu povo fale cerca de quatro línguas, bem ensinadas no ensino médio, a segurança pública seja desnecessária, seu PIB seja de 450 bilhões de dólares, a renda *per capita* seja a maior do mundo (82.465 dólares), é preciso lembrar que ela tem uma baixa população (4.812.190 habitantes), não tem salário mínimo mas salário máximo (por exemplo, um presidente de uma empresa não pode ganhar mais do que cinco vezes o que ganha um trabalhador), enquanto o imposto sobre a renda vai até em torno de 70%. A medicina é socializada e a educação também. O país, bastante industrializado, é um grande produtor de petróleo (responsável por 50% das exportações) e gás natural. A pesca é outra atividade de extrema importância para a economia nacional, com destaque para o bacalhau, a anchova e o atum. Ainda assim, isso não os isentou da responsabilidade de ter explorado e escravizado o povo Sámi (povo indígena da Noruega, criadores de renas) durante muitos anos.

Mas a Noruega é um país no qual os efeitos do sistema socialista se fazem sentir. Nós aqui, num Brasil imenso cheio de desigualdades, onde ainda impera o capitalismo selvagem impondo o gozo a qualquer libra de carne, estamos muito longe disso.

Começamos nos perguntando o que está em jogo no que se tem chamado a crise do capital que faz com que esse aja mais agressivamente que nunca na tentativa de apagamento do sujeito em vários setores da vida, destacando-se a educação. Lacan admite apenas o discurso do analista como a saída possível da "sedução" capitalista: "Quanto mais somos santos, mais rimos, esse é meu princípio, ou até mesmo a saída do discurso capitalista – o que não constituirá um progresso, se for apenas para alguns" (LACAN, 1974/2003, p. 519). Ser apenas para poucos não proporcionará o caráter de "peste" que Freud teria atribuído à psicanálise numa conversa com Jung ao se aproximar do território estadunidense para proferir as famosas conferências na Universidade de Clark. É preciso que o discurso do analista exista para muitos, onde quer que haja analista: na escola, nos CIEPs, na Universidade, no hospital, nos CAPs, na justiça, e até na ainda hoje existente e polêmica polícia, nas manifestações, nas ruas. Há todo um profundo interesse em manter as massas ignaras. Mas, como vimos, analisar promove o despertar.

Referências

ANDERSON, P. (2004). *Considerações sobre o materialismo ocidental. Nas trilhas do materialismo histórico*. São Paulo: Boitempo.

BADIOU, A. (2012). *A hipótese comunista*. São Paulo: Boitempo.

BARROS, R. M. M. e OLIVEIRA, G. T. (2008). "As margens da pulsão". In: *Letra Freudiana*. Rio de janeiro: Revinter, p. 95-100.

BROUSSE, M. H. (2009). "A psicose ordinária à luz da teoria lacaniana do discurso". In: *Latusa digital*. Ano 6, n. 38, setembro. Disponível em: <ehttp://www.latusa.com.br/pdf_latusa_digital_38_a1.pdf>. Acesso em: 20 mai. 2013.

CLARK, T. J. (2013). *Por uma esquerda sem futuro*. São Paulo: Editora 34.

CORDEIRO, H. (2013). "O que Darcy Ribeiro faria?". In: *Boletim eletrônico do PDT.* Disponível em: <http://www.pdt.org.br/index.php/nossas-bandeiras/educacao/mais-sobre-os-cieps/o-que-darcy-ribeiro-faria>. Acesso em: 27 set. 2013.

EAGLETON, T. (2012). *Marx estava certo*. Rio de Janeiro: Nova Fronteira.

FREUD, S. (1976). *Edição standard brasileira das obras psicológicas completas de Sigmund Freud*. Rio de Janeiro: Imago.

(1914). "Sobre o início do tratamento (novas recomendações sobre a técnica da psicanálise I)", v. XII, p. 163-187.

(1933 [1932]). "Conferência XXXI – A disseção da personalidade psíquica", v. XXII, p. 75-102.

(1930 [1929]). "O mal-estar na civilização", v. XXI, p. 81-176.

GRAMSCI, A. (1968). *Maquiavel, a política e o estado moderno*. Rio de Janeiro: Civilização Brasileira.

HARVEY, D. (2013). *Para entender o capital, livro I*. São Paulo: Boitempo.

——— *et alii*. (2012). *Occupy*. São Paulo: Boitempo, Carta Maior.

JAMESON, F. (2006). *A virada cultural: reflexões sobre o pós-moderno*. Rio de Janeiro: Civilização Brasileira.

LACAN, J. (1958/1998). "A direção do tratamento e os princípios de seu poder". In: *Escritos*. Rio de Janeiro: Jorge Zahar, p. 591-652.

———. (1967/2003). "Alocução sobre as psicoses da criança". In: *Outros escritos*. Rio de Janeiro: Jorge Zahar, p. 359-368.

———. (1973-1974). *O seminário, livro 21: os não-tolos erram*. Inédito.

———. (1974). "Entrevista à imprensa do Dr. Lacan em 29/10/1974". Por ocasião do VII Congresso da Escola Freudiana de Paris. Disponível em: <www.freud-lacan.com>. Acesso em: 15 mar. 2014.

———. (1974/2003). "Televisão". In: *Outros escritos*. Rio de Janeiro: Jorge Zahar, p. 508-543.

———. (1975-1976/2007). *O seminário, livro 23: o sinthoma*. Rio de Janeiro: Jorge Zahar.

———. (2011). "A terceira". In: *Opção lacaniana*, nº 62, dezembro de 2011.

LAIA, S. (2013). "Entrevista". In: *Almanaque On-line*, número 12, janeiro a junho de 2013, do Instituto de Saúde Mental e Psicanálise de Minas Gerais. Disponível em: <http://www.institutopsicanalise-mg.com.br/psicanalise/almanaque/12/textos/Almq12EntrevistaSergioLaia.pdf>. Acesso em: 28 ago. 2013.

LAURENT, E. (2013). "Falar com seu sintoma, falar com seu corpo". In: *VI Enapol*. Disponível em: <http://www.enapol.com/pt/template.php?file=Argumento/Hablar-con-el-propio-sintoma_Eric-Laurent.html>. Acesso em: 25 ago. 2013.

MACHIAVELLI, N. (1513/s/d). *O príncipe*. São Paulo: Hemus.

MARCUSE, H. (1963/1998). "A obsolescência da psicanálise". In: *Cultura e sociedade*, v. 2. São Paulo: Paz e Terra, p. 91-112.

MASCARO, A. (2013). *Estado e forma política*. São Paulo: Boitempo.

MÉSZÁROS, I. (2008). *A educação para além do capital*. São Paulo: Boitempo.

————. (2009a). *A crise estrutural do capital*. São Paulo: Boitempo.

————. (2009b). *A teoria da alienação em Marx*. São Paulo: Boitempo.

MILLER, J.- A. (2006). *La psicosis ordinaria*. Buenos Aires: Paidós.

RODA VIVA. Bruno Torturra e Pablo Capilé, criadores do Midia Ninja. Em 05/08/2013. Disponível em: <www.youtube.com/watch?v=vYgXth8QI8M>. Acesso em: 20 set. 2013.

SANTOS, T. C. (2007). "Editorial". In: *Asephallus*, v. 2, nº 4, maio a outubro de 2007. Disponível em: <http://www.isepol.com/asephallus/numero_04/pdf/editorial.pdf>. Acesso em: 18 set. 2013.

ŽIŽEK, S. (org.). (1996). "Como Marx inventou o sintoma?". In: *Um mapa da ideologia*. Rio de Janeiro: Contraponto, p. 297-331.

————. (2012a). *Vivendo no fim dos tempos*. São Paulo: Boitempo.

————. (2012b). *O ano em que vivemos perigosamente*. São Paulo: Boitempo.

Seção 2

Psicanálise e saúde pública: clínica e pesquisa

Clínica, ética e política: a prática do psicanalista na instituição de saúde mental

Doris Rinaldi

Resumo

Este artigo tem por objetivo discutir questões da prática clínica em instituições públicas de saúde mental, seus impasses e possibilidades, focalizando a prática "entre vários" do psicanalista nessa clínica. Valendo-se da "teoria dos quatro discursos" de Jacques Lacan (1969/70) e enfatizando a importância da rotação discursiva no contexto institucional, procura-se pensar esses desafios a partir de uma ética que coloca o sujeito do inconsciente como eixo do trabalho clínico e sustenta uma política de tratamento para cada sujeito, que incide sobre o trabalho em equipe no âmbito institucional.

Palavras-chave: clínica; ética; política; discursos.

Abstract

Clinical, ethical and political: the practice of the psychoanalyst in a mental health institution

This article aims to discuss issues of clinical practice in public mental health institutions, their difficulties and possibilities, focusing the "among several" practice of the psychoanalyst in this clinic. Based on the Jacques Lacan's "theory of the four discourses" (1969/70) and emphasizing the importance of discursive spin on the institutional context, we try to think about these challenges from an ethic that places the subject of the unconscious as the axes of clinical work and sustains a policy of treatment for each subject, which reflects on teamwork within the institutional level.

Key-words: clinical; ethical; political; discourses.

A partir de minha experiência de clínica e de pesquisa no campo das instituições públicas destinadas ao tratamento do sofrimento psíquico grave[1], procuro discutir alguns desafios enfrentados no dia-a-dia da clínica institucional, indagando sobre a inserção do psicanalista nesse espaço, em um sentido duplo: qual a contribuição que ele pode dar à prática clínica nas instituições públicas e o que essa prática pode, de outro lado, lhe ensinar?

A presença de psicanalistas nesse campo não é uma novidade e vem se consolidando desde o final do século passado em diversos dispositivos criados a partir da reforma psiquiátrica, em especial nos Centros de Atenção Psicossocial, em suas diversas modalidades, CAPS, CAPSis e CAPS-AD, que acolhem casos de psicose e neurose grave, autismo e psicose infantil, assim como de toxicomania.

As transformações trazidas pela reforma psiquiátrica brasileira, resultado da intervenção em um campo antes marcado pela hegemonia do saber médico, ao privilegiarem o trabalho em equipe multidisciplinar favoreceram o engajamento de psicanalistas na prática clínica dos novos serviços. É no bojo desse movimento que eles passaram a se inserir de forma mais efetiva nesses serviços, enfrentando, junto a profissionais de diferentes formações disciplinares, os desafios do trabalho clínico-assistencial nesses serviços, com seus avanços e retrocessos. Entre a reprodução de velhas práticas e o reinventar permanente que se impõe ao trabalho clínico, o psicanalista está entre "vários", seja como técnico, seja na função de supervisor clínico, e é desses lugares que ele deve sustentar uma ética fundada no desejo que coloca o sujeito como eixo do trabalho clínico.

O trabalho clínico nessas instituições apresenta, sem dúvida, inúmeros desafios. Na tentativa de situá-los, podemos dizer que são de duas ordens, que se entrecruzam. Por um lado, as questões da clínica propriamente dita, com sua imprevisibilidade, em que o real da psicose e da neurose

---

[1] Refiro-me à pesquisa, em andamento, intitulada "A psicanálise no campo da saúde mental: a clínica como política". Rio de Janeiro: UERJ/CNPq, 2010.

grave acossa a todos, através de casos bastante graves de desamparo psíquico, aos quais se soma o desamparo social. Por outro, as dificuldades inerentes ao trabalho em equipe, onde, não raro, se observa aquilo que Freud chamou de "narcisismo das pequenas diferenças" (FREUD, 1930/2006) estimulando o surgimento de disputas imaginárias e a exacerbação de rivalidades que dificultam o trabalho coletivo. Some-se a isso o fato de que essa forma de trabalho coloca em questão a prática tradicional do psicanalista, habituado à solidão de seu consultório. Na instituição ele está entre muitos "técnicos"[2] e o seu trabalho, ainda que tenha a sua especificidade, não existe sem os demais, sendo no âmbito da equipe, com suas múltiplas intervenções, que ele pode se realizar. Não se pode, portanto, trabalhar sozinho, ainda que a experiência seja sempre de cada um, que deve se responsabilizar pelo seu ato.

Na clínica institucional é importante levar em conta, como chama atenção Zenoni (2000), a existência de duas dimensões distintas: a dimensão institucional e a dimensão clínica, regidas, cada uma delas, por discursos diferentes. Tomando como referência a fórmula dos quatro discursos proposta por Lacan (1969-1970/1992) para pensar o laço social, podemos dizer que a dimensão institucional é regida pelo discurso do mestre que funda a instituição, estabelecendo formas de organização, normas e hierarquias, e pelo discurso universitário, que regula o funcionamento da instituição e a reprodução das rotinas. Por sua vez, a clínica é lugar por excelência do discurso do analista, que possibilita um trabalho singular com cada sujeito, a partir da escuta da fala do sujeito – tomado como sujeito do inconsciente –, para inventar, com ele, o caminho de seu tratamento.

Essas duas dimensões estão imbricadas, uma vez que a existência da clínica de cada sujeito depende da existência da instituição, assim como a instituição depende da clínica para cumprir o seu mandato, que é oferecer cuidado e tratamento a pessoas que apresentam grave sofrimento psíquico. Essa imbricação faz com que as dificuldades que surgem nessas duas esfe-

---

[2] Nos serviços de atenção psicossocial surgidos a partir da Reforma Psiquiátrica Brasileira, o significante "técnico" vem sendo utilizado para designar profissionais de diferentes formações que compõem a equipe multidisciplinar. Com isso pretende-se romper com o modo tradicional de formação das equipes de saúde, fundado nas diversas formações disciplinares.

ras muitas vezes se misturem, repercutindo sobre o trabalho clínico que se procura fazer com cada sujeito, que envolve não apenas um "técnico", mas o coletivo da equipe.

A respeito da noção de coletivo, convém lembrar uma observação preciosa de Lacan, que sugere pensar o coletivo como uma coleção de pérolas (16 de novembro de 1976), distintas uma da outra, o que é bastante diferente de pensá-lo como um todo, fundado na identificação. Os coletivos institucionais, contudo, são com frequência atravessados por identificações e disputas imaginárias que resultam na formação de grupos, como já assinalamos.

As reuniões de equipe são o palco privilegiado para a discussão das questões que envolvem o funcionamento da instituição e da clínica propriamente dita, e nelas podemos observar os pontos de impasses que surgem na efetivação do trabalho cotidiano do serviço, que envolve o engajamento de cada profissional nessa prática e as possibilidades de sustentação de um trabalho coletivo que não elimine as diferenças.

Em diversos serviços pode-se observar a formação de grupos de "técnicos" que apresentam uma visão normativa da clínica, respondendo de forma burocrática às demandas de tratamento. O espaço das recepções[3] é um bom exemplo de como o acolhimento das demandas pode se reduzir a uma resposta que desconsidera o sujeito, ao se guiar exclusivamente pelas normas que determinam as competências dos diversos dispositivos da rede de saúde mental, definindo quem deve ser atendido por este ou aquele serviço. A noção de "perfil", tão utilizada nos serviços de saúde, presta-se muito bem a essa burocratização da prática. Há também aqueles que orientam o cuidado pela noção de "bem", fundando sua prática clínico-assistencial em valores morais, o que, de uma outra forma, acaba também por desconsiderar o sujeito em jogo no cuidado. Não se pode deixar de enfatizar, por sua vez, a presença daqueles que, movidos pelo desejo de realizar um trabalho clínico efetivo com cada sujeito, tomam como ponto de perspectiva a sua palavra, ao mesmo tempo que valorizam a troca que o trabalho em equipe multidisciplinar pode possibilitar.

---

[3] Dispositivo de acolhimento de novos "usuários" existente em diversos serviços, que pode ser composto por um ou mais "técnicos".

O espaço das reuniões de equipe, portanto, é atravessado por diversos discursos, não só o discurso do mestre e o discurso universitário, mas também o discurso do analista e o discurso da histérica. Quanto ao último, sabemos a importância da interrogação histérica no questionamento do discurso do mestre, furando o seu saber.

Em alguns serviços, a presença da psicanálise, que privilegia a fala do sujeito e seus efeitos, é mais marcante na direção do trabalho e nas discussões da clínica no âmbito da equipe. Em outros menos, mas não é essa a diferença que mais importa, pois a psicanálise não é uma panaceia, uma salvação para os problemas da clínica institucional. Pelo contrário, ela os deixa à mostra. Quando é tomada como um saber idealizado sobre a clínica, uniformizando o discurso, teremos certamente um reforço da resistência. Talvez a diferença mais importante seja entre equipes mais abertas às interpelações do inconsciente e outras menos abertas, em que a resistência se apresenta mais fortemente. De todo modo, qualquer trabalho clínico que tenha como eixo o sujeito do inconsciente e seus efeitos só é possível ao se levar em conta a resistência, como Freud mostrou desde cedo (1905/2006). Lacan acrescentou que, em última instância, a resistência está do lado do analista (1953-1954/1986), o que é uma indicação bastante oportuna para pensar o trabalho institucional de analistas e não-analistas nas instituições.

Há equipes em que a presença de diversos saberes se apresenta de forma consolidada, cristalizando os discursos. Por exemplo, nas discussões de casos em que se toma os sujeitos como objetos, sobre os quais se debruçam saberes, cultos ou não, muito sendo dito *sobre* eles, mas pouco ou nenhum espaço sendo aberto para ouvir o seu próprio dizer. Nos casos de pacientes "crônicos", há muitos anos vinculados aos serviços, isso fica evidente no descrédito que se dá a sua palavra, uma vez que ela é feita de repetições. Isso nos faz indagar: de que lado estará a repetição, na fala dos pacientes ou na escuta surda dos técnicos? Podemos pensar aqui em uma *nova cronicidade*, que não está do lado do paciente, mas do lado dos técnicos assentados em um saber já sabido. Ou em um não querer saber de nada disso através da burocratização e da reprodução automatizada das práticas.

Entretanto, na clínica institucional os saberes da equipe são constantemente furados pelo que vem do real, onde algo de insuportável se apresenta. Em meio à gravidade dos casos que chegam aos serviços, aqueles considerados intratáveis, que mobilizam e angustiam a todos, são exemplares porque colocam em questão o saber e a suposta "competência" da equipe, rompendo o imobilismo tão frequente nas instituições. A repetição de protocolos já instituídos, através dos quais se procura apaziguar a angústia, já não funciona.

É justamente nesses momentos, nas dificuldades de conduzir o trabalho com determinados sujeitos, que uma abertura se instaura e que se pode inserir a novidade que a psicanálise traz: de que há saber inconsciente, isto é, saber não-sabido, que está do lado do sujeito e não do lado dos "técnicos". No âmbito da equipe, é preciso que cada "técnico" possa reconhecer o seu não-saber, ou seja, que possa "saber-não-saber"[4] para que deslocamentos discursivos tenham lugar, possibilitando a elaboração de novos saberes, que são da ordem de um *saber-fazer*, sempre não-todo, guiado, principalmente, pelas construções do próprio sujeito em tratamento.

Na pesquisa que desenvolvemos em alguns Centros de Atenção Psicossocial, nos impasses surgidos no desenrolar do tratamento de certos sujeitos, chamou-nos a atenção, ao introduzir a hipótese de histeria onde antes reinava soberano o diagnóstico de psicose, o papel que a dúvida diagnóstica cumpriu na interrogação sobre o saber constituído. Isso provocou reviravoltas no acompanhamento dos casos, uma vez que o saber do mestre, assentado em diagnósticos cristalizados que não davam lugar à escuta do sujeito foi questionado, precipitando uma abertura que possibilitou um redirecionamento do trabalho clínico. Em algumas situações, esse redirecionamento foi resultado de embates no âmbito da equipe, entre o saber instituído e reproduzido burocraticamente, e a tentativa de furá-lo, função exercida pelo discurso da histérica, sustentado a partir da dúvida diagnóstica. Mais do que a discussão diagnóstica propriamente dita, no sentido de definir qual seria o diagnóstico mais adequado para determinado caso, o questionamento teve o valor de mobilizar a equipe e dar lugar à escuta da

---

[4] Ver BAIO, V. "O ato a partir de muitos" (1999).

fala do sujeito na construção de seu saber. Ou seja, houve uma suspensão do diagnóstico que possibilitou um trabalho, o que nos remete ao discurso do analista que opera a partir dessa suspensão, dando ao diagnóstico o caráter de hipótese.

A ligação estreita entre o discurso analítico e o discurso da histérica nos remete à própria fundação da psicanálise por Freud. Como nos lembra Lacan (1974/1993), se é o discurso analítico que confere *ex-sistência* ao inconsciente freudiano, isso só é claramente atestado no *discurso da histérica*. O dilaceramento sintomático da histérica, pois é *o objeto a* no lugar da verdade que a faz agir, desafia o mestre e o coloca em posição de trabalho. Não se pode negar a fecundidade da interrogação histérica na construção da psicanálise. Não foi o enigma da histeria que suscitou o desejo de Freud? É o real que insiste, sob a máscara do sintoma, questionando o saber constituído. Além disso, é com o *discurso da histérica* que se tece o *discurso do analista*. No espaço das discussões da clínica na instituição, o discurso da histérica é precioso ao possibilitar a abertura de brechas nos diversos saberes dos membros da equipe, por onde se pode introduzir a fala do sujeito e suas produções, cujo sentido só surge *a posteriori*. Nesse sentido a rotação dos discursos é fundamental, pois a passagem de um discurso a outro possibilita a flexibilização dos discursos normativos, assim como a colocação em questão do saber instituído, permitindo que se tome os elementos da clínica de cada sujeito a partir de um não-saber e de uma posição de pesquisa que coloca os "técnicos" na condição de "aprendizes"[5].

Para o psicanalista, essa prática é, antes de tudo, formadora, porque é diante do real e do vazio de saber que ele deve sustentar a sua função, inventando um saber fazer ali, cujos efeitos só serão recolhidos *a posteriori*, seja diretamente na clínica com cada sujeito ou no trabalho em equipe.

Em Radiofonia[6], ao referir-se aos *quatro discursos* e à importância da rotação discursiva, Lacan afirma que é o inconsciente, com a sua dinâmica, que precipita a passagem brusca de um discurso para outro. Na clínica institucional pública essa indicação é particularmente valiosa, pois não se tra-

---

5 Referência à expressão "aprendizes da clínica" (ZENONI, 2000).

6 Respostas a sete perguntas formuladas pelo Sr. Robert Georgin para a Radiodifusão Belga – 1970, publicado em Lacan, J. *Outros escritos* (2003).

ta de defender a prevalência de qualquer discurso que seja sobre os outros, nem mesmo o discurso do analista, mas de ressaltar a presença dos quatro discursos, como dissemos: o discurso do mestre, o discurso universitário, o discurso da histérica e o discurso do analista. O que importa assinalar é que o próprio exercício da clínica, em seus impasses, traz à tona os furos desses discursos, ou seja, o seu real, e permite uma circulação discursiva em que o saber se mostra em sua impotência.

Nessa prática, em que se combinam a clínica singular de cada sujeito, na *psicanálise em intensão*, e o trabalho com a equipe, no âmbito da *psicanálise em extensão*, o psicanalista opera a partir de uma ética que coloca o sujeito e seu desejo como eixo do trabalho. Essa ética está referida, de um lado, à política do psicanalista[7] no acompanhamento do trabalho que cada sujeito em tratamento empreende e, de outro, à sua inserção no espaço do trabalho em equipe. Nesse espaço a ética da psicanálise pode ser sustentada como uma política, na medida em que ela incide justamente sobre o que não anda, o que faz obstáculo, sobre o impossível do real, no sentido de sustentar esse furo no saber que favorece o reviramento discursivo, que movimenta a instituição e dá lugar à clínica que é sempre de cada sujeito.

É nesse sentido que ele pode também contribuir para repensar não só a micropolítica que sustenta o trabalho cotidiano das equipes no enfrentamento das questões que tanto o real da clínica quanto o real da política impõem, como também para a discussão da política pública de saúde mental, em seus avanços e retrocessos.

Referências

BAIO, V. (1999). "O ato a partir de muitos". In: *Coringa*, n. 13, *Psicanálise e Saúde Mental.* Belo Horizonte: Escola Brasileira de Psicanálise, p. 66-73.

FREUD S. (2006). *Obras completas.* Buenos Aires: Amorrortu editores.

(1905). "Sobre psicoterapia", v. VII, p. 243-257.

(1930). "El malestar en la cultura", v. XXI, p. 57-140.

[7] Ver Lacan, J. "A direção do tratamento e os princípios do seu poder", in *Escritos* (1998).

LACAN J. (1953-1954/1986). *O seminário, livro 1: os escritos técnicos de Freud.* Rio de Janeiro: Jorge Zahar.

————. (1958/1998). "A direção do tratamento e os princípios de seu poder". In: *Escritos.* Rio de Janeiro: Jorge Zahar, p. 591-652.

————. (1967/2003). "Proposição de 9 de outubro de 1967 sobre o psicanalista da Escola". In: *Outros escritos.* Rio de Janeiro: Jorge Zahar, p. 248-264.

————. (1969-1970/1992). *O seminário: livro 17: o avesso da psicanálise.* Rio de Janeiro: Jorge Zahar.

————. (1970/2003). "Radiofonia". In: *Outros escritos.* Rio de Janeiro: Jorge Zahar, p. 400-447.

————. (1974/1993). *Televisão.* Rio de Janeiro: Jorge Zahar.

————. (1976/1977). *O seminário, livro 24: l'insu que sait d'une bévue s'aile à mourre.* Inédito.

RINALDI, D. (2010). A psicanálise no campo da saúde mental: a clínica como política, Projeto de Pesquisa. Rio de Janeiro: UERJ/CNPq.

ZENONI, A. (2000). "Psicanálise e Instituição: a segunda clínica de Lacan". *Abrecampos – Rev. Saúde Mental do Instituto Raul Soares*, ano I, n. 0, p. 12-31.

Psicanálise e práticas institucionais na saúde mental: o estado da arte

Ana Cristina Figueiredo

Resumo

Este artigo traz uma apreciação das práticas atuais na saúde mental na abordagem da psicanálise, em particular na orientação lacaniana. Recortamos três referências principais a partir da experiência de psicanalistas europeus e brasileiros, a saber: a psicoterapia institucional de La Borde sob a direção de Jean Oury na França; a "prática entre vários" proposta por Antonio Di Ciaccia na Bélgica; e o trabalho em pequenos grupos com finalidades diferentes. Finalmente, destacamos a prática ambulatorial em atendimentos coletivos e individuais, propondo uma articulação entre esses dispositivos para que o exercício da psicanálise possa efetivamente se sustentar na cidade para além dos consultórios privados.

Palavras-chave: psicanálise; instituição pública; saúde mental.

Abstract

Psychoanalysis and institutional practice in mental health: the current scene

This paper presents a discussion on current practices in mental health through a psychoanalytic approach, mainly Lacanian oriented. We bring forth three main references from European and Brazilian psychoanalysts as: the institutional psychotherapy at La Borde under Jean Oury's direction in France; the "practice among various" proposed by Antonio Di Ciaccia in Belgium; and the experience with small groups with different purposes. In the end, we draw attention to the outpatient practice be it in groups or in individual attendance, proposing to articulate these devices in order to give effective support to psychoanalytic experience beyond private practice.

Key-words: psychoanalysis; public institution; mental health.

A presença da psicanálise e de psicanalistas no trabalho em instituições na saúde pública, em particular na saúde mental, data de pelo menos duas décadas no Brasil. Em outros países, como a Argentina, França, Bélgica e Itália, encontramos experiências pioneiras na orientação de Freud e Lacan que nos inspiram e desafiam. Destacamos entre os principais psicanalistas contemporâneos que desenvolvem seu trabalho nessa orientação, Zenoni (2000, 2009), DiCiaccia (1998, 2003), Stevens (2003), Viganò (1999, 2010), Laurent (2007), Belaga e cols. (2006).

Apresentamos brevemente alguns exemplos de estratégias e dispositivos clínicos que operam a partir da psicanálise e dão suporte às práticas institucionais retomando o percurso de suas experiências. Em princípio, três estratégias diferentes entre si se apresentam e marcam também três momentos históricos, que não se sucedem necessariamente, pois estão presentes no cenário atual. Apesar de suas diferenças, podemos localizar de início dois pontos comuns fundamentais para o trabalho em instituições orientado pela psicanálise: a ética do desejo, que é correlata da política da falta-a-ser apontada por Lacan (1958/1998), e a relação particular com o saber. Aqui temos suas variações: "saber não saber"; saber em reserva, furo no saber, saber construído *a posteriori*; saber-fazer.

Essa relação particular ao saber que a psicanálise nos apresenta permite ir ao encontro do saber "insabido" do sujeito, outro nome do inconsciente; ou do saber demais da paranoia que parte de uma lógica própria que não suporta furo no saber; ou ainda do estilhaçamento no saber presente nas esquizofrenias, ou do silêncio ruidoso dos autistas. Mas o que temos como "matéria prima" em todas essas apresentações do sujeito em sua relação ao saber é o fato de sempre ser marcado de algum modo pela linguagem. Dito de outro modo, marcado por *lalangue* (alíngua), marca do significante no corpo para todo ser falante (*parlêtre* – falasser) (LACAN (1972-1973/1985)).

Retomando as três estratégias referidas acima, que partilham uma ética e um modo de relação particular ao saber, elas podem servir de matrizes para o nosso trabalho no campo da saúde mental e da atenção psicossocial. São elas: a prática dos coletivos de Jean Oury em La Borde na vertente da psicoterapia institucional; a prática entre vários originalmente das instituições infantis do Campo Freudiano, e a prática em pequenos grupos e suas variações.

Inicio com a experiência da Jean Oury (2009c) com os "coletivos" em La Borde[1] que teve início nos anos 50, referido ao movimento da psicoterapia institucional francesa, termo cunhado por Georges Daumezon[2]. Herdeiro do trabalho pioneiro de François Tosquelles no Hospicio de Saint Alban na França do pós-guerra, onde iniciou sua psiquiatria, Oury ali aprende a trabalhar nos coletivos encontrando força política e princípios norteadores de sua clínica na direção de romper com a "concentração" e a "segregação", abrindo as portas do hospício, democratizando as relações entre profissionais, pacientes, familiares e outros grupos sociais, quebrando assim com a oposição dentro-fora da instituição asilar. Analisante de Lacan por 27 anos, entretanto seguiu rumo diferente ao apostar nos "coletivos"[3] como o cerne de sua prática clínica e institucional, mas sem abandonar os princípios da psicanálise.

---

1 Para referências sobre La Borde podemos indicar a apresentação de Jean Oury, La psychothérapie institutionelle de Saint-Alban à La Borde, disponível em: www.cliniquedelaborde.com; e o livro de Arthur Hyppólito de Moura, *A psicoterapia institucional e o clube dos saberes* (Hucitec, 2003).

2 Ver Daumezon e o congresso de Lisboa em 1952 quando propôs o nome "psicoterapia institucional". No dizer de Oury em palestra proferida na PUC-SP (2009b): "Foi um termo escolhido por amigos psiquiatras, em particular Georges Daumezon, que cumpriu um papel importante na tentativa de modificar as condições de internação. Que transformou os asilos que tinham uma estrutura – como têm hoje – de prisão, para introduzir algum nível de circulação, de liberdade, de livre circulação, por meio de uma reorganização da qual participavam todos, o pessoal administrativo, os enfermeiros. E essa tomada de responsabilidade pôde se manifestar tanto em esquizofrênicos, quanto em pessoas ditas normais". <http://www.sedes.org.br/Departamentos/Psicanalise/boletim/edicao11/sindromes_patoplasticas.html>.

3 Ver OURY, J. *O coletivo*, Editora Hucitec, São Paulo, 2009c. O livro reúne dez encontros (1984/1985) sobre o coletivo, dentro dos seminários que Jean Oury coordena semanalmente em Sainte-Anne.

Sobre como lidar com a loucura, Oury é categórico: "A caridade e a piedade são as piores coisas, elas escondem geralmente, mas são guiadas por um dogmatismo que a gente pode dizer que é reacionário, por isso é importante manter uma reflexão permanente sobre o que eu chamo, ou o que se chama, *alienação social*" (2009a). A prática nos coletivos para Oury implica em não ceder a essa alienação que se impõe no cotidiano, não perder a singularidade, manejar a escuta sutil e, principalmente, desburocratizar a clínica psiquiátrica. Um exemplo curioso: Oury fala da cozinha de La Borde como um espaço privilegiado desses coletivos onde muito acontece e se recolhe nesse fazer, e a define como um "lugar de passagem". Lugares de passagem em uma instituição são fundamentais, mesmo na permanência prolongada, principalmente com os esquizofrênicos, clientela ali predominante. Temos então o primeiro exemplo de uma prática orientada pela psicanálise, em que se valoriza a transferência, o acolhimento nos endereçamentos à equipe e a pluralidade de ofertas de atividades sem perder a singularidade em uma instituição aberta, de permanência e de passagem.

Outra experiência que destaco é a chamada "prática entre vários" desenvolvida pelo grupo da Antenne 110 e do Courtil na Bélgica a partir dos anos 80 com crianças e jovens autistas e psicóticos.

A *prática entre vários* é uma estratégia clínica inventada e sustentada por Antonio DiCiaccia[4] (1998) e seus colaboradores, através da experiência com a psicanálise aplicada para crianças autistas e psicóticas a partir de sua decisão de demonstrar um axioma de Lacan de que as crianças autistas estão inscritas na linguagem. Essa forma de intervir foi se estendendo às demais instituições que hoje constituem a RI3[5] e, posteriormente, a instituições semelhantes em outros países, inclusive no Brasil. Essa estratégia surgiu a partir dos impasses em que acontecimentos repetitivos se davam como formas desreguladas de gozo, convocando uma intervenção da equipe. O risco seria de alguém vir a encarnar o Outro consistente a partir do lugar dominante de mestre, que de fato deteria o saber sobre um sujeito destituído de sua posição e tratado como objeto de gozo. Isso só produziria a repetição do gozo. Em suma, essa "estratégia" remete à tática de cada um,

---

4 Ver *Préliminaire: Pratique à plusieurs en Institution*, nº 9/10, Antenne 110, Bruxelas, 1998.

5 Réseau Internationale des Institutions Infantiles (RI3) – Campo Freudiano.

em sua ação num coletivo aberto, e à retomada de sua política na falta-a--ser, descompletando o Outro a cada intervenção, para marcar sua inconsistência, e poder operar com a transferência na clínica com psicóticos que permanecem na instituição em contato constante com a equipe. A prática entre vários trabalha na via do tratamento do Outro, mas também na produção de novos significantes mestres (S_1) do sujeito a partir das indicações que ele próprio dá, visando a um contorno do gozo, à estabilização das crises e a possibilidade de rearranjos subjetivos, que também chamamos de suplências, numa perspectiva plural. Assim, temos uma ferramenta clínica importante e que pode se ampliar para o trabalho em equipe.

Jimenez (2004) propõe o semblante da falta do Outro, S de A barrado – S(Ⱥ) –, como o lugar para o analista se situar na clínica com psicóticos seja ou não na instituição, diferentemente do que ocorre na clínica com sujeitos neuróticos onde o analista pode ocupar o lugar de semblante do objeto causa de desejo. Ocupar o lugar, de S(Ⱥ), indica que o Outro não é consistente, trabalhando para esvaziar a atribuição de saber que lhe é endereçada, transformando-a em não saber, situando qualquer saber prévio como impossível. Na *prática entre vários*, essa suposição de saber é deslocada de um saber atribuído à equipe, para supor um saber ao sujeito, portanto do lado da equipe se inscreve uma posição de "não saber" a partir da qual o sujeito pode vir a fazer algo inédito.

Laurent (1998) destaca que a originalidade de Antenne 110 com a *prática entre vários* não foi a de criar um dispositivo centrado no grupo, mas um dispositivo onde cada um dos participantes está atento para favorecer e recolher as produções do inconsciente nos acontecimentos de fala e de linguagem e reportá-las para a construção do caso em equipe, não recuando diante do contrassenso, do mal-entendido, do paradoxo, para fazer surgir a cristalização da linguagem. Opera-se a partir de um cálculo e não de modo aleatório.

Destacamos aqui a importância da "construção do caso" como ferramenta fundamental na direção do tratamento em equipe. Viganò (1999) é preciso no que diz respeito à construção do caso em equipe: não se trata de um debate democrático onde cada um coloca suas ideias e conclusões a respeito do caso. Isso seria tomar, além do paciente, o próprio "caso" como objeto de um saber que lhe antecede. Ao invés de seguir uma autoridade clínica, seja ela qual for, já que a autoridade se sustenta no discurso do mestre e é inevitável na instituição, a construção do caso deve "produzir uma nova autoridade clínica" (VIGANÒ, 1999, p. 58). A construção do caso em equipe tende a revelar a relação do sujeito com seu Outro construindo o diagnóstico do "discurso" e, ainda, de um determinado momento. É, portanto, um diagnóstico contingente, mesmo na estrutura, e faz surgir elementos indicadores da direção do tratamento, que serão referências comuns a cada um da equipe que, a seu modo, deve seguir na direção dada pela construção.

Stevens (2003) propõe colocar em primeiro lugar não o S_1 da cultura, mas o sintoma de cada sujeito, isto é, o S_1 e o objeto *a*, uma parte de gozo que esse S_1 vem fixar, o que possibilita ao sujeito novo ponto de ancoragem.

A terceira estratégia refere-se às experiências em pequenos grupos, muito presentes como dispositivo nas instituições de saúde mental. Temos os hoje chamados "grupos monossintomáticos" (p. ex. toxicômanos, anoréxicas), ou os grupos abertos (grupos etários, terapêuticos ou de acolhimento e recepção), ou ainda os grupos com finalidades específicas (grupos ou assembleias de usuários, grupos de medicação, grupos de familiares, além de atividades de lazer coletivas). A questão é como conduzi-los de modo a barrar os efeitos de "cola de grupo", como bem nos alertou Lacan ao reavaliar o trabalho em cartéis na dissolução de sua Escola (1980/s/d), assim como a identificação cristalizadora ao ideal na figura do líder, como nos advertiu Freud (1921/1978). O trabalho com grupos na orientação da psicanálise deve abrir possibilidades de produzir efeitos singulares de sujeito quebrando qualquer tendência ao "fazer um" com o todo, o caminho é o do "não todo" (FIGUEIREDO, 2005). Na verdade seria um movimento na direção contrária ao efeito de grupo e do analista como líder e detentor do saber. Ele não é o intérprete e deve fazer a palavra circular. Mas é preciso fazer cortes, relançar os significantes que emergem e tecem um saber (S_2) parcial, contingente, que pode produzir efeitos de sujeito e viradas a partir do que se pode cernir das falas de cada um. O maior desafio é dirigir o manejo do grupo para ali extrair do universal o que há de singular no sintoma.

Faz-se agora necessário reafirmar as três indicações-chave para o trabalho coletivo em equipe fornecidas por psicanalistas lacanianos que sustentam sua prática em instituições na direção seguida por Di Ciaccia e outros já referidos acima, a saber: a transferência de trabalho (a partir da referência ao cartel em Lacan); a posição de aprendiz da clínica (a partir do furo no saber) e, como corolário, a construção coletiva do caso (a partir dos elementos fornecidos pelo sujeito) (FIGUEIREDO, 2005, 2007).

Entretanto, o que não podemos ignorar, sob pena de fechar uma porta fundamental para o exercício da psicanálise nas instituições públicas de saúde, é o trabalho no chamado "dispositivo de consulta" ou "consultório", nos atendimentos "individuais" praticados prioritariamente nos ambulatórios, mas não exclusivamente. Aqui temos, por um lado, o esvaziamento e a burocratização dos ambulatórios em uma política de desvalorização do tratamento continuado pela palavra (as chamadas "psicoterapias") e o excesso de medicalização na volumosa prescrição de medicamentos para qualquer tipo de patologia.

Por outro lado, temos um lócus privilegiado para o exercício da psicanálise, desde que haja psicanalistas decididos a tomar os casos em um trabalho de elaboração pela palavra que não difere da psicanálise "estrita e não tendenciosa", e que vai encontrar resistências como em qualquer outro lugar. Afinal, Freud nos ensina que a resistência faz parte do trabalho analítico assim como de outras manifestações no campo da ciência e mesmo no saber leigo. Abrir mão dessa possibilidade de fazer uma psicanálise a cada caso, e até onde o sujeito suporta abrir mão do gozo do sintoma, ou mesmo a psicanálise possível da psicose, é mesmo um retrocesso. O ambulatório público pode ser desburocratizado pela própria soberania da clínica, se manter como parte da rede de serviços, passando dos atendimentos coletivos aos atendimentos individuais em um atravessamento. Cada caso se constitui em sua particularidade e já temos uma boa história para contar dessa clínica (FIGUEIREDO, 1997, 2000).

Em suma, o que temos hoje é um vasto campo onde se aplica a psicanálise para além da díade analista-analisante, sem abrir mão desse encontro particular, mas não privativo, em que se transmitem seus efeitos para os demais trabalhadores, particularmente na saúde mental.

Para concluir, se falamos na ética do desejo, teremos na instituição o que também chamamos hoje o "psicanalista concernido", que deve estar atento à inércia institucional, seja em hospitais, ambulatórios e demais instituições na saúde, educação e justiça, para citar os principais. Com sua presença deve operar a diferença em cada encontro com o sujeito, não ceder de seu lugar e manejar as resistências presentes das mais diversas formas na instituição.

Nosso desafio permanente é manter a sega cortante da psicanálise, como disse Lacan, estrita e não tendenciosa, como afirmou Freud, seja nas práticas ampliadas e coletivas, seja no dispositivo de consulta, e sustentar um "saber fazer" em meio a tantos outros saberes. Assim temos uma aposta de que algo se transmita não exatamente pela via do ensino ou do debate teórico, que têm o seu lugar, é claro, mas principalmente a partir dos efeitos de nosso trabalho que devem ser partilhados, para manter a psicanálise viva na cidade.

REFERÊNCIAS

BELAGA, G. (org.). (2006). *La urgencia generalizada: la práctica en el hospital.* Buenos Aires: Grama Ediciones.

DI CIACCIA, A. e cols. (1998). *La pratique à plusieurs en institution. Préliminaire*, n. 9-10, Bruxelas.

————. (2003). "A inventar a psicanálise na instituição". In: *Usos da psicanálise*. Rio de Janeiro: Contra capa, p. 33-38.

FIGUEIREDO, A. C. (1997). *Vastas confusões e atendimentos imperfeitos: a clínica psicanalítica no ambulatório público*. Rio de Janeiro: Relume Dumará.

————. (2000). "Do atendimento coletivo ao individual: um atravessamento na transferência". In: *A clínica da recepção nos dispositivos de saúde mental – Cadernos IPUB*, n. 17, IPUB/UFRJ, p. 124-130.

————. (2004). "A construção do caso clínico: uma contribuição da psicanálise à psicopatologia e à saúde mental". *Revista Latinoamericana de Psicopatologia Fundamental*, v. VII, n. 1, p. 75-86.

————. (2005). "Uma proposta da psicanálise para o trabalho em equipe na atenção psicossocial". *Mental*, ano III, n. 5, UNIPAC, p. 43-55.

———. (2007). "A função da psicanálise (e do psicanalista) na Clínica da Atenção Psicossocial". In: NASCIMENTO, E. M. V. & GONZÁLES, R. C. F. (orgs.). *Psicanálise e os desafios da clínica na contemporaneidade*. EDUFBA: UFBA, p. 81-89.

FIGUEIREDO, A. C., Guerra, A. M. C. & Diogo, D. R. (2006). "A *prática entre vários*: uma aplicação da psicanálise ao trabalho em equipe na atenção psicossocial". In: BASTOS, A. (org.). *Psicanalisar hoje*, Programa de Pós-graduação em Teoria Psicanalítica UFRJ. Rio de Janeiro: Contra Capa, p. 123-142.

FREUD, S. (1921/1978). "Group psychology and the analysis of the ego". In: *The standard edition of the complete psychological works*, v. XVIII. Londres: Hogarth Press, p. 69-143.

JIMENEZ, S. (2004). "Psicóticos em análise". In: *Encontro da Associação Mundial de Psicanálise*. Salvador.

LACAN, J. (1958/1998). "A direção do tratamento e os princípios de seu poder". In: *Escritos*. Rio de Janeiro: Jorge Zahar, p. 591-632.

———. (1967/2003). "Proposição de 9 de outubro de 1967 sobre o psicanalista da Escola". In: *Outros escritos*. Rio de Janeiro: Jorge Zahar, p. 248-264.

———. (1972-1973/1985). *O seminário, livro 20: mais, ainda*. Rio de Janeiro: Jorge Zahar.

———. (1980/s/d). "D'Écolage". In: *Documentos para uma Escola*. Letra Freudiana, ano I, n. 0, Rio de Janeiro, p. 50-52.

LAURENT, E. (1998). Apresentação. In: *Préliminaire: pratique à plusieurs en Institution*, n. 9/10, Antenne 110, Bruxelas, p. 1-4.

———. (2007). "El psicoanalista, el ámbito de las Instituciones de Salud Mental y sus reglas". *Psiquiatría y Psicoanálisis: diagnóstico, institución y psicofármaco en la clínica actual*. Buenos Aires: Grama Ediciones.

MOURA, A. H. (2003). *A psicoterapia institucional e o clube dos saberes*. São Paulo: Hucitec.

OURY, J. (2009a). "La psychothérapie institutionelle de Saint-Alban à La Borde". Disponível em: <www.cliniquedelaborde.com>. Acesso em: 06 out. 2013.

———. (2009b). Palestra proferida na PUC-SP. Disponível em <http://www.sedes.org.br/Departamentos/Psicanalise/boletim/edicao11/sindromes_patoplasticas.html>. Acesso em: 06 out. 2013.

———. (2009c). *O coletivo*. São Paulo: Editora Hucitec.

STEVENS, A. (2003). "A instituição: prática do ato". In: *Carta de São Paulo. Boletim da Escola Brasileira de Psicanálise*. Ano 10, n. 4, ago./set. 2003.

VIGANÒ, C. (1999). "A construção do caso clínico em saúde mental". In: *Curinga – Psicanálise e Saúde Mental*, EBP-MG, n. 13, p. 50-59.

———. (2010). "A construção do caso clínico". In: *Revista Opção Lacaniana online*, ano I. Disponível em: <http://www.opcaolacaniana.com.br/>. Acesso em: 12 set. 2013.

ZENONI, A. (2000). "Psicanálise e Instituição: a segunda clínica de Lacan". In: *Abrecampos. Revista de Saúde Mental do Instituto Raul Soares*, FHEMIG, ano I, nº 0.

———. (2009). *L'Autre pratique clinique: psychanalyse et institution thérapeutique*. Toulouse: Érès.

Emergência psiquiátrica e psicanálise: o que se aprende e o que se trata?

Sonia Leite

Resumo

O artigo parte da noção de tempo velocidade, introduzida pelo filósofo Virilio (1983), destacando sua presença hegemônica na lógica capitalista. Sublinha, desde a perspectiva da Reforma Psiquiátrica, a função do psicanalista nos Serviços de Emergência (SEP), indicando algumas diretrizes teóricas para essa prática. Destaca-se, como eixo fundamental nas emergências psiquiátricas, a noção de tempo, a partir da lógica do sujeito. Para concluir, são apresentados dois fragmentos de casos clínicos por serem exemplares da importância do diagnóstico diferencial, tendo em vista a imprescindibilidade do trabalho de cunho interdisciplinar.

Palavras-chave: psicanálise; emergência psiquiátrica; tempo; saúde mental.

Abstract

Psychiatric emergency and psychoanalysis: what is there to learn and treat?

The article has as a starting point the concept of time speed, brought by the philosopher Virilio (1983), outstanding its hegemonic presence in logic of capitalism. It highlights, from the psychiatric reform perspective, the role of psichoanalists in emergency departments, pointing out some theoretical routes for this practice. The notion of time is brought out as a fundamental axis in psychiatrical emergencies, from the subject logic. As a conclusion, two parts of clinical cases are presented, as an example of how important is the differencial diagnosis, focusing on the indispensability of interdisciplinary work.

Key-words: psychoanalysis; psychiatrical emergency; time; mental health.

> *Cruel como possa parecer, devemos cuidar para que o sofrimento do paciente, em um grau de um modo ou de outro efetivo, não acabe prematuramente. Se devido ao fato de que os sintomas foram afastados e [...] seu sofrimento se atenua devemos restabelecê-lo alhures, sob a forma de alguma privação apreciável; de outro modo, corremos o perigo de jamais conseguir senão melhoras insignificantes e transitórias* (FREUD, 1919 [1918], p. 205).

INTRODUÇÃO

O marco histórico do surgimento dos serviços de emergências psiquiátricas (SEPs) foi a Segunda Grande Guerra. No período a visada era tratar e devolver rapidamente os soldados aos campos de batalha. Foi dentro dessa lógica da rapidez que tais serviços se especializaram – principalmente nos EUA – na década de 1960, como um dos cinco considerados essenciais à comunidade junto aos ambulatórios, à internação integral, parcial e à interconsulta.

É interessante destacar, como observa o urbanista e filósofo Virilio (1983), que com o avanço do capitalismo é toda a realidade social que passa a ser gerida em constante estado de emergência, devido à instauração do que denomina de *tempo velocidade* vinculado ao *movimento da máquina-de-guerra mundial*[1]. Por esse motivo, o autor tem dedicado suas pesquisas às relações fundamentais entre a ciência, a tecnologia e o poder militar. Parte da premissa de que é ao visar à guerra ou mesmo a preparação para a guerra que a civilização moderna e contemporânea acaba por criar um

---

1 O paradigma-máquina se articula ao tema da velocidade e está incorporado no próprio agir social. Conforme ressalta Virilio, exige-se a velocidade não apenas das máquinas, mas também dos corpos – corpos velozes, dinâmicos, saudáveis, aptos a atender às vicissitudes do capital.

novo humanismo fundado na destruição. Articula, assim, as noções de velocidade, guerra e política, tendo em vista as transformações sociais geradas pela revolução da informação e pelo fenômeno da globalização instaurado pelo capitalismo mundial. A partir dessa perspectiva, introduz como princípio ético fundamental a possibilidade de criarmos *interrupções* no tempo velocidade de modo a fomentar outras formas de laço social.

O filósofo considera, ainda, que a hegemonia do *tempo velocidade* tende a desintegrar a experiência do espaço enquanto lugar de construção das trocas simbólicas e sublimatórias (perspectiva que se coaduna com a ideia lacaniana de que o espaço não é uma forma de intuição *a priori*, pois se estrutura a partir da apropriação da linguagem). Nesse sentido, enfatiza que é toda a rede social que acaba por se transformar num campo de guerra. Trata-se, aqui, de uma guerra não declarada, que militariza corpos e consciências a partir dos princípios de vigilância e de controle. A *guerra pura*[2] aponta, assim, para os investimentos em tecnologia de destruição e controle, como por exemplo: armamentos militares, segurança privada, câmeras de vídeo, espionagem internáutica, que instituem "modos de ser" na cultura, cuja lógica de funcionamento social independe, cada vez mais, das pessoas em sua particularidade.

Entende-se que a descrição do tempo velocidade feita pelo autor diz respeito às injunções instituídas pelo discurso capitalista, que, no cotidiano social contemporâneo, se aprimora, tendo como pano de fundo a hegemonia da impermanência e da destruição.

Na conferência intitulada "Do discurso psicanalítico", proferida na Universidade de Milão, em 12 de maio de 1972 (1978), Lacan, ao retomar os quatro discursos, indica que o discurso é aquilo que, na ordenação da existência da linguagem, faz função de laço social. Considera ainda que no que diz respeito aos discursos[3] o significante é o elemento base, no sentido da teoria dos conjuntos, que estrutura o mundo do ser falante, como ilustra a Figura 1, a seguir:

---

[2] O livro de Virilio que trata do assunto denomina-se *Guerra pura: a militarização do cotidiano* (1983).

[3] Os quatro discursos foram introduzidos por Lacan no *Seminário 17. O avesso da psicanálise* (1969-1970/1992). São eles: o discurso do mestre; o discurso da histérica; o discurso universitário; o discurso do analista.

Figura 1: Os quatro discursos e o discurso capitalista (LACAN, 1972/1978, p. 36).

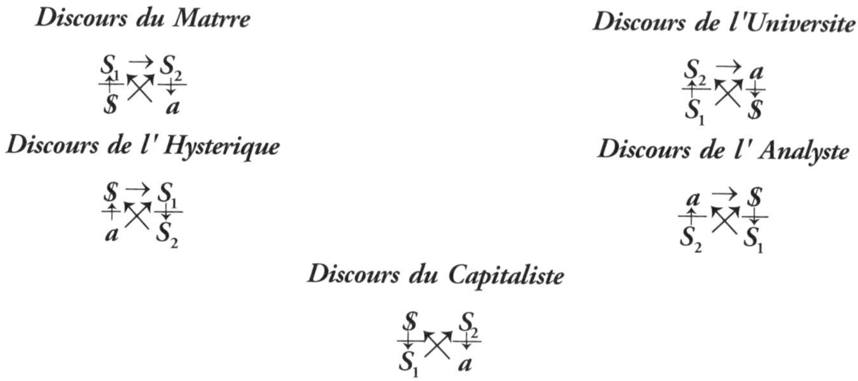

E afirma:

> [...] De fato, se vocês observam minhas pequenas fórmulas rotativas, descobrirão que o modo como estruturo o discurso analítico é exatamente o reverso do discurso do mestre [...] discurso do mestre, isso que tenho chamado faz algum tempo "significante mestre" [...]. O significante é aquilo que introduz no mundo o *Um*. É suficiente que haja o *Um* para que isso... isso comece (as fórmulas dos quatro discursos)... isso comanda a S_2... quer dizer o significante que segue [...] (LACAN, 1972/1978, p. 40).

Se há S_1 e S_2, algo se instaura: o significante pode representar o sujeito para outro significante. Em outras palavras, o espaço e o tempo se estruturam, delimitando um lugar para o sujeito no mundo, pois, o sujeito não é *nem o sonho, nem a ilusão, mas tudo o que é determinado pelo efeito do significante* (LACAN, 1972/1978, p. 43).

Na referida conferência, Lacan afirma também a presença de uma crise aberta no discurso capitalista (que substitui na atualidade o discurso do mestre), fruto da peculiaridade que o coloca fora da circulação dos demais discursos. Chama a atenção para o fato de que apesar de *muito astuto* tal discurso acaba por ser insustentável, estando destinado a produzir sua própria *quebra* (*crevaison*). Como indica: "[...] isso marcha velozmente [...] isso se consome, [...], até a sua consumação" (LACAN, 1972/1978, p. 41). Se isso se consome é porque "se retroalimenta", não *circula* na perspectiva peculiar aos quatro discursos e, portanto, não faz laço social.

Neste sentido, as *interrupções* podem ser compreendidas à luz da sustentação dos quatro discursos, que fomentam uma subversão discursiva capaz de fazer emergir o sujeito desejante. Em outras palavras, *interromper* algo é o mesmo que introduzir um ritmo diferenciado, uma descontinuidade propulsora de distintas modalidades discursivas e temporais.

Tais reflexões são importantes para a temática aqui proposta, na medida em que as práticas numa emergência psiquiátrica podem simplesmente atualizar o tempo velocidade hegemônico na forma de imperativos que exigem a "resposta pronta", o "pronto restabelecimento", cuja visada é o rápido retorno à nossa *guerra cotidiana*. Em outras palavras, atender de imediato as demandas sociais cria barreiras que impedem o tempo necessário à simbolização mínima da experiência.

No sentido aqui exposto, um trabalho clínico institucional orientado pela psicanálise tem a função de produzir *interrupções* na *velocidade* instituída, favorecendo a experiência do inconsciente. Não se trata simplesmente de criar um tempo cronológico mais extenso nos atendimentos emergenciais, mas de viabilizar uma fala que, regida pela lógica do inconsciente, possa emergir em sua pressa própria de concluir. É o que será exemplificado mais adiante.

Breve histórico

No Brasil, até a década de 1980, a maioria dos pacientes era atendida nas portas de entrada dos manicômios, indicando de antemão qual o destino que se acenava para eles (BARROS *et al.*, 2010). Foi somente com as propostas inovadoras da reforma psiquiátrica, que tiveram início a partir de 1970, que os serviços de emergência despontaram numa outra direção.

Com o fechamento de vários hospitais psiquiátricos do tipo "manicomiais", as indicações de internação passaram a ser mais criteriosas, passando a internação integral a ser *mais uma* e não a única opção de tratamento para o paciente em crise, dividindo essa tarefa com os serviços extra-hospitalares, tais como hospitais-dia, pensões protegidas e ambulatórios. O fato é que os SEPs assumem, a partir de então, um papel central na funcionalidade dos serviços de saúde mental não só como porta de entrada, mas principalmente no controle do fluxo das internações, reduzindo as admissões hospitalares desnecessárias e propondo melhor comunicação entre as diversas Unidades do Sistema de Saúde.

O Centro Psiquiátrico RJ – de onde advém minha experiência nesse campo[4] –, criado a partir da transferência do Posto de Atendimento Médico (PAM Venezuela), exemplifica bem essas mudanças. Desde 1970, o PAM funcionava nos moldes tradicionais como emergência psiquiátrica, centralizando todas as internações dos pacientes segurados do INPS (Instituto Nacional de Previdência Social). O seu deslocamento para o bairro da Saúde, na década de 1990, acompanhou todo um processo de adequação às Políticas Públicas voltadas para a Reforma, que se solidificaram naquele período.

Tais alterações envolveram, dentre outras coisas, o reconhecimento de que, nesses dispositivos institucionais, é fundamental a participação de outros profissionais da área de saúde que não apenas o médico. Cria-se, assim, a possibilidade de partilhar esse delicado momento de acolhimento do paciente em crise, introduzindo-se os princípios da recepção psicossocial e da perspectiva interdisciplinar. Nesse sentido, além da triagem de internações realizadas, os SEPS passam a ter também a função de estabilizar e instituir o tratamento dos quadros agudos, promovendo o suporte psicossocial, além de evitar a desnecessária medicalização dos casos de sofrimento psíquico, que podem ser beneficiados com outras formas de tratamento.

Com relação ao último ponto, é importante frisar a constatação, nos últimos anos, de uma clara modificação no perfil da clientela que tem

---

[4] Inicialmente na prática direta no serviço de emergência e a seguir como supervisora na Residência em Saúde Mental.

recorrido à Emergência do CPRJ. Em sua maioria, são casos de neuroses graves, frequentemente com crises de angústia ou sintomas de depressão, que chegam ao serviço com o "diagnóstico" já estabelecido e solicitando medicação. Ou ainda, usuários de drogas trazidos por familiares que demandam a internação para o paciente. Tal situação revela tanto o processo de medicalização da sociedade como um todo assim como a instalação da lógica da reclusão social dos usuários de drogas como resposta ao mal-estar do sujeito. Esses fatos denotam a importância clínica e política dos SEPs na visada de *filtrar* tais demandas.

Nesse sentido, de um modo geral, é possível situar os objetivos clínicos de uma Emergência Psiquiátrica em cinco pontos principais: 1) Construção de hipóteses diagnósticas; 2) Exclusão da causa orgânica; 3) Estabilização do quadro; 4) Suporte psicossocial; 5) Encaminhamento para tratamento continuado.

Diretrizes para uma prática clínica na Emergência orientada pela psicanálise

A partir dos pontos anteriormente expostos, uma interrogação se coloca: *o que significa uma situação de emergência ou de urgência do ponto de vista da psicanalise?*

A palavra *emergência*, oriunda do latim *emergere*, significa aquilo que se mostra, que sai de onde estava mergulhado, também significando a situação crítica, o acontecimento perigoso. Já a palavra *urgência*, oriunda do latim *urger*, denota urgir, estar iminente, exigir, não permitir demora. Não é muito simples a distinção entre uma situação e outra, mesmo no campo da psiquiatria. De qualquer modo, para o psicanalista, algumas situações consideradas de *urgência* – a presença da angústia mostra-se aqui exemplar – podem e devem viabilizar a *emergência* do sujeito. Ou seja, devem permitir a tomada da palavra e a produção de sentido. É essa a visada da intervenção do psicanalista.

Sem a pretensão de aprofundar o tema, destaco cinco pontos teóricos fundamentais que podem servir como diretrizes para uma prática orientada pela psicanálise nos SEPs. São eles: 1) o conceito de sujeito enquanto distinto das noções de indivíduo, cidadão e organismo; 2) a noção de tempo num sentido lógico e não meramente cronológico; 3) a diferença entre a demanda e o desejo; 4) a temática da angústia; 5) o diagnóstico diferencial-estrutural.

A distinção do conceito de sujeito de outras concepções usualmente utilizadas é fundamental para uma compreensão da contribuição da psicanálise para a saúde mental. Numa rápida reflexão, a noção de indivíduo – *aquilo que não se divide* – diz respeito às "unidades estatísticas independentes", que se incorporam aos estudos e pesquisas na área de saúde pública enquanto "unidades iguais, intercambiáveis e receptáculos passivos de investigações, desde o século XIX, ou como seres de cultura, a partir da segunda metade do século XX, com as contribuições das ciências sociais" (BRANT, 2001, p. 224). O que se evidencia desde então é uma concepção de subjetividade que inclui seres/unidades identificados com a consciência e sob o domínio da razão.

Tal concepção concerne, na teoria do conhecimento, a uma longa trajetória da subjetividade que ganha contornos específicos na era moderna com René Descartes. No artigo "A ciência e a verdade", de 1966, Lacan demonstra que o sujeito da psicanálise supõe o sujeito da ciência, se por sujeito da ciência entendermos o *cogito* cartesiano. De modo que o sujeito cartesiano inaugura o sujeito propriamente dito, porque implica a dúvida e a destituição subjetiva. Freire *et al.* (1996) considera que o *Discurso do método* é o resultado de um momento de crise subjetiva, cercada de uma crise de valores históricos, momento em que Descartes constata a inutilidade de todos os saberes.

Diante da incerteza quanto à realidade do mundo objetivo, o que se afirma, portanto, é a certeza do *cogito*. É preciso, entretanto, destacar que a tônica do discurso cartesiano é o pensamento e não o *eu*. Logo, o que vai interessar a Lacan é que a dúvida cartesiana abre espaço para a evidência da evanescência do *eu* e para um além da consciência. Descartes, apesar de admitir a certeza no sujeito pensante ("Penso logo existo"), conclui pela insuficiência desse pensamento como garantia da verdade, fazendo-o buscar num Outro (Deus) tal certeza.

O que se inaugura é a separação entre saber e verdade que fundamenta a psicanálise como disciplina e que faz do Outro, enquanto alteridade, lugar de suposição do saber e da transferência. O que se destaca, por um lado, é a ideia de um determinismo que antecede a existência do sujeito enquanto individualidade, delineando o conceito de inconsciente como transindividual. Por outro lado, introduz a perspectiva de que o livre arbítrio, as escolhas, enfim, dependem da possibilidade de apropriação desse algo para além da consciência e do eu, expressa na frase freudiana: "Wo Es war, soll Ich werden", que Lacan (1966/1998, p. 878) retraduz "lá onde isso estava, lá, como sujeito, devo [eu] advir". A noção de sujeito, estruturado pela linguagem e situado entre dois significantes, distingue-se, dessa forma, da noção de cidadão, autônomo e detentor de direitos na vida social que são *demandáveis* em direção ao Outro (Estado).

A especificidade do conceito de sujeito inclui, na realidade, o reconhecimento da distância entre a demanda e o desejo. Como enfatiza Lacan (1966a/1998), nem sempre aquilo que o paciente pede é efetivamente o que ele deseja. É esse fato que traduz a lógica do sujeito dividido. Afirma – e as situações práticas confirmam – que muitas vezes aquilo que o paciente deseja é, paradoxalmente, permanecer fixado na doença. O ponto é que responder simplesmente à demanda do paciente acaba por produzir mais demandas e não necessariamente a cura. Reconhecer o desejo significa reconhecer um sujeito que deve ser convocado a se responsabilizar pelo sintoma do qual ele padece. Esse é um ponto crucial da ética da psicanálise a ser transmitida no contexto da equipe interdisciplinar.

Lacan (1958/1998) vai usar a expressão *urgência subjetiva* para designar determinadas situações de sofrimento e crise que apontam para uma experiência vivida que é impossível de ser situada no tempo e no espaço (a confusão mental, por exemplo). Em outras palavras, a pessoa em sofrimento se vê invadida pelo real, onde se ausenta a palavra e o sentido.

Nesses momentos o profissional pode ser compelido a dar uma resposta imediata que retire o mal-estar, visando devolver, rapidamente, tal pessoa para as suas atividades cotidianas, respondendo, portanto, ao *tempo velocidade* da cultura. Cabe, entretanto, interrogar de *quem* é a emergência/urgência? Do campo social? Da família? Do sujeito? Essas primeiras interrogações já servem como orientação inicial a respeito do tipo de problema com o qual nos deparamos. De qualquer modo, trata-se de acolher o sintoma, fazendo dele um enigma que interrogue o sujeito, retirando-o de uma posição passiva de puro objeto da intervenção dos especialistas. Mas para isso é preciso criar um tempo mínimo que permita tal apropriação.

O tempo lógico, em suas três modulações – instante de ver; tempo para compreender; momento de concluir – não se constitui numa linearidade. O que Lacan (1945/1998, p. 204) demonstra com o sofisma dos prisioneiros é "que a instância tempo se apresenta de um modo diferente em cada um desses momentos [...], revelando neles uma descontinuidade tonal, essencial para seu valor".

Seguindo a premissa freudiana de que o funcionamento do inconsciente é atemporal, Lacan, mais adiante, em 1964, vai defini-lo como *pulsação*, ritmo que produz uma abertura e um fechamento. *Abertura* que se expressa exatamente na emergência do sentido novo. *Fechamento* enquanto ato conclusivo que acompanha a própria constituição do sentido que emerge, por exemplo, quando uma pontuação finaliza uma frase, uma ideia. Tal fato indica, como sabemos, que o sentido sempre se faz *a posteriori*. Ele é retroação sobre o discurso. Momento, quando se conclui uma frase ou mesmo uma consulta. No mesmo dia ou em vários dias num novo encontro clínico. O que emerge é o próprio sujeito, na surpresa da experiência e na descoberta de algo.

É dentro dessa lógica temporal, que atravessa o conceito de sujeito, que ganha expressão e importância o diagnóstico diferencial. Lógica que viabiliza a distinção entre desencadeamento da psicose e as dissociações histéricas, os casos de tentativa de suicídio que implicam efetivamente em risco de vida e aqueles que se caracterizam como formas de *acting out*, nas quais a *cena* criada é de fato um *apelo ao Outro* no sentido do reconhecimento do desejo do sujeito, como aponta Lacan no *Seminário 10, A angústia* (1962-1963/2006). A revalorização do diagnóstico nesse contexto é duplamente política. Assim é tanto no sentido da política do inconsciente, ao destacar a importância da posição do sujeito no discurso, quanto pelo fato de questionar a hegemonia do modelo de diagnóstico operativo-

-pragmático que tem vigorado nas últimas décadas através do DSM e do Código Internacional de Doenças que tem favorecido a medicalização da população.

O tema da angústia (LEITE, 2011) se revela como um excelente analisador das questões referidas. É digna de nota a criação do termo *transtorno de pânico* pelo norte-americano Donalt F. Klein, nos anos 1960, introduzindo uma distinção no quadro de angústia neurótica, indicando um subgrupo de indivíduos com crises mais intensas de angústia que apresentavam uma resposta favorável ao tratamento farmacológico com imipramina, um dos primeiros antidepressivos. Tal circunstância vai promover a retirada da categoria *neurose de angústia*, presente no CID-9, cedendo lugar a duas novas entidades: o transtorno de pânico e o transtorno de ansiedade generalizada. Ou seja, a classificação nosográfica passa a se orientar cada vez mais pela resposta ao medicamento e não mais pela experiência clínica e pela teoria. Esses fatos desnudam claramente a questão levantada no início do trabalho com relação à instauração do tempo velocidade na cultura, e o lugar ocupado pela psiquiatria organicista, aqui, apenas confirma suas origens de ordenação e controle das relações sociais a serviço da lógica instituída.

A partir da breve apresentação dos pontos teóricos de referência para a prática clínica nos SEPs, concluo com dois fragmentos clínicos.

Emergência: o que se trata?

Uma mulher de cinquenta anos é recebida na Emergência, acompanhada do filho. Apresenta agitação, fala desconexa e expressões faciais que lembram dor. O filho comenta que há dois dias ela passou mal no trabalho. "Sentiu uma forte dor no peito, desmaiou e depois disso, quando acordou, estava agitada e confusa, sem conseguir identificar em que local se encontrava". Enquanto o filho descrevia a situação, ela dizia frases desconexas: "A mulher... medo... medo... quero sair daqui. Mulher de branco". Estava agitada, levantava-se constantemente no intuito de sair da sala de atendimento. O filho, indicando preocupação, afirma que a mãe diz que vê coisas que ninguém vê. Não há presença de alucinações auditivas.

Pergunta-se como ela se apresentava até o dia em que passou mal. Ele relata que é casado, não mora com a mãe, mas que, normalmente, ela se ocupa de seus afazeres domésticos e trabalha fora. Separou-se do marido há mais de quinze anos, criou, sozinha, os filhos (dois homens e uma mulher). Quanto à ocorrência de algo que merecesse destaque nos últimos dias, o rapaz, inicialmente, diz que nada havia ocorrido de diferente, mas a seguir informa que o irmão mais novo se casará no próximo mês, o que tem ocupado muito a família.

Em dado momento, quando a paciente é indagada sobre o que lhe dá medo, ela afirma claramente: "Casamento". O significante *casamento*, no discurso dessa mulher, condensava vários outros significantes que foram se esclarecendo na medida em que ela foi *tomando*, como se diz, *a palavra*. Tal fato acabou por produzir uma retificação subjetiva e o desaparecimento dos fenômenos de confusão mental.

Ao longo da entrevista, ela revela que teve que cuidar, sozinha, de seus filhos, durante muitos anos, porque fora abandonada pelo marido. Afirma que seu casamento fracassou. Agora seu filho mais novo – seu último filho – vai se casar. Ela tem medo. O filho mais novo sempre a ajudou muito, foi um verdadeiro companheiro, conforme sublinha, circunstância que confronta a mulher com o medo da solidão e, mais do que isso, com a falta de perspectiva de vida, daí por diante. Ela afirma: "Isso dá uma dor no peito".

A *dor no peito* que a fez desmaiar no trabalho tem aquele valor simbólico, indicado por Freud (1893-1895/1977), característico dos sintomas de conversão histérica. Algo aqui também se esclarece sobre as *visões*, especialmente de *uma mulher de branco que queria matá-la*, a noiva, sua nora, que de fato expressava, numa reversão especular, o desejo recalcado. O fato é que a histérica constrói sua própria anatomia, como indica Freud, subvertendo a tradicional perspectiva médica que visa exclusivamente o corpo-organismo. A paciente não se interessou em iniciar um tratamento, mas o acolhimento na Emergência permitiu, de fato, o tempo necessário para a apropriação de alguns significantes que fizeram borda para alguns de seus sintomas.

Emergência: o que se aprende?

Uma mulher de cinquenta e nove anos, acompanhada pelo filho, chega à Emergência do CPRJ com um encaminhamento da Emergência do Souza Aguiar onde se lê: *Depressão.* A senhora entra na sala apoiada no rapaz, falando muito baixo. Quando é convocada a falar, abre bem os olhos e murmura qualquer coisa inaudível. Não participa da entrevista. O filho conta que desde que o pai se separou dela a senhora perdeu o interesse por várias coisas, afirma que talvez o fato de ele ter saído, recentemente, de casa – para morar só – tenha precipitado a mãe no que chama de *crise*. Pergunta-se como que isso se processou. Afirma que há dois dias a paciente foi se deitar à tarde, quando se levantou estava confusa, *não falando coisa com coisa.* Ele achou que ela melhoraria, porém a situação piorou: ela não mais comia ou saía da cama.

A situação clínica mostrava-se bastante peculiar, especialmente por seu aparecimento *súbito*. Devido à estranheza em relação a tal quadro, foi solicitada ajuda do médico de plantão para a avaliação clínica. Em poucos minutos de entrevista, o psiquiatra fez um encaminhamento, requisitando imediatamente uma ambulância que levasse a paciente de volta para a Emergência Clínica do Souza Aguiar, porque se tratava de um quadro de *delirium*[5], cuja causa orgânica deveria ser investigada com exames clínicos específicos. Na realidade, a paciente já se encontrava em estado semicomatoso e corria risco de vida.

Essa experiência mostrou o papel fundamental do trabalho interdisciplinar na identificação e diferenciação de patologias que tenham causa orgânica real. Ou seja, o fato de que, assim como *nem tudo é de origem orgânica*, do mesmo modo, evidentemente, nem todos os sintomas que se apresentam podem ser entendidos pela via exclusiva da realidade psíquica. Nesse caso, foi fundamental para a paciente que, no que diz respeito à intervenção médica, "o tempo de compreender pode reduzir-se ao instante

---

5 O *delirium* se refere a um quadro de confusão mental aguda e é um importante fator diagnóstico de transtorno orgânico. Vale destacar que a possibilidade de diagnóstico de *delirium* nos serviços de saúde é considerada como índice significativo da qualidade dos serviços.

do olhar, mas esse olhar, em seu instante, pode incluir todo o tempo necessário para compreender" (LACAN, 1945/1998).

REFERÊNCIAS

BARROS, R. E. M.; TUNG, T. C.; MARI, J. J. (2010). "Serviços de emergência psiquiátrica e suas relações com a rede de saúde mental brasileira". In: *Revista Brasileira de Psiquiatria*, v. 32, Supl II, p. 71-75.

BRANT, L. C. (2001). "O indivíduo, o sujeito e a epidemiologia". In: *Ciência & Saúde Coletiva*, *6*(1), p. 221-231.

FREUD, S. (1977). *Edição standard brasileira das obras psicológicas completas de Sigmund Freud*. Rio de Janeiro: Imago.

(1893-1895). "Estudos sobre histeria", v. II, p. 13-308.

(1915). "O inconsciente", v. XIV, p. 185-245.

(1916-1917 [1915-1917]). "Conferência XVI, Psicanálise e Psiquiatria", v. XVI, p. 289-303.

(1919 [1918]). "Linhas de progresso na terapia psicanalítica", v. XVII, p. 199-211.

FREIRE, A. B.; FERNANDES, F. L. & SOUZA, N. S. (1996). *A ciência e a verdade: um comentário*. Rio de Janeiro: Revinter.

KEUSEN, A.; CARVALHO, A. da L. (2008). "A construção de um serviço de base territorial: a experiência do Centro Psiquiátrico RJ". In: *Saúde em Debate*. Rio de Janeiro, v. 32, n.78/79/80, p. 161-171.

LACAN, J. (1945/1998). "O tempo lógico e a asserção de certeza antecipada". In: *Escritos*. Rio de Janeiro: Jorge Zahar, p. 197-213.

————. (1958). "A direção do tratamento e os princípios de seu poder". In: *Escritos*. Rio de Janeiro: Jorge Zahar, 1998, p. 591-652.

————. (1962-1963/2006). *O seminário, livro 10: a angústia*. Rio de Janeiro: Jorge Zahar.

————. (1964/1993). *O seminário, livro 11: os quatro conceitos fundamentais*. Rio de Janeiro: Jorge Zahar.

————. (1966/1998). "A ciência e a verdade". In: *Escritos*. Rio de Janeiro: Jorge Zahar, p. 855-892.

————. (1966a/1998). "Do sujeito enfim em questão". In: *Escritos*. Rio de Janeiro: Jorge Zahar, p. 229-237.

————. (1966b/1998). "A ciência e a verdade". In: *Escritos*. Rio de Janeiro: Jorge Zahar, p. 869-892.

————. (1966/2001). "O lugar da psicanálise na medicina". In: *Revista Opção Lacaniana*, n. 32, São Paulo, p. 8-14.

————. (1969-1970/1992). *O seminário, livro 17: o avesso da psicanálise.* Rio de Janeiro: Jorge Zahar.

————. (1972/1978). Du discours psychanalytique. In: *Discours de Jacques Lacan à l'Université de Milan le 12 mai 1972, paru dans l'ouvrage bilingue: Lacan in Italia 1953-1978.* Milan: La Salamandra, p. 32-55.

LEITE, S. (2011). *Angústia***.** Coleção Passo a Passo. Rio de Janeiro: Jorge Zahar.

VIRILIO, P. (1983). *Guerra pura: a militarização do cotidiano*. São Paulo: Brasiliense.

De que sujeito se trata para as intervenções do Estado na área da saúde?

Anna Carolina Lo Bianco

Resumo

A observação de trabalhos apresentados nas Jornadas de Iniciação Científica da UFRJ permite que se depreenda e caracterize o sujeito suposto demandar os serviços do Estado. Trata-se de um sujeito considerado como em constante carência e necessidade de proteção e cuidado por parte de um outro, portanto incapaz de se responsabilizar por qualquer tarefa que venha a desempenhar para suprir tais necessidades. Sua única atividade se limita a reivindicar para si o que é visto, desde sempre, como sua prerrogativa. O artigo examina as condições para que essa concepção de sujeito se sustente e encontra nas consequências do estabelecimento da ciência no mundo uma das razões para essa visão. A partir daí procura entender o sujeito com os recursos da psicanálise. Argumenta que como sujeito à castração ele está face aos limites de sua condição e por eles deverá vir a se responsabilizar para aceder minimamente ao lugar de sujeito da sua própria existência.

Palavras-chave: sujeito; Estado; Saúde; psicanálise.

Abstract

Which subject are we dealing with for the State interventions in the area of Health?

The observation of papers presented during the Journeys of Scientific Initiation of UFRJ allows the perception and characterization of the supposed subject requiring the State services. It is a subject considered to be in constant need and demand of protection and care on the part of another, therefore unable to take responsibility for any task to be performed to meet such needs. His only activity is limited to claim for himself what is seen, ever and always, as his prerogative. The article examines the conditions so that this conception of subject is supported by itself and finds in the consequences of the science establishment in the world one of the reasons for this view. From this point, it tries to understand the subject using the capabilities of psychoanalysis. It argues that, as subject to castration, he is facing the limits of his condition and using those limits, he should take the responsibility for a minimum access to the place of the subject in his own existence.

Key-words: subject; State; health; psychoanalysis.

A experiência anual, mantida há mais de uma década, de escutar trabalhos das Jornadas de Iniciação Científica na área da saúde em suas interfaces com a cultura, a política, o direito e o Estado, permite traçar com alguma precisão o perfil do sujeito ao qual tais estudos se dirigem. Certamente, eles quase sempre estão inseridos em projetos de pesquisadores que devem gerar publicações às quais poderíamos recorrer para melhor delimitar o sujeito – objeto dos trabalhos em questão. No entanto, não apenas pela facilidade de acesso que oferecem, mas por apresentarem seus pressupostos de forma simples e direta, esses trabalhos possibilitam que se surpreendam as concepções que os orientam com bastante clareza. É necessário apenas fazermos algumas operações para distingui-las nos textos em que ocorrem.

Enfatizamos alguns traços que estão presentes em quase todos os textos e procuramos a regularidade nas conceituações, acentuando os elementos que sobressaem nos dando as condições para compormos um tipo-ideal (cf. WEBER, 1949) que, ao final, aponta a concepção de sujeito usada. A partir daí passaremos a interrogá-la com a conceituação analítica para apontar a presença de um sujeito em constante demanda de proteção e cuidado por parte de um outro – quase sempre o Estado – que deveria reconhecê-lo em sua carência.

Paradoxalmente, na constante luta de reconhecimento por seus direitos, por sua necessidade de proteção e de cuidado, ele é entendido como indivíduo autônomo, independente e, em última instância o único a saber se está mesmo recebendo a proteção de que é merecedor no momento adequado para tanto. Veremos que a consequência dessas suposições leva-nos a encontrar um sujeito que é desresponzabilizado de qualquer tarefa que venha a desempenhar, pois sua única atividade se limita a reivindicar para si o que é, desde sempre, sua prerrogativa. Vale dizer, no ponto mesmo em que é identificado um sujeito em busca de cuidados a que supostamente teria direito, nesse ponto mesmo, na maior parte das vezes, é anulada a possibilidade de dar voz a ele.

É interessante notar de início que esses sujeitos são compreendidos em categorias que já falam de suas demandas: são cidadãos de direitos, consumidores, usuários, clientes que, todos, dependem do atendimento dessas demandas a que fazem jus, exatamente por pertencerem a essas categorias. Nesse momento também observamos a circularidade da concepção adotada para tratar do que está em questão: uma demanda feita em nome de alguém que precisa de proteção é uma demanda fadada ao insucesso, pois, se ela for atendida, esse sujeito que por definição é aquele que precisa de cuidado e de proteção desaparece em sua essência mesma. Então é importante que ele nunca desapareça e mantenha-se em sua necessidade de cuidado e atenção. A implicação mais imediata, como dissemos, é que ele é desresponsabilizado do que diz respeito à sua sorte.

Que para o sujeito seja impossível resolver sobre a sua sorte, sobre o seu destino, o qual ultrapassa e determina cada um de nós, de imediato é posto na conta de algum outro que deverá tomar para si a tarefa de salvá-lo de seus próprios encontros com o que a vida lhe traz. E por sua vez a visão do Estado não deverá ser diferente dessa. Também aí os sujeitos que receberão a proteção serão vistos como incapazes e indefesos. A consequência mais drástica para o que é da ordem de um sujeito que adviria no reconhecimento do impossível que o constitui inapelavelmente é que, na concretização dos Programas de Estado, dentre todos os problemas que o circundam, o mais grave talvez seja o entendimento ou a dedução de que esse sujeito tem pouco ou quase nada a dizer sobre o que está em questão quando o que está em questão é a vida dele próprio: suas misérias, seu sofrimento, sua angústia ou mesmo seus recursos, suas decisões, seus atos.

Antes, no entanto, que se comece a encontrar no que foi apontado até aqui uma distinção dicotômica entre uma maneira "correta" e outra "inadequada" de se considerar o sujeito, é importante que remontemos essas circunstâncias a um cenário que nos ultrapassa a todos nessa discussão. Ele se refere antes de tudo a uma visão de mundo devedora do desenvolvimento trazido pela ciência, com o que este, dando ao sujeito um lugar, ao mesmo tempo o retira do comando, deixando-o em busca de alguém que venha a se provar apto para responder a seu pedido constante de reconhecimento (MELMAN, 1999). Esse é o sujeito de um funcionamento acéfalo que independe dele, fazendo-o desaparecer como efeito do que seria seu ato se a ele se lançasse (LACAN, 1967-1968/2001).

É importante acompanharmos de perto o que se passa com esse sujeito no que diz respeito, por exemplo, ao que podemos considerar a "autonomização" de seu corpo, resultado dos avanços trazidos pela ciência, agora representada pela sua aplicação à medicina. Veremos mais uma vez a circularidade de que falávamos acima, agora se apresentando quando se trata do corpo. Este passa a ser objeto de um conhecimento objetivo, logo se torna corpo objetificado, que por sua vez demanda mais conhecimento objetivo, o que traz como efeito a exclusão, a eliminação do sujeito. Para irmos aos detalhes e deixar claro a que nos referimos, basta nos lembrarmos de experiências, comuns em nossos dias, como a do paciente entregue aos cuidados de equipe de terapia intensiva quando as esperanças de cura em geral se esvaem. Trata-se aí de uma forma drástica de sustentar o corpo em sua autonomia, em seu funcionamento acéfalo que curiosamente engendra por sua vez um funcionamento que igualmente podemos reconhecer como acéfalo (MELMAN, 2001).

Nem sempre o corpo foi entendido da mesma maneira. Chegaremos ao corpo tal como o encaramos hoje se passarmos pelo Cristianismo e o tomarmos como resultado também dos avanços proporcionados pela ciência. É com o Cristianismo que se concebe a dualidade corpo e mente: o corpo era até então a sede do pecado, do mal-estar, e justamente por isso era um corpo que tinha que ser recalcado. Dali em diante só saberemos dele pela dor e pela doença, as quais vinham (como de certo modo ainda vêm) mescladas com o pecado (MELMAN, 2010). Quando escutamos de alguém doente "eu não mereço" passar por um câncer ou "ele não merece" estar enfrentando ou estar morrendo com um câncer, o que está sendo trazido é o pecado; essa é a forma denegada da afirmação de que um sofrimento no corpo é o pagamento que se faz pela falta que se comete em relação a ele. Pelo mau funcionamento do corpo seríamos culpados se não o tratássemos de forma moralmente reta.

O corpo causa mal-estar e é silenciado. Só irá reaparecer – no campo da percepção –, com a dor, com o que não funciona (FREUD, 1923/1996). Essa é a razão do recalque a que está submetido (MELMAN, 1991). Por aparecer falando da precariedade do sujeito, é como se fosse mandado de volta para o silêncio do recalque (ele irá "proliferar nas sombras" (cf. FREUD, 1915a/1996, p. 144), como todo o recalcado, mas essa é outra questão).

O importante a ser considerado é que pela dor se sabe do corpo e, concomitantemente, de suas limitações e extensões. Ao mesmo tempo, falar de limitações e de extensões é falar, é trazer à tona isso de que justamente não se quer saber, que é a ligação do corpo com o sexo e com a morte, essa ligação que se torna visível no momento mesmo da reprodução; ela nos mostra como esse momento é crucial para pensarmos a relação corpo/morte/sexo – pois se trata aí da ocasião em que o corpo sexuado, com sua célula germinal, ao tempo que perpetua a espécie tem notícia de seu limite como corpo individual, limitado, mortal (FREUD, 1914/1996; Lacan, 1964/1985). Ou seja, por sua relação com a morte e com o sexo, o corpo introduz a finitude, o perecível e a transitoriedade (FREUD, 1916/1996). Temos aí a razão de ele ser mantido sob recalque.

Essa consideração sobre a finitude do corpo traz de fundamental a necessidade de fazer valer a referência ao complexo de castração. Ou seja, não podemos abrir mão de enfatizar o que nos orienta, como as concepções de sujeito e de castração, sob pena de repetirmos esse desconhecimento que surpreende no funcionamento das relações dos profissionais nas instituições de saúde. Trata-se então de trabalhar orientado ou, se é que podemos fazer isso, trabalhar visando ao sujeito do inconsciente que é sujeito à castração. Isso nos coloca numa referência difícil de sustentarmos, motivo pelo qual sempre voltamos a essa posição de desconhecimento e recorremos a tantos expedientes que o mantêm como desconhecimento.

Porque, ao nos voltarmos para o sujeito à castração, estamos indo em sentido inverso ao que caminhamos como sujeitos de uma cultura banhada pelos efeitos da ciência. Pois, ao contrário de um corpo que traz a finitude e nos coloca face à transitoriedade a que somos sujeitos, estamos muito mais referidos – e somos constantemente bombardeados – por um corpo entendido como aquele que a ciência, no limite, nos permitiria enfim fazer imortal. Trata-se de um corpo que se autonomiza assim do sujeito, o qual é sujeito a limites.

O que encontramos no dia-a-dia de nossos trabalhos, especialmente nas instituições de saúde, é a concepção de um corpo que progressivamente se autonomiza. Com os avanços das terapias médicas, bioquímicas, genéticas inclusive, com a evolução do conhecimento da fisiologia, trata-se agora de um corpo – objeto de intervenções – que dispensa inteiramente a conexão com o psiquismo.

Ao contrário, com Freud (1915b/1996), do psiquismo se exige trabalho pelo próprio fato de sua ligação com o corpo. Não há continuidade possível, portanto, entre a posição da psicanálise e aquela que vem sendo engendrada com os avanços das tecnologias e das inovações na área da saúde e da doença. Com a psicanálise nos dirigimos antes a um corpo que só é corpo por sua relação com o significante, a um corpo que é corpo de um sujeito à castração, que se constitui como aquele que é sujeito à morte. Estamos assim em sentido oposto ao que está dado pela corrente hegemônica garantida pelos progressos permitidos pela ciência.

No entanto, é necessária, nesse ponto em que nos deparamos com posições radicalmente diferentes, uma advertência crucial. Se queremos nos dirigir ao sujeito desse corpo para a morte é preciso admitir, em primeiro lugar, que estamos imersos nessa corrente em que a ciência nos porta, nós mesmos, sem que saibamos ao certo por quê, e que ela nos leva, como a qualquer um, a nos afastarmos desse sujeito. Ao estarmos na contramão de uma tendência inexorável posta pelo funcionamento acéfalo permitido pelos desenvolvimentos científicos, é importante que acima de tudo estejamos com a nossa dificuldade de admitir a presença do sujeito – e ainda assim não o deixarmos fora de consideração. Ou seja, não se trata de "nós" de um lado e de "eles" de outro. Nós somos acima de tudo os que resistimos ao sujeito e à castração. E fazer valer o sujeito é irmos contra a nossa tendência de escaparmos da sujeição que ele introduz pelo fato de não ser mais que sujeito.

Trata-se, então, de apostar no sujeito que resiste a ser feito mero depositário de fraquezas e desamparos. Se supomos um sujeito para a morte, um sujeito ao que está fadado a fracassar, nem por isso se tem o direito de preconizar a sua desistência, a sua resignação, a sua retirada frente ao que sua própria condição lhe traz. É o ponto em que, em vez de considerá-lo indivíduo consistentemente desprotegido e incapaz, se trata de, ao contrário, exigir dele a responsabilização pelo que lhe acomete, o que justamente dará as condições para que pontualmente tenha feito para si um lugar – o único de onde poderá se exercer em sua pouca existência de sujeito. A partir daí, e só a partir daí, deveriam ser pensadas as intervenções do Estado.

Referências

FREUD, S. (1996). *Obras completas.* Buenos Aires: Amorrortu.

(1914). "Introducción del narcisismo", v. XIV, p. 71-98.

(1915a). "La represión", v. XIV, p. 141-152.

(1915b). "Pulsiones y destinos de pulsiones", v. XIV, p. 113-134.

(1916). "La transitoriedad", v. XIV, p. 309-312.

(1923). "El yo y el ello", v. XIX, p. 13-66.

LACAN, J. (1964/1985). *O seminário, livro 11: os quatros conceitos fundamentais da psicanálise.* Rio de Janeiro: Jorge Zahar.

————. (1967-1968/2001). *L'acte psychanalytique.* Paris: Éditions de l'Association Freudienne Internationale.

MELMAN, C. (1991). "L'inconscient c'est l'organique". In: *Le trimestre psychanalytique, 2*, p. 105-114.

————. (1999). "La croyance". In: *Bulletin de la Association freudienne international, 84*, p. 50-62.

———. (2001). "La question du corps en psychanalyse". In: *Bulletin de l'Association freudienne internacionale, 94*, p. 7-15.

———. (2010). "Le corps depuis Aristote". In: MELMAN, C. *Nouvelles études sur l'hystérie*. Paris: Érès, p. 104-117.

WEBER, M. (1949). "Objectivity in social sciences and social policy". In: WEBER, M. *The methodology of Social Sciences*. New York: The Free Press, p. 11-123.

Responsabilidade coletiva e responsabilidade subjetiva: saúde é um direito ou um dever?

Tania Coelho dos Santos

Resumo

Contrariando o discurso politicamente correto que, ao atribuir ao estado o dever universal de prover o cuidado com a saúde e a educação, deixa na sombra a responsabilidade ética do sujeito para com seu corpo e sua mente, este texto advoga que o "cuidado de si" é uma resposta ao real sem lei do desamparo. O avanço dos discursos em defesa dos direitos humanos em nosso século tende a transformar os sujeitos em clientes de um Estado plenipotenciário, caminhando para a construção de uma sociedade que desresponsabiliza o sujeito e acrescenta expectativas desmesuradas em relação aos poderes da política e do Estado. O que se vê, na prática, é a impotência do Estado em atender as demandas que interessam à classe política fomentar e explorar eleitoralmente.

Palavras-chave: responsabilidade; saúde; psicanálise; política do Estado.

Abstract

Collective responsibility and subjective responsibility: is health a right or a duty?

Contrary to politically correct speech, to assign to the state the duty to provide universal health care and education, is to leave behind the individual's ethical responsibility towards his body and his mind, this paper argues that the "self-care" is a response to the lawless real of helplessness. The progression of speeches in defense of human rights in our century tends to turn individuals into clients a plenipotentiary state, heading towards building a society that exonerates the subject and adds excessive expectations in relation to (regarding) the powers of politics and the state. What we see in practical terms is the state's impotence to meet the demands that politicians are interested in creating in order to obtain an improvement in their electoral results.

Key-words: responsibility; health, psychoanalysis; State policy.

Direitos e deveres humanos

Cuidar do corpo de que se usufrui é um direito ou um dever? Ouso contrariar o discurso politicamente correto que – ao atribuir ao estado o dever universal de prover o cuidado com a saúde e a educação – deixa na sombra a responsabilidade ética do sujeito para com seu corpo e sua mente. Advogo que o "cuidado de si" é uma resposta ao real sem lei do desamparo. Entendo por real sem lei a morte, o sexo e a vida. Recordo a investigação de Michel Foucault (1984) sobre os princípios desse "cuidado de si" na antiguidade grega. Sua arqueologia da moral demonstra que eles são o fundamento de uma ética que estabelece as obrigações do sujeito para consigo mesmo. Estas são encaradas como um dever que se coloca mais além de qualquer obrigação juridicamente estabelecida. Não dizem respeito às leis ou ao código, são artes da existência:

> Artes da existência são práticas refletidas e voluntárias com as quais os homens não somente se fixam regras de conduta, como também procuram transformar-se e modificar-se em seu ser singular e fazer de sua vida uma obra que seja portadora de valores estéticos e responda a critérios de estilo (COELHO DOS SANTOS, 2001, p. 222).

Em meu esforço de traduzir a arqueologia foucaultiana da moral nos conceitos do campo da psicanálise, demonstrei (COELHO DOS SAN-

TOS, 2001, p. 217-228) que o que está em jogo na ética é da ordem de um princípio "mais além do princípio do prazer". Não diz respeito aos deveres de obediência à lei e à sujeição às sanções que ela prescreve. Não se trata de uma ética do bem-estar. São princípios éticos que demonstram a relação precoce do homem com alguma "coisa", um "objeto", um "bem" que não pode ser compartilhado pois é sua vida, seu sexo e sua morte.

> Entendemos que os últimos trabalhos de M. Foucault assentam-se numa universalização da experiência da problematização moral e da demanda de elaboração ética e estética nas sociedades ocidentais. Para obter uma modalidade de gozo chamada "domínio de si", o sujeito se priva de um objeto de satisfação. [...] A análise da antiguidade clássica vai relacionar a subjetivação com o domínio de si e a privação do objeto de satisfação que não é ordenado pelo código e sim pelo ideal. Pensamos que as reflexões de Foucault encontram nesse ponto a repetição, a exigência da pulsão, como algo que além do princípio do prazer instala o campo da ética à margem do direito (COELHO DOS SANTOS, 2001, p. 228).

No século XXI, o avanço dos discursos em defesa dos direitos humanos tende a transformar os sujeitos em clientes de um Estado plenipotenciário. Corro o risco de afirmar que caminhamos para a construção de uma sociedade que desresponsabiliza o sujeito e acrescenta expectativas desmesuradas em relação aos poderes da política e do Estado. O que se vê, na prática, é a impotência do Estado em atender as demandas que interessam à classe política fomentar e explorar eleitoralmente. Não vejo como compatibilizar nossa perspectiva como analista com esse jogo perverso que aliena o sujeito à demanda endereçada a um Estado-papai. Aposta que vem nos conduzindo a um confronto cada vez mais agudo ao real como impossível.

Nossa época, ao contrário das expectativas desmesuradas de responsabilidade social, contempla o avanço do discurso capitalista que não cessa de nos confrontar ao declínio das imagos parentais. Vivemos no tempo do "Outro que não existe", tempo em que a solidão de cada um diante de sua morte, seu sexo e sua vida requer muito mais responsabilidade subjetiva ante a resposta de cada um ao real. Recordo a advertência de Lacan (1959-1960/1988, p. 350) contra toda e qualquer adesão ingênua de psicanalistas ao sonho de que não poderia haver satisfação de ninguém fora da satisfação de todos: "Direi que é na medida em que, como diz Saint Just, a felicidade tornou-se um fator de política. É pelo fato da entrada da felicidade na política que a questão da felicidade não apresenta, para nós, como possível a solução aristotélica, e que a etapa prévia se situa no nível da satisfação das necessidades para todos os homens". O que Lacan quer sublinhar é que por razões históricas a solução aristotélica, que consiste na distinção entre os bens que cabem ao senhor e ao escravo, vem dar lugar a uma demanda de felicidade impossível de satisfazer. São os efeitos dessa demanda de felicidade que o analista se oferece para receber. Donde fica excluído que o desejo do analista participe da construção desse "sonho coletivo".

Capitalismo e *welfare-state*

O discurso dos psicanalistas vem denunciando que vivemos em nossa época sob a aliança entre o capitalismo e a ciência. Não é fácil dizer o que seja isso. De que ciência se trata? Como se faz essa aliança, se é que ela existe? Não acho que existe um caminho único para tratar dessa questão. Começo com uma reflexão que acompanha algumas teses de Schwartzman (2004) acerca das origens do *welfare-state*, ou da sociedade do bem-estar, sociedade esta que emerge como uma estratégia regulatória dos efeitos de desigualdade e pobreza do capitalismo. Com o advento do capitalismo, na era industrial, as diferentes classes sociais tendem a reduzir-se a duas categorias: a burguesia e o proletariado. Os proletários têm um lugar privilegiado na divisão social do trabalho, pois são eles que trabalham efetivamente e produzem a riqueza acumulada pelos proprietários dos meios de produção. São vistos nessa época como pobres virtuosos pois são diferentes dos marginais, egressos das antigas classes decadentes, qualificadas por Marx como "classe perigosa" ou "escória social".

Ao longo do século XX, a tensão entre o proletariado e a burguesia reduziu-se na Europa, graças à social-democracia. Nos países industrializados, os proletários aburguesaram-se. As negociações entre capital e trabalho conduziram à criação de uma nova ordem social, com uma melhor distribuição da riqueza. Esse modelo foi copiado em outras partes do mundo e também no Brasil, durante o século XX. Entretanto, em consequência dos efeitos da escravidão, proletários e burgueses eram poucos entre nós, prevalecendo um tipo de pobreza à margem da sociedade criada pelo império comercial português. Enquanto crescia na Europa e nos Estados Unidos a mentalidade de que todas as pessoas têm direitos iguais, na sociedade e na economia brasileiras conservavam-se os efeitos da escravidão, isto é, a ideia de que a pobreza, a marginalidade e a miséria eram inevitáveis.

> Era assim a população brasileira, ao final do século XIX: uma pequena elite branca, os remanescentes de uma economia escravocrata em decadência, e uma multidão de escravos libertos, filhos bastardos, descendentes de índios e brancos empobrecidos e pobres migrantes trazidos da Europa e do Japão. Viviam sobretudo no campo, muitas vezes em grandes fazendas, mas em grande parte como parceiros, produzindo, se tanto, o suficiente para a sobrevivência; mas também nas cidades como vendedores, artesãos, caixeiros, biscateiros, agregados, desempregados e mendigos ocasionais. Muito parecidos com as "classes perigosas" de Marx, mas longe de serem os resíduos de uma ordem social e econômica em transição, eram a maioria da população de um país que se formava (SCHWARTZMAN, 2004, p. 20).

Minha tese é a de que a persistência deste tipo de pobreza deve ser o foco de uma discussão acerca da oferta de saúde e de educação pelo Estado. Ela traz de volta uma discussão aparentemente preconceituosa e conservadora sobre a diferença entre a pobreza voluntária e a involuntária. Retomo algumas indicações de Schwartzman (2004) sobre esse tema. Thomas Malthus, conhecido pensador inglês, acreditava que grande parte da pobreza é responsabilidade da falta de força e determinação em lutar pela vida e trabalhar. A causa principal da pobreza era a grande velocidade com que se reproduziam os pobres, em contraste com a velocidade da produção de alimentos.

Quero introduzir minha releitura da perspectiva malthusiana. Não se trata apenas da relação entre a velocidade da produção de riquezas e a intensidade dos impulsos sexuais dos mais pobres que conduz ao grande número de filhos. A questão em jogo é a da caridade ou da justiça distributiva. Não se trata apenas de que os recursos sejam limitados e as demandas imensas. Mesmo que os recursos produzidos sejam mais do que suficientes, como, quando e por que distribuí-los. Como distribuir melhor a riqueza, reduzir a desigualdade sem fomentar um tipo de caridade que desresponsabiliza o sujeito? Ou, dizendo de outro modo, como incluir um sujeito cuja pobreza redunda em situá-lo aquém de uma ética do "cuidado de si"? Como lidar com a pobreza do "não-sujeito", aquele que, desaparelhado do "cuidado de si", apresenta-se na posição de objeto? Caberia, como sugerem os estudos sociológicos, responsabilizar a herança escravagista pela produção de "não-sujeitos"? Se isto é verdade, para incluí-los é preciso compensá-los ou indenizá-los? A questão é muito antiga, mas vale refazê-la: isto não acentua a posição de "não-sujeito", desresponsabilizado do "cuidado de si"?

É preciso compreender como emergiu no Brasil uma sociedade do bem-estar. A primeira e mais importante resposta a essa questão é sua relação com o discurso da ciência. Desde a proclamação da República, os positivistas introduziram o lema "Ordem e Progresso" na bandeira, simbolizando sua tese de que o Brasil precisava "de um governo forte, centralizado, que fizesse uso de conhecimentos científicos para educar o proletariado, planejar a economia e livrar o país da ignorância e da superstição das elites tradicionais". (SCHWARTZMAN, 2004, p. 20). Essa ideologia prevalecia entre estudantes, intelectuais e militares. Em outros círculos (as oligarquias que comandavam o Partido Republicano mineiro e paulista) "prevalecia a noção de que os problemas do país tinham a ver com as características raciais e culturais da população brasileira, que a impediam de desenvolver hábitos adequados de higiene e trabalho" (SCHWARTZMAN, 2004, p. 21). Como se pode deduzir, uma e outra perspectiva esbarravam no obstáculo de incluir a pobreza miserável, na mentalidade científica. Depois dos anos 30, a doutrina corporativista inspirada nos textos da Igreja Católica e matizada pelos modelos autoritários da Itália e da Alemanha sai vencedora.

> Nesta concepção, a sociedade deveria ser entendida não como um conjunto de indivíduos agindo autonomamente, conforme os interesses de cada um, como pensavam os economistas clássicos, mas como um organismo preordenado, no qual cada um ocuparia um lugar previsto e determinado. Não se trataria de um sistema igualitário – diferenças e hierarquias continuariam existindo, associadas à divisão do trabalho, da autoridade e da responsabilidade entre os diversos grupos sociais. As instituições políticas – o Executivo, o Legislativo e o Judiciário – teriam a responsabilidade de manter os diversos segmentos da sociedade trabalhando em harmonia, garantindo que os interesses privados não prevalecessem sobre os interesses coletivos, e o Poder Executivo garantiria, verticalmente, a integração e o bom funcionamento dos demais poderes (SCHWARTZMAN, 2004, p. 21).

A resposta corporativista ao real da desigualdade social e da pobreza na era do capitalismo deveria, de acordo com Oliveira Viana (1939; *apud* SCHWARTZMAN, 2004, p. 22), amenizar os conflitos e a oposição de interesses entre a classe patronal e o operariado. Entre os objetivos a serem atingidos, destaco o quinto: a oficialização da assistência social, elevando-a à condição de serviço público, mesmo quando realizada pela iniciativa privada. O Estado deveria procurar articular, o mais perfeitamente possível, todos os serviços oferecidos pela caridade e pela filantropia no sentido de submetê-los à sua disciplina, ao seu controle e à sua orientação, entrosando-os na engrenagem de suas instituições oficiais e administrativas e estabelecendo a progressiva identificação da assistência privada com a assistência pública. Observa Schwartzman (2004) que o Brasil vivia, nessa época, sob a ditadura da Constituição de 1937 e que a "classe operária brasileira" era uma pequena fração da população. Com a queda de Getúlio Vargas, já não se defendia mais abertamente a doutrina corporativista.

> No entanto, as instituições criadas naqueles anos continuariam existindo até os dias de hoje e, mais ainda, sua inspiração mais central continuaria sendo aceita – a ideia de que caberia às elites, modernizadas pela ciência e pela educação, e através do controle do Estado, ordenar a sociedade, educar, amparar e disciplinar os pobres e transformar o país na grande nação que deveria ser seu destino. Esta vinculação estreita entre caridade pública, assistencialismo e enquadramento disciplinar da sociedade era uma característica comum às principais tentativas de enfrentar os problemas da pobreza desde os tempos medievais, que o Brasil tentava emular (SCHWARTZMAN, 2004, p. 22).

A legislação corporativa absorve e neutraliza o movimento sindical, influenciada pela Igreja Católica em tudo que se refere à educação e ao trabalho, constituindo o Estado corporativista em 1930 graças à criação do Ministério do Trabalho, Indústria e Comércio. A organização e sujeição do movimento sindical, devido ao estabelecimento de uma legislação com limites à exploração dos trabalhadores, foram acompanhados da criação de um sistema de previdência e proteção ao trabalhador, para situações de doença, acidentes de trabalho e aposentadoria. Depois da Lei Eloy Chaves, de 1923, que criou a Caixa de Aposentadoria e pensões para trabalhadores de empresas ferroviárias, formaram-se os institutos de pensões de várias outras categorias: industriários, marítimos, comerciários e bancários. Com os institutos, a proteção à categoria, deixa de estar associada a empresas específicas.

O segundo passo será reuni-los sob a tutela do Estado, criando o sistema previdenciário e de saúde pública, que é a base do nosso Estado do bem-estar social. De acordo com Schwartzman (2004), suas principais características são a hierarquia e o paternalismo, com seus efeitos correlatos de submissão e subserviência. A Constituição brasileira de 1988, por sua vez, consagra a noção de que além de direitos políticos os cidadãos brasileiros têm direitos sociais que vão desde o direito ao emprego e à educação até o direito ao atendimento pelo setor público de suas necessidades na área de saúde e do seguro social. E, finalmente, Schwartzman (2004) adverte que os resultados problemáticos dessa legislação, extremamente generosa do ponto de vista econômico e financeiro, tem também consequências políticas e ideológicas: "Na percepção da maioria da população, os direitos sociais lhes são devidos independentemente da existência ou não de recursos e condições adequadas para satisfazê-los" (SCHWARTZMAN, 2004, p. 27).

Foi preciso introduzir essa longa exposição das considerações históricas, sociológicas, econômicas e políticas sobre as causas da pobreza no Brasil, apoiando-me amplamente na contribuição desse conhecido sociólogo, presidente do Instituto de Pesquisas Sociais e Políticas Públicas no Rio de Janeiro e que foi presidente, entre os anos 1994 e 1998, do Instituto Brasileiro de Geografia e Estatística. Isto se fez necessário porque durante a minha apresentação no X Simpósio da UERJ verifiquei que muitos ouvintes jamais problematizaram esse modelo altamente centralizador e estatizante de gestão da saúde e da educação. Acreditam que podem pedir sempre mais verbas públicas para a saúde e a educação, sem jamais interrogar as causas da pobreza e se a melhor maneira de combatê-la é adotando soluções paternalistas. Isso não significa que estou de acordo com todos os pontos de vista do pesquisador. Minha apresentação de suas contribuições serviu-se muito estreitamente das informações que pude colher em seus artigos e que pudessem embasar minha crítica à ideologia do paternalismo de Estado. Compartilho com ele a certeza de que o atual modelo previdenciário é parte de um sonho político impossível e passo a apresentar minha leitura deste assunto.

O DISCURSO ANALÍTICO E OS DIREITOS HUMANOS

Observamos que tem estado à margem desse discurso tudo aquilo que no discurso político é celebrado como "avanços no campo dos direitos humanos e novas conquistas sociais". Avanços que significam, na prática, a concessão de privilégios a alguns indivíduos ou grupos em desvantagem social: crianças, idosos, deficientes, mulheres, negros, por exemplo. Essa lógica procede por fazer do vício virtude ou do preconceito privilégio. Devemos considerá-la como um dos efeitos da aliança do capitalismo com a ciência? Ou será, justamente, aquilo que lhe faria oposição? Se aceitamos a tese segundo a qual a Declaração Universal dos Direitos do Homem (1949) inspira-se na concepção científica do indivíduo como uma entidade natural e pré-sociológica que precede e justifica a reivindicação de direitos naturais, então a política de direitos humanos esforça-se para integrar a essa categoria aqueles que nela não se incluem em igualdade de condições.

Do nosso ponto de vista como psicanalistas, nada mais evidente do que o fato de que os homens não nascem livres nem iguais. Uma criança é um sintoma da relação entre um homem e uma mulher, não é produto do desejo anônimo da sociedade. É preciso que um homem eleja uma mulher como objeto causa de seu desejo e que esta deseje receber dele um filho. Condição necessária para ela dispense cuidados particulares à criança como objeto do seu desejo. Ocorre que uma criança pode ser engendrada sem ser desejada, o que compromete tanto o grau de sua liberdade na vida adulta, quanto a medida de sua igualdade com outros seres humanos. Ocorre, muito frequentemente, que ela seja engendrada sem que seus pais se perguntem se terão recursos para lhe oferecer os cuidados de que ela necessita. Nenhum estatuto da criança e do adolescente pode impedir a gravidez indesejada nem a parentalidade hipossuficiente. Afinal, vivemos numa sociedade supostamente democrática – que acredita na liberdade como um valor soberano – em que cabe a cada família planejar se deseja ou não filhos e qual o número de filhos que pode gerar e sustentar. Espera-se que os indivíduos trabalhem para prover sua subsistência e a de seus descendentes. E, quando eles não o fazem? A responsabilidade subjetiva é deslocada para o estado e devém responsabilidade social?

Devemos definir essa exigência de trabalhar para garantir a própria sobrevivência como fundada numa lógica capitalista? As expectativas quanto à responsabilidade parental pela sua prole são diferentes num regime socialista? Enquanto psicanalistas, pensamos que nenhuma sociedade – seja ela socialista ou capitalista – pode suprir, substituir ou suplementar aquilo que se manifesta no campo do desejo ou do não desejo de cada um. Do nosso ponto de vista a responsabilidade subjetiva é um limite à ordem jurídica que reclama, em nome dos direitos humanos, liberdade e igualdade universais. Temos um corpo que nos exige cuidados e que precisa estar apto a trabalhar para prover nossa própria sobrevivência; nossa responsabilidade por ele, na idade adulta, é inalienável, intransferível e não delegável. Na saúde ou na doença, cabe a cada um o cuidado de si.

O cuidado com a saúde e a educação é definido constitucionalmente como dever régio do Estado. A Constituição Brasileira de 1988 prevê o direito à saúde. O Sistema Único de Saúde deveria assegurar a todos os brasileiros o acesso à assistência. O SUS deveria operar segundo alguns princípios: a) o da universalidade ou o do acesso irrestrito à saúde pública; b) o da integralidade, ou o do direito a todos os tratamentos necessários à manutenção da saúde. Diferentemente, por exemplo, dos Estados Unidos, que vinculam esse direito ao pagamento de um seguro-saúde por parte do empregador. Para compensar essa condição, a lei que institui o "Obamacare", por exemplo, pretende oferecer cobertura financeiramente acessível – não gratuita – a trinta e dois milhões de pessoas desprovidas de seguro-saúde ou com doenças preexistentes.

Ferraz e Vieira (2009), no artigo "Direito à saúde, recursos escassos e equidade: os riscos da interpretação judicial dominante", recordam que, de acordo com a Constituição, o Estado deve adotar políticas sociais e econômicas e ações e serviços de saúde de "acesso universal igualitário" (art. 196). Ou seja, os serviços e ações de saúde promovidos pelo Estado devem ser acessíveis a *todos* os cidadãos e estrangeiros residentes no país em condições de *igualdade* (SENADO FEDERAL, 2007). Argumentam que a *universalidade* trouxe para o SUS a noção de cidadania como elemento norteador da política de saúde. Até então, o antigo INAMPS funcionava segundo a lógica do seguro-saúde. O direito ao acesso a serviços de saúde estava vinculado à contribuição previdenciária dos indivíduos inseridos no mercado formal de trabalho.

Essa lógica beneficiava o trabalhador, uma vez que sua contribuição lhe assegurava o direito real à assistência pelo sistema de saúde e não um direito quimérico, como acontece nos dias de hoje. Hoje se paga por alguma coisa que não garante o direito de receber a assistência prometida. A lógica da seguridade social do atual INSS desvinculou o direito à assistência da obrigação de contribuir. A cidadania passou a ser requisito exclusivo para o acesso e, assim, todos os cidadãos que estavam à margem do sistema de saúde passaram a fazer jus ao mesmo. Essa interpretação da justiça faz do SUS uma das maiores políticas de inclusão social do país. Mas é preciso levar em conta que a universalização do direito à saúde pública gerou o paradoxo atual da insuficiência crônica e da péssima qualidade dos serviços prestados. Alguns contribuem e, ao menos em tese, todos têm direito independentemente de contribuírem ou não. O trabalhador contribui obrigatoriamente para o INSS, mas não conta mais com a certeza de que será assistido.

Ferraz e Vieira (2009), diferentemente da perspectiva que adotamos, ponderam que a ideia de universalidade só faz sentido à luz do princípio da *igualdade*. O que justifica a inclusão de *todos*, sem qualquer *distinção*, nas políticas de saúde do Estado é o reconhecimento de que todos são iguais no sentido de merecerem *igualdade de respeito* e *consideração* do Estado quando este elabora e implementa as políticas de saúde. Não faria sentido falar em universalidade (acesso para todos) sem o reconhecimento de que todos são iguais. O oposto da universalidade (a restrição a alguns, o privilégio) nada mais é que a negação da igualdade. Os autores não consideram que pelo suposto privilégio de ser assistido pelo serviço público o trabalhador sempre pagou e continua a pagar a contribuição previdenciária. Contribuição da qual o Estado se apropria e distribui igualmente entre os que pagam e os que não pagam. E, ao fim e ao cabo dessa operação de recolhimento compulsório de contribuições, o Estado se declara – sem nenhum pudor – impotente para assegurar a contrapartida pela referida contribuição. Sobre este aspecto, a posição de Schwartzman (2004) merece uma consideração. A lógica do SUS é a da expansão dos direitos já conquistados por alguns (os trabalhadores e as classes mais abastadas) aos direitos ainda a conquistar dos demais.

> O paradoxo dessa situação é que, enquanto os especialistas que trabalham com números, dentro e fora do governo, apontam as grandes iniquidades na distribuição de benefícios sociais no Brasil e defendem a necessidade de uma reforma que distribua melhor os recursos existentes e atenda de preferência aos necessitados, muitos

> políticos e a opinião pública como um todo não consideram esse o problema central, preferindo enfatizar a necessidade de ampliar os benefícios de poucos para todos. Nessa visão, os recursos públicos seriam ilimitados, mas, mesmo se existem limites, eles seriam explicados pela corrupção, ou pelo atendimento a interesses privados, ou internacionais (SCHWARTZMAN, 2004, p. 27).

Diferentemente do referido pesquisador, não penso que os "recursos" sejam públicos. Alguém trabalha para gerá-los, o trabalhador que recolhe impostos ao INSS ou ao Imposto de Renda e as empresas quando cumprem a obrigação de fazê-lo. Restringir o direito à assistência pela saúde pública aos "necessitados" implica em declarar que quem trabalha e contribui não precisa receber nenhuma contrapartida. Essa questão da igualdade perante o direito, ao mesmo tempo que há desigualdade no que se refere aos deveres, é o epicentro do impasse em que vivemos. Ferraz e Vieira (2009) também reconhecem que não é tão simples determinar, em situações concretas, como aplicar os princípios abstratos da universalidade e igualdade. Diferentemente da posição que adotamos, também alegam ingenuamente que o principal fator complicador é a escassez de recursos. Deixam de lado, por razões que é preciso examinar melhor, que aqueles que contribuem compulsoriamente teriam que ser obrigatoriamente atendidos. Se os recursos fossem infinitos, argumentam – como acredita o público leigo que sejam –, o princípio do acesso universal igualitário poderia ser facilmente concretizado pela alocação de recursos de acordo com as *necessidades* de saúde de cada um. Ora, contra-argumentamos, os recursos são escassos ou a obrigação de contribuir é que perdeu qualquer relação com a obrigação do Estado de prover a dita assistência à saúde? Ao postular que o Estado deve a todos igualmente a prestação de um serviço público, independentemente da obrigação de contribuir, o cobertor ficou curto. Como pode haver recursos suficientes se a obrigação de contribuir recai somente sobre a população economicamente ativa? População esta que não recebe a contrapartida pelo seu esforço. Esse ponto nos reenvia à discussão acerca das causas da pobreza. Nossa herança escravista com certeza explica por que tantos indivíduos permanecem na miséria e não se integram ao mercado formal de trabalho. Um exército de necessitados precisará de assistência sem poder compartilhar a obrigação de contribuir.

A desconsideração desse ponto leva a discussão sobre os critérios de alocação de recursos a passar por cima do problema da subtração pura e simples da poupança previdenciária do trabalhador. Em primeiro lugar, existe um impossível em jogo no desejo de igualdade para todos em que se inspira nossa constituição e a realidade do sistema econômico-político do país que é capitalista. O Estado brasileiro não é uma empresa produtiva, nem um banco de investimentos. Ele é financiado graças aos impostos que recolhe, principalmente, da população economicamente produtiva. Logo, o desejo de um sistema universal e integral de saúde para todos pressupõe que "alguns" financiarão "todos". Esse desequilíbrio verifica-se no sucateamento da saúde pública. Hospitais desaparelhados, corpo técnico mal remunerado e exaurido pelas más condições de trabalho e distribuição extremamente desigual do acesso aos serviços de saúde em todo país. Essas são algumas das notórias mazelas de um sonho igualitário que virou um pesadelo. Prova de que o sonho igualitário é um fantasma e encontra o real como impossível!

Não é preciso uma profunda reflexão para perceber que os recursos disponíveis para financiar as demandas de saúde da população são finitos. As demandas, por outro lado, crescem proporcionalmente à oferta de novos tratamentos baseados em tecnologias sempre inovadoras e cada vez mais caras, produtos farmacológicos custosos e exames sofisticados que o progresso da ciência não cessa de inventar. Segundo Nelson Rodrigues dos Santos (pesquisador na área de saúde pública da UNICAMP), a Assembleia Nacional Constituinte espelhou-se no modelo europeu, especialmente na Inglaterra e na Alemanha:

> Eram países do capitalismo central que garantiam benefícios à sociedade. [...] o sistema que temos aqui nasceu da busca de uma média do que estava acontecendo nesses países. [...] Até hoje os dados da OCDE [Organização para cooperação e desenvolvimento econômico] confirmam que entre 85% e 90% da população dos países europeus centrais aderem aos sistemas públicos e pressionam

> para que eles tenham qualidade; e em todos eles existe a opção de seguros privados (PEDROSA, 2013, p. 47).

O que se passou na Europa, mas que não aconteceu por aqui? O pesquisador responde: autocrítica. Comportamentos paternalistas e perdulários foram contornados por reflexões sobre custo-efetividade, eficiência. Mas, no Brasil, com a lei orgânica do SUS, não se optou por construir, por exemplo, um sistema por etapas que fosse progressivamente universalizando a oferta de tratamentos mais complexos. Afinal, parece óbvio que não é possível pagar tudo para todos. Nos países com renda per capita muito superior à nossa, a integralidade tem limitações. Depois de vinte e dois anos de SUS a totalidade das classes médias e da classe trabalhadora sindicalizada migrou para os serviços privados de saúde. Logo, pagam duas vezes pela mesma coisa. Para completar esse quadro complexo e contraditório, entre oitenta e noventa por cento dos procedimentos da tabela SUS são remunerados abaixo do custo real. Ao mesmo tempo, o Estado vem – por meio de subsídios – colocando dinheiro na saúde suplementar. Por essa razão, a reivindicação de um sistema de saúde eficiente e, por conseguinte, de mais verbas para a saúde foi uma constante nas recentes manifestações políticas que ganharam as ruas em todo Brasil em junho de 2013.

Entretanto, nem todo mundo concorda que se trata de aumentar a dotação de recursos. Há quem defenda, é o caso da pesquisadora da área de economia da FIOCRUZ Clarice Melamed, que a aplicação dos recursos do SUS é totalmente não transparente: "O volume de recursos tem crescido muito. Se a gente olha para os últimos 20 anos, da constituição para cá, observamos que, quanto mais aumenta o volume de recursos, mais difícil fica avaliar a relação entre sua aplicação e o resultado disso para a população" (*apud* PEDROSA, 2013, p. 46). Ela questiona o que é feito com os recursos e aponta a desproporção entre o que Estado paga e os serviços a que os pacientes têm acesso realmente. E acrescenta informações sobre uma realidade intrigante:

> Os números disponíveis no DATASUS (Departamento de Informática do SUS) não correspondem ao que acontece na realidade:

> por exemplo, o numero de procedimentos de média e alta complexidade é muito alto. Com a nossa população, mesmo que todas as pessoas vivessem nos hospitais e nas policlínicas, seria impossível que chegássemos ao cenário indicado pelos números oficiais (*apud* PEDROSA, 2013, p. 46).

Soluções simplórias que os planos de saúde privados adotam para controlar e comprovar a prestação do serviço não foram até hoje adotadas pelo SUS. Ele movimenta em torno de cem bilhões de reais por ano (incluindo as três esferas da federação) e não se pode avaliar o resultado para a população. Mas não falta quem advogue que o Estado deve injetar mais cinquenta e cinco bilhões por ano nesse sorvedouro de dinheiro. Quem vai pagar a conta desse grande fantasma igualitário coletivo que somente contribui para inchar e encarecer a máquina estatal?

Uma coisa é certa. A população sabe que é mal atendida e recentemente saiu às ruas exigindo mais verbas para a saúde. Os médicos e demais profissionais da área de saúde queixam-se de baixa remuneração e das péssimas condições de trabalho. Os pedidos de demissão de profissionais do serviço público não param de crescer. Quem está na ponta, no atendimento ao público – o médico, o enfermeiro, o auxiliar de enfermagem –, arca com as consequências de não haver cama, vaga na UTI, remédio, centro cirúrgico, condições de atendimento. Como a Constituição de 1988 *foracluiu* a relação entre contribuição previdenciária e o direito à saúde pública, como ela não leva em conta a responsabilidade de cada um para com seu corpo e sua vida, mergulhada num fantasma igualitário, essa questão política não simbolizada retorna no real para esses profissionais: se não se pode atender a todos, quem deve ter o direito de ser prioritariamente atendido? Villas-Bôas (2010), afirma que a necessidade, seja sob o prisma da gravidade clínica ou da carência socioeconômica, é o critério adotado na Carta dos Direitos dos Usuários da Saúde, publicada em 2006 pelo Ministério da Saúde, segundo a qual "a prioridade deve ser baseada em critérios de vulnerabilidade clínica e social, sem qualquer tipo de discriminação ou privilégio" (BRASIL, 1990). Esse critério por si mesmo não institui um privilégio?

Fortes (2010) conduziu uma pesquisa baseada em entrevistas com professores e pesquisadores de diferentes universidades brasileiras e concluiu que a bioética vem, desde os anos 90, orientando sua reflexão para a temática da justiça, especialmente a justiça distributiva. Entendendo-se que há concordância entre várias correntes éticas de que se deva fazer uma justa distribuição dos bens, obrigações e deveres, se evidencia a diversidade de interpretações envolvendo os princípios da igualdade, da equidade, da liberdade e da eficácia – os quais, em situações concretas, podem vir a conformar alternativas contrapostas. Foram registrados discursos favoráveis a que os recursos escassos sejam prioritariamente alocados às pessoas mais desfavorecidas. Fundamentalmente, porque em razão de suas posições sociais e econômicas são usuárias exclusivamente do Sistema Único de Saúde (SUS). Alguns se manifestaram favoravelmente à maximização dos benefícios e do número de beneficiados.

Mas a questão que me interessa discutir é a outra face do fantasma igualitário: a da rejeição à assim chamada "culpabilização da vítima", ou, na linguagem psicanalítica, à "responsabilidade subjetiva" nas decisões sobre alocação de recursos escassos. É consenso entre os pesquisadores na área de saúde, cujos artigos consultamos, que o sujeito não é responsável de forma alguma pelo seu corpo e sua saúde. Um exemplo concreto dessa *foraclusão* do sujeito no discurso politicamente correto é a dificuldade, no campo da bioética, em defender a limitação do dever de assistência pelo comportamento de risco do paciente. Por exemplo, rejeitam considerar que um alcoolista é menos elegível para o transplante de fígado do que um não alcoolista. Apesar dessa resistência, a maior parte dos entrevistados apontou a validade de se estabelecer prioridades e de se limitar recursos em situação de escassez. Algumas manifestações mostraram que decidir entre o certo e o errado, entre o justo e o injusto provoca angústia pela incerteza da validade das escolhas. O que demonstra que o sujeito não é eliminável. Alguém arca com o ônus da responsabilidade subjetiva *foracluída* do discurso politicamente correto e que retorna como um real angustiante.

Os resultados também demonstram que os pesquisados assumem posicionamentos ora orientados pela equidade, compreendida como a proteção aos mais desfavorecidos, ora pela maximização dos benefícios, seguindo o princípio ético da utilidade social. As posições fundamentadas na equidade aceitam que seria justo que o estado democrático orientasse a distribuição de recursos beneficiando os mais desfavorecidos da sociedade, os mais pobres, os mais vulnerados, os sem condições de arcar com o atendimento de suas necessidades de saúde por via dos modelos liberais de mercado. Cabe lembrar que o conceito de *desfavorecimento* pode ser avaliado mediante diversos pontos de vista, tais como gênero, idade, condição do agravo à saúde, patologia, iminência ou perigo de morte ou incapacidades físicas ou mentais, e não somente razões sociais e econômicas, o que, por vezes, dificulta a implementação do conceito da equidade. Todos os pontos de vista rejeitam igualmente o tema da responsabilidade subjetiva. Seja pelo ângulo negativo dos comportamentos de risco que oneram o SUS, seja pelo ângulo positivo, dos comportamentos que contribuem para desonerar o sistema.

Um outro ângulo que nos interessa discutir é o da saúde suplementar. Para muitos, nosso sistema de saúde universalista deveria restringir procedimentos ou cuidados para as pessoas que possuam alternativas ao SUS, isto é, sejam filiadas a instituições da denominada saúde suplementar, de natureza privada. Acreditam que se deveria transformar as normas legais vigentes. Advogam, sem perceber, que aqueles que contribuem para o INSS e que pagam planos de saúde privados são indivíduos que "podem pagar", logo, devem pagar e não precisam da saúde pública. Em contrapartida, criticam o pensamento utilitarista que propõe que os recursos escassos devem ser orientados para a satisfação de necessidades coletivas ou individuais, maximizando os resultados benéficos aos envolvidos direta ou indiretamente na ação. E argumentam que mais do que a proteção aos vulnerados a eventual "culpabilidade da vítima" pelo descaso com seu corpo e sua saúde decorre de razões econômicas e financeiras e de ideologias liberais. Confundem "culpabilização da vítima" e "responsabilidade subjetiva". Temem incluir a dimensão ética do sujeito, com receio de deslocar o cuidado com a saúde do campo de um direito a ser garantido pelo Estado para o campo do dever individual de cada um para com o cuidado com seu próprio corpo. Na prática, se um sujeito é trabalhador e se acredita responsável pelo "cuidado de si", então deve pagar duas vezes:

ao INSS e ao plano privado de saúde. Ele faz parte de uma classe de indivíduos que "podem pagar". Mas, se não contribui para o INSS ou não tem recursos para pagar um plano de saúde suplementar – deve ser prioritariamente atendido. Que consequências essa mentalidade, que, aliás, não me parece um simples resultado da aliança da ciência com o capitalismo, acarreta para o exercício da psicanálise aplicada no campo da saúde? Estamos livres dos efeitos ideológicos sobre a ética do psicanalista? Como o discurso dos analistas tem se posicionado diante destas consequências do sonho político: "não pode haver satisfação de ninguém fora da satisfação de todos"? Nosso discurso está preparado para reconhecer nessa ideologia os efeitos da dita aliança entre o capitalismo e a ciência para desresponsabilizar o sujeito?

Referências

BRASIL. (1990). Lei nº 8.080 de 19 de setembro de 1990. Dispõe sobre as condições para a promoção, proteção e recuperação da saúde, a organização e o funcionamento dos serviços correspondentes e dá outras providências. *Diário Oficial da União.* Brasília, DF, 20 set 1990, p. 18055.

COELHO DOS SANTOS, T. (2001). *Quem precisa de análise hoje?* Rio de Janeiro: Bertrand Brasil.

———. (2003). "Novas subjetividades ou novos sintomas?". In: PINHEIRO, T. (org.) *Psicanálise e formas contemporâneas de subjetivação.* Rio de Janeiro: Contracapa, p. 43-60.

———. (2005). "A prática lacaniana na civilização sem bússola". In: COELHO DOS SANTOS, T. (org.). *Efeitos terapêuticos na psicanálise aplicada.* Rio de Janeiro: Contracapa, p. 61-92.

———. (2006). "Se todo gordo é feliz, a obesidade é um sintoma ou uma solução?". In: BASTOS, A. (org.). *Psicanalisar hoje.* Rio de Janeiro: Contracapa, p. 191-204.

———. (2008). "Uma leitura politicamente incorreta da subjetividade do brasileiro". In: COELHO DOS SANTOS, T. *et al.* (orgs.) *A cabeça do brasileiro no divã.* Rio de Janeiro: Sephora, p. 15-34.

CONSELHO FEDERAL DE MEDICINA. (2007). *A saúde dos médicos do Brasil.* Brasília: Conselho Federal de Medicina.

FERRAZ, O. L. M. (2007). "Justiça distributiva para formigas e cigarras". *Revista Novos Estudos CEBRAP*, v. 77. Disponível em: <http://www.novosestudos.uol.com.br>. Acesso em: 01 out. 2013.

FERRAZ, O. L. M. & VIEIRA, F. S. (2009). "Direito à saúde, recursos escassos e equidade: os riscos da interpretação judicial dominante". *Dados online*, v. 52, n. 1. Disponível em: <http://www.scielo.br/scielo/>. Acesso em: 03 nov. 2013.

FORTES, P. A. C. (2010). "Bioeticistas e a priorização de recursos de saúde no sistema público de saúde brasileiro". *Revista Bioética*, v. 2, n. 18. Disponível em: <http://revistabioetica.cfm.org.br/index.php/revista_bioetica/article/view/573>. Acesso em: 05 out. 2013.

FREUD, S. (1986). *Obras completas.* Buenos Aires: Amorrortu editores.

(1908). "La moral sexual 'cultural' y la nerviosidad moderna". v. IX, p. 159-182.

FOUCAULT, M. (1984). *História da sexualidade, v. III, O cuidado de si*. Rio de Janeiro: Graal.

LACAN, J. (1959-1960/1988). *O seminário, livro 7: a ética da psicanálise*. Rio de Janeiro: Jorge Zahar.

————. (1967-1968/1992). *O seminário, livro 17: o avesso da psicanálise.* Rio de Janeiro: Jorge Zahar.

MALTHUS, T. (1998). *An essay on the principle of population*. Amherst, NY: Prometheus.

MILLER, J.-A. (1998). "O sintoma como aparelho". In: *O sintoma charlatão.* Textos reunidos pela Fundação do Campo Freudiano. Rio de Janeiro: Jorge Zahar, p. 9-21.

————. (2004). "A era do homem sem qualidades". *Revista aSephallus*, n. 1. Disponível em: <www.nucleosephora.com/asephallus>. Acesso em: 10 fev. 2012.

PEDROSA, C. (2013). "Entre a razão e o desejo". *Medicina, Revista de Humanidades Médicas,* n. 1. Publicação do Conselho Federal de Medicina. Disponível em: <www.portalmedico.org.br>. Acesso em: 13 set. 2013.

RODRIGUES, A.; CAMPOS, E. P. & PARDINI, F. (2006). "O Burnout no exercício profissional da medicina". In: MELLO FILHO, J. (org.). *Identidade médica*. São Paulo: Casa do Psicólogo, p. 315-369.

SCHWARTZMAN, S. (2004). *As causas da pobreza*. Rio de Janeiro: FGV.

SENADO FEDERAL (2007). *Constituição da República Federativa do Brasil: Texto constitucional promulgado em 5 de outubro de 1988, com as alterações adotadas pelas Emendas Constitucionais nº 1/1992 a nº 53/2006*. Brasília, Senado Federal/Subsecretaria de Edições Técnicas.

VILLAS-BÔAS, M. E. (2010). "Justiça distributiva, critérios de alocação de recursos escassos em saúde e suas críticas". *Revista de bioética/UNESCO*, ano 1, v. 1, n. 2. Disponível em: <http://revista.redbioeticaunesco.org>. Acesso em: 10 set. 2013.

Ateliê lúdico e expressivo com crianças em acolhimento institucional

Sônia Elisabete Altoé
Fernanda Hermínia Oliveira Souza
Tatiana Borsoi
Denise Martins da Luz

Resumo

Este trabalho apresenta e delineia a orientação teórica de um *Ateliê Lúdico e Expressivo* com crianças que se encontram sob medida protetiva, vivendo em um Centro de Acolhimento Municipal. É realizado no SPA/UERJ, por uma professora e seus alunos desde 2012. O ateliê visa a propiciar um lugar de acolhimento às crianças, suas angústias, tristezas, conflitos e agressividade, buscando favorecer a capacidade do brincar e a experiência criativa. Ele se organiza a partir da expressão e do imaginário da criança. Elas podem falar, desenhar, brincar, no seu ritmo e segundo suas escolhas.

Palavras- chave: ateliê lúdico e expressivo; crianças; brincar.

Abstract

Playful and expressive atelier with children living in shelters

This paper presents and outlines the theoretical framework of a Playful and Expressive Atelier, with children who are under protective measure, living in a public shelter. It has been carried out at the SPA/UERJ by a teacher and her students, since 2012. The atelier aims to provide a welcoming place to hold the children, their anguish, sorrow, conflict and aggression, seeking to promote the ability of playing and the creative experience. It is organized according to the children's expression and the imaginary realm. The children can talk, draw, play at their own time and according to their choices.

Key-words: playful and expressive atelier; children; playing.

Este trabalho apresenta e delineia a orientação teórica do que denominamos de *Ateliê Lúdico e Expressivo* com crianças de 4 a 7 anos e de 7 a 10 anos, meninos e meninas, de um Centro de Acolhimento Municipal, sendo realizado no Serviço de Psicologia Aplicada (SPA) do Instituto de Psicologia (IP) da Universidade do Estado do Rio de Janeiro (UERJ). O ateliê se iniciou, em setembro de 2012, com as crianças menores, e em abril de 2013, com as maiores. É semanal, com duração de 90 minutos. Trata-se de uma experiência ainda recente, na qual se busca oferecer um espaço lúdico e expressivo para crianças separadas de seus pais e que moram num Centro de Acolhimento Municipal enquanto aguardam a decisão da Justiça para voltar para o convívio de seus familiares, ir para uma família acolhedora, ou ainda, para uma família substituta (adoção). Elas se encontram sob medida protetiva devido à situação de rua, aos maus-tratos, à negligência, ao uso de drogas ou prisão dos pais, ou ainda, a laços familiares frágeis ou inexistentes. Em geral, a família encontra-se em grandes dificuldades financeiras e/ou de relacionamento e não conta com o apoio da rede de proteção à infância e adolescência, que o Estado deve assegurar, conforme o Estatuto da Criança e do Adolescente (1990).

É importante levar em conta que essa atividade – o ateliê – tem também outro objetivo, uma vez que ocorre dentro de uma universidade estadual: faz parte da iniciação à formação profissional para os alunos de graduação em psicologia e da pós-graduação – lato-sensu (Curso de Especialização em Psicologia Jurídica) e stricto-sensu (Programa de Psicanálise). Conta com a presença de uma professora pesquisadora e supervisora do SPA/IP/UERJ.

A proposta desse ateliê é propiciar um lugar de acolhimento às crianças, às suas angústias, tristezas, conflitos e agressividade buscando favorecer a capacidade do brincar e a experiência criativa. A construção e realização desse trabalho tem como fundamentação teórica a psicanálise, sendo dado relevo, inicialmente, aos trabalhos de Donald Winnicott e de Françoise

Dolto. Partimos da teoria do brincar de Winnicott, segundo a qual: "Conseguir que as crianças possam brincar é em si mesmo uma psicoterapia que possui aplicação imediata e universal e inclui o estabelecimento de uma atitude social positiva com respeito ao brincar" (WINNICOTT, 1975, p. 74-75). Seguimos também a recomendação de que é importante a presença e a disponibilidade de pessoas responsáveis. Com Dolto, damos importância aos seus escritos, cujo "propósito" é:

> [...] despertar no público adulto, que vive em contato com crianças, o fato de que todo ser humano é antes de tudo um ser de linguagem. Esta linguagem exprime seu desejo inextinguível de encontrar um outro, semelhante ou diferente dele, e estabelecer com este outro uma comunicação. Que este desejo é inconsciente [...] (DOLTO, 1987, p. 5-6; tradução nossa).

Em termos de experiências anteriores, que nos permitiram criar este projeto, temos a prática profissional da pesquisadora como psicanalista de crianças, sua larga experiência no campo da pesquisa e seu conhecimento de práticas institucionais baseadas na psicanálise. Em especial, consideramos a proposta de ateliê feita pelo I.R.A.E.C.[1] com crianças que vivem com seus pais (IRAEC, 1992; DE GANDT-GAULIARD, 2013). O ateliê se organiza a partir da expressão e do imaginário da criança. Cada criança brinca no seu ritmo e segundo suas escolhas. Brincando ela exprime algo que não pode ainda ser dito de outra forma ou em outro lugar e que pode estar ligado a uma dificuldade relacional, às situações traumáticas vividas, à separação da família. Elas são recebidas em grupo, ocasião para se relacionar com outras crianças e se beneficiar de uma escuta do psicanalista.

Levando em conta o acima exposto, e atentos às diferenças de nosso contexto social e institucional, o trabalho teve início após uma visita ao Centro de Acolhimento, situado próximo à universidade, com o qual já tínhamos uma parceria de atendimento clínico individual às crianças e adolescentes desde 2006. O projeto do ateliê foi apresentado à equipe

---

[1] I.R.A.E.C. L'Institut de Recherche Appliquée pour l'Enfant et le Couple, criado em 1976, Paris, França.

e avaliado com eles para quais crianças, em termos de faixa etária, seria mais importante oferecê-lo. As crianças de 4 a 7 anos foram escolhidas, considerando que, além da escola, dispunham de poucas atividades e havia muitos conflitos e agressões entre elas no cotidiano institucional. Quanto às suas características, considerando que nossa investigação[2] leva em conta os efeitos que a separação abrupta dos pais e o acolhimento institucional causam às crianças, decidimos receber aquelas que passam por dificuldades reativas à situação que estão vivendo e que não fossem afetadas por alguma dificuldade emocional grave e anterior ao acolhimento institucional.

Em pesquisas anteriores, levamos em conta estudos feitos, desde os anos de 1950, por diversos psicanalistas, como M. Klein, F. Dolto, D. Winnicott, J. Aubry, para citar alguns, e observamos também o sofrimento da criança que vive rupturas abruptas e separações de seus pais (ALTOÉ, 2014; ALTOÉ, SILVA & PINHEIRO, 2011; ALTOÉ & MILENE, 2011). Esta pesquisa, que implica numa proposta de um trabalho lúdico, expressivo e também clínico, busca lidar com o sofrimento de cada criança que se encontra na situação de acolhimento institucional. Essa atividade não se propõe a ser um grupo terapêutico com crianças (PRIVAT & QUÉLIN-SOULIGOUX, 2005). Há, entretanto, efeitos de grupo, próprios ao fato da institucionalização (por exemplo, a mobilização de todos ou de alguns, quando uma criança volta para seus pais), que levamos em conta, mas que não será objeto de reflexão neste artigo. Nosso trabalho também não se configura como um ateliê terapêutico, mas consideramos que a escuta analítica tem seus efeitos terapêuticos.

Antes da entrada no ateliê, a criança é recebida pela professora, para conhecê-la, situar o que se passa com ela, observar suas dificuldades e convidá-la para participar do ateliê. Não buscamos fazer um diagnóstico. Mas, frente à observação de casos que consideramos graves, orientamos que sejam encaminhadas para um atendimento individual. O pedido de entrevista nos é feito pelos assistentes sociais e psicólogos do Centro de Acolhimento. Em reunião, na universidade, eles nos falam sobre as crianças, seus pais, motivos do acolhimento e perspectivas de encaminhamento.

---

[2] ALTOÉ, S. "Equipamentos sociais, universidade e psicanálise – acolhimento de crianças e adolescentes e a (re)construção de histórias e filiações". Prociência 2010/2014.

Esses encontros são ricos e permitem uma troca muito interessante com a equipe. Buscamos receber aquelas que têm como tempo provável de permanência seis meses ou mais para evitar uma grande rotatividade no ateliê.

Uma dificuldade que se apresenta, com maior ou menor intensidade, ligada ao Centro de Acolhimento, é de ordem organizacional. Por exemplo: chegar no horário marcado, confusão quanto ao dia, regularidade na vinda de todas as crianças ou a troca de uma das participantes. Esse trabalho requer uma insistência de nossa parte para que tenha continuidade; telefonamos com frequência para contornar e resolver esses problemas. Esse estabelecimento é de grande porte, pois acolhe mais de cem crianças; são muitos os adultos que ali trabalham e o rodízio dos educadores e a troca de técnicos são fatores que dificultam a comunicação. Outra questão referente à instituição em pauta é a saída abrupta das crianças do ateliê devido ao seu desligamento frente a uma decisão do Juiz da Infância, da Juventude e do Idoso. Quando conseguimos ser informados sobre a possibilidade de desligamento, conversamos com a criança e observamos que isto é produtivo, permitindo que possa expressar seu contentamento com a possibilidade da volta para casa ou novo encaminhamento, e suas brincadeiras ganham novo vigor e maior expressão.

Na sala onde realizamos o ateliê colocamos à disposição das crianças materiais e diversos brinquedos, tais como: papel, lápis, revistas, cola, tesoura, massinha; bonecos (bebês de plástico e família de pano), soldadinhos, cubos de construção, animais de plástico e de pelúcia, uma casinha de tecido com porta e janela, duas casinhas pequenas de madeira com mobília, mesa de passar roupa, penteadeira, carrinhos, material de cozinha, vassoura, rodo, tapete de letras que monta e desmonta, quebra-cabeça, dominó, jogo de memória, livros infantis. Compõem a mobília: uma mesa grande, duas mesas menores com gavetas e chaves, cadeiras, sofá, um espelho e um armário onde guardamos o material (pois a sala não é de nosso uso exclusivo). Em um quadro escrevemos o nome das crianças e dos adultos presentes.

Iniciamos as atividades fazendo uma roda de mãos dadas, crianças e adultos; em geral, temos de quatro a seis crianças e quatro adultos. Nessa roda é lembrado que no ateliê se pode brincar de "faz de conta" e falar à vontade, mas tem uma proibição: machucar a si próprio e aos outros. Essa roda foi pensada depois dos primeiros encontros para marcar o início (quando fazemos a apresentação de uma criança) e o fim do ateliê (quando nos despedimos e renovamos o dia do encontro seguinte ou repetimos a informação de modificações que podem ocorrer)[3].

Para mostrar o desenrolar do ateliê e algumas características das crianças optamos por escrever sobre uma delas. U[4], um menino de cinco anos, iniciou sua participação no ateliê em outubro de 2012, permanecendo por nove meses. Vejamos, a seguir, alguns dados fornecidos pela assistente social: U tem três irmãos e todos foram acolhidos, em meados de 2012, pelo Conselho Tutelar, por motivo de negligência; quando U foi abrigado não sabia seu nome, respondia por um apelido; a mãe usava a casa como ponto de consumo de drogas e prostituição, cobrando para isso; as crianças presenciavam o que acontecia; foram encontradas na "cracolândia" de Pavuna, em condições insalubres; os pais são usuários de drogas, o pai envolvido com tráfico e ambos já foram presos; numa primeira visita que fizeram aos filhos no Centro de Acolhimento, todos ficaram muito emocionados, mostrando forte relação afetiva entre eles.

No ateliê, U chega sempre receptivo e contente. Tem certa dificuldade na fala, é afetuoso, busca contato físico, é inquieto, atento ao que se passa a seu redor e, por alguns meses, demonstrou muita dificuldade para brincar. No final do ateliê, tentava sempre levar um brinquedo escondido, mas devolvia quando lhe era pedido, sem maior resistência.

Com frequência, ao entrar, U pegava algum brinquedo e em seguida o largava. Às vezes, jogava os brinquedos nos colegas, nas paredes, para o alto. Ou ainda, segurava um brinquedo na mão por muito tempo, sem brincar com ele. Observava as crianças brincarem com certa admiração. Frequentemente tentava se incluir na brincadeira de outros colegas, ora sendo rechaçado, ora destruindo a brincadeira deles. Essa atitude parecia ocorrer por ele não saber como brincar ou interagir. Quando rechaçado,

---

3 Esse pequeno ritual foi inspirado em algo semelhante que a pesquisadora teve a oportunidade de presenciar na Escola de Bonneuil (França), em 1994. Objetiva sinalizar para as crianças que o espaço é mais livre do que o da vida rotineira e tem começo e final.

4 As letras para nos referirmos às crianças são de nomes fictícios.

saía rindo muitas vezes, parecendo se divertir no papel daquele que perturba. Tais fatos eram recorrentes.

> G (menina de cinco anos), ao montar o tapete de letras, delimitou um espaço onde colocou primeiro as panelinhas e depois alguns bonequinhos. Algumas vezes U, que estava disperso, pegando e largando alguns brinquedos, tentou pegar peças do tapete; G reagiu com agressividade e U revidou. Depois disso, U, por vezes, aproximava-se e chutava os brinquedos.

Nas ocasiões em que nós intervínhamos propondo uma atividade, U mostrava dificuldade em permanecer nela, ficando com o olhar perdido na brincadeira de outras crianças. Inicialmente não tentava apenas imitar, mas parecia querer executar exatamente o que o colega fazia. Com o tempo, começou a imitá-los permanecendo afastado deles, sem destruir o que estavam fazendo, passando inclusive a retomar a mesma brincadeira no encontro seguinte. Observamos isso após alguns encontros, quando U iniciou, sozinho, uma brincadeira com as panelinhas e, contente, oferecia o que havia feito. Entretanto, tinha muita dificuldade de imaginar o que poderia estar cozinhando. Depois de alguns meses já conseguia inventar suas próprias brincadeiras como podemos ver a seguir:

> U pegou dois bonequinhos (criança) e fez que estavam se beijando, pressionando o rosto um contra o outro. Em seguida, os bonecos começaram a se bater e U falou: "Não me bate irmão, não me bate!". Tatiana (T) perguntou: "O que está acontecendo?". U: "Ele é irmão dela e ele está batendo nela". Logo largou os bonecos e pegou dois adultos: um homem e a vovó. Começou a fazer barulhos de pancadaria e encenava uma agressão com os bonecos. T perguntou o que estava acontecendo. U: "Ele está batendo nela!". T: "Por quê?" U: "Porque ele tirou a roupa dela". E levantando a saia da boneca, completou: "Eles estão namorando". Largou então esses bonecos, pegou outros dois que também se bateram, fazendo barulhos de agressão, disse "Ele bateu nela também" e se afastou dali.

No encontro seguinte, U fala sobre agressões sofridas por ele por parte de sua mãe:

> U desenhava na mesa maior com Fernanda (F). Em certo momento U se coloca debaixo da mesa e começa a chutar a mesma por baixo. F pergunta se ele quer desenhar ali embaixo, ele diz que sim. Ela lhe oferece uma folha e canetas. U desenha e fala sobre sua mãe e as agressões que esta lhe fazia. E desenhou em sua bermuda, com caneta vermelha, dizendo que era "sangue".

Atitudes agressivas com os colegas ocorreram muitas vezes, em especial quando queriam de volta o brinquedo que U havia retirado da brincadeira deles. Por vezes, apenas pelo fato de uma criança passar perto, ele reagia com agressividade, mas nunca com os adultos.

> G estava brincando de recortar e colar com Sonia (S). U se dirige à mesa onde elas estavam e tenta tirar uma folha da mão de G. Depois pega outra folha e diz: "Que lindo"! Mas G pega a folha da mão dele. Ele fica muito zangado, irritado, deita no chão, roda em círculos, chuta a mesa, a cadeira, tira a sandália, chora desconsolado, depois fica prostrado, inerte, no chão durante um tempo, chegando quase a dormir. Ele demorou a se refazer apesar de nossas tentativas de aproximação e palavras que pudessem ser de algum consolo ou de algum sentido ao acontecido.

Era frequente que U, diante de uma contrariedade ou frustração, se mostrasse muito irritado, agressivo, tendo, às vezes, dificuldade de se refazer e dar continuidade à brincadeira, como vimos no exemplo acima. Tal comportamento foi diminuindo com o decorrer dos encontros. Outra atitude que ele apresentou foi a de ser desafiador, por exemplo subindo na cadeira, correndo o risco de cair e se machucar.

Até o desligamento de U, quando da volta para a família, muitas coisas aconteceram. Vejamos mais duas situações significativas sobre sua família que lhe foi possível expressar depois de alguns meses no ateliê:

> U brincava com a família (de pano) no sofá, ao lado de Sônia (S). Ele colocou todos os bonecos deitados no sofá e pegou dois (avó e a mãe) e jogou na caixa de papel que estava no chão. S, achando que os bonecos tinham caído, colocou-os junto aos outros. U, então, jogou-os de novo dizendo: "Eles foram embora". S: "O que está acontecendo?". U: "Eles estão dormindo". S: "São os filhos e o pai? Tem adulto?". Apontando para a caixa U disse: "A avó morreu, olha lá! A avó morreu e a mãe a polícia levou". S: "Por que a polícia levou a mãe?". U: "Porque ela estava morrendo de fome". Continuou: "Aí eles (os outros) ficaram sozinhos".
>
> U colou um recorte de revista em uma folha branca e pediu a Tatiana (T) que ali escrevesse o seu nome e de seus três irmãos. Em seguida ele colou quatro figuras na folha mostrando que era uma para cada um deles. Numa delas tinha um menino e um homem, que ele disse ser ele e seu pai. Em outra figura disse que era ele, sua irmã, seu pai e sua mãe. E numa terceira, em que havia meninos, ele disse que eram seus irmãos. U se referiu a sua família de um jeito tímido e quando terminou de nomear as pessoas parecia estar envergonhado, escondendo o seu rosto com as mãos. T disse-lhe algumas palavras mostrando que estava contente de vê-lo nomear sua família.

Para resumir e finalizar, podemos dizer que, apesar da dificuldade no brincar, U expressou seus conflitos através dos bonecos, nas brigas entre os bichos, contando, mesmo que com certa dificuldade, o que se passava quando perguntado. Certa vez disse claramente que não queria voltar para sua casa. Mas apreciava a visita do tio materno. Quando tivemos a informação de que iria morar com o tio e a avó materna, conversamos com ele a respeito e ele parecia gostar dessa possibilidade. Pouco tempo depois, num dia de ateliê em que ele não veio, fomos informados que U estava indo embora do Centro de Acolhimento naquela tarde. Conseguimos ainda falar com ele pelo celular de uma educadora responsável pelo seu grupo. Pela sua voz, parecia muito alegre por estar saindo com os irmãos para a nova moradia e de poder se despedir dos colegas e da nossa equipe.

"Ter em conta, dizia Winnicott, 'a dignidade do individuo' e 'desembaraçá-lo da obrigação de gritar por socorro'" (VANIER, 2010, p. 381), podemos dizer que faz parte do trabalho com as crianças no ateliê. Talvez possamos ser mais modestos e dizer que oferecemos a elas, sobretudo, a possibilidade de expressar, no brincar e pela palavra, seu pedido de socorro e as situações muito difíceis ou traumáticas que viveram, considerando, com Winnicott (1975), que o brincar em si é terapêutico.

Quanto à orientação teórica, começamos nossos estudos com autores que trabalharam com crianças e que nos trazem uma grande contribuição nesse árduo início. Neste primeiro artigo, buscamos, sobretudo, começar um debate mais amplo, expondo o que estamos fazendo e levantando questões sobre a possibilidade da clínica institucional e social, que alguns autores discutem como sendo o "lugar do psicanalista na cidade" (cf. DE GANDT-GAULIARD, 2013).

REFERÊNCIAS

ALTOÉ, S. (2014). *Infâncias perdidas: o cotidiano nos internatos-prisão*. Rio de Janeiro: Revinter.

ALTOÉ, S.; SILVA, M. & PINHEIRO, B. S. (2011). "A inconstância dos laços afetivos na vida das crianças e adolescentes abrigados". In: *Revista Psicologia Política*. São Paulo, v. 11, n. 21, jun. 2011. Disponível em: <http://pepsic.bvsalud.org/scielo.php?script=sci_arttext&pid=S1519-549X2011000100009&lng=pt&nrm=isso>. Acesso em: 14 ago. 2013.

ALTOÉ, S. & MILENE, M. (2011). "Algumas questões da clínica com crianças e adolescentes". In: CALDAS, H. & ALTOÉ, S. (orgs.). *Psicanálise, universidade e sociedade*. Rio de Janeiro: Cia de Freud, p. 249-266.

DE GANDT-GAULIARD (2013). "Avant-propos". In: DE GANDT-GAULIAR, F. & TURCANU, R. *Freud s'invite dans les lieux d`accueil parents-enfants*. Toulouse: Érès, p. 17-24.

DOLTO, F. (1987). *Tout est langage*. Paris: Vertiges du Nord/Carrere.

IRAEC. (1992). *Entrez donc, des psychanalystes accueillent*. Paris: ESF.

PRIVAT, P. & QUÉLIN-SOULIGOUX, D. (2005). *Travailler avec les groupes d`enfants – aproche thérapeutique*. Paris: Dunod.

VANIER, C. (2010). Winnicott avec Lacan: la dignité de l'individu. In: VANIER, C. & VANIER, A. *Winnicott avec Lacan*. Paris: Hermann Psychanalyse, p. 377-381.

WINNICOTT, D. W. (1975). *O brincar e a realidade.* Coleção Psicologia Psicanalítica. Rio de Janeiro: Imago.

Seção 3

O público e o privado na psicanálise

BIN TRAVERLER FORM

Cut By: Yorimar 11 Qty 32 Date 9-29-26

Scanned By: ____________ Qty ______ Date ______

Scanned Batch ID's

______ ______ ______

Notes / Exceptions

____

O VALOR DE a E A POLÍTICA DA PSICANÁLISE NO CAMPO PÚBLICO

Sonia Alberti

RESUMO

Partindo do que ensina Lacan em seu Seminário sobre a possibilidade de medir a eficácia da psicanálise em função do valor de *a* que ela comporta, pergunto: que orientação podemos sustentar na articulação da psicanálise quando ela se insere entre saúde e Estado, o qual, por definição, crê no progresso que vai na contramão daquela eficácia? Sem responder à questão, o texto levanta algumas orientações.

Palavras-chave: Psicanálise e Estado; valor; significante; tropeço.

ABSTRACT

The value of *a* and the politics of psychoanalysis in the public field

This chapter begins with Lacan's observation in his Seminar, on the possibility of measuring the effectiveness of psychoanalysis in relation to the value of *a* which it sustains. The guiding question is: What orientation can possibly be supported in the moment we face the articulation of psychoanalysis when it falls between health and State which, by definition, believes in progress, thus going against that effectiveness? Without answering the question, the text raises some guidelines.

Key-words: Psychoanalysis and State; value; signifier; blunder.

A partir de pesquisa realizada em instituições psicanalíticas, apresentarei duas formas de compreender "saúde mental e Estado", observando a questão: que orientação psicanalítica pode haver, quando a psicanálise se insere entre saúde e Estado, senão, com Freud, a de que não há clínica sem teoria? Na orientação que sustento, o trinômio ética, teoria e clínica se especificam a partir da relação que mantêm com o objeto *a*, de tal modo que a eficácia da própria psicanálise se mede em função do valor de *a* que ela comporta. Tal valor está referido na lição de 14 de dezembro de 1976 do Seminário de Lacan e é com ele que aqui articulo a eficácia da psicanálise no contexto da psicanálise nas políticas públicas em saúde mental, na contramão de uma eficácia que vise a quantificação de atendimentos e a verificação estatística dos serviços que o Estado pode propor. É preciso identificar a importância do psicanalista para fazer valer o sujeito no Estado, o que aquele só pode engendrar levando em conta o trinômio em questão, a partir do que se exerce em ato, em posição necessariamente êxtima, como queria Lacan, extraterritorial, como queria Freud e, ao mesmo tempo, tão necessariamente acordada com a lida com os discursos.

Valor de a, lição de 14 de dezembro de 1976 do Seminário de Lacan

Na sessão de 14 de dezembro de 1976 de seu Seminário, Lacan (1976-1977) retoma sua crítica sobre a noção do todo e observa: só haveria duas maneiras para referi-lo: ou perfurado (*criblé*, no original), e/ou pedaço a pedaço. Estamos mais habituados a pensá-lo furado, essa noção do todo como pedaço a pedaço nos é menos evidente. Com efeito, é de Marx que ele a articula. No primeiro capítulo de *O capital*, Marx (1867/1969, p. 17) diz que o valor da mercadoria só se estabelece no momento em que é possível traçar uma equivalência entre as mercadorias a partir de uma abstração que possa lhes ser comum, da mesma forma como só é possível medir e comparar as superfícies de todas as figuras retilíneas, ou seja, os planos, se os compusermos em triângulos, unidades de valor que permitem, então, fazer os cálculos das superfícies. Por exemplo: quando um agrimensor quer calcular um terreno, ele o comporá em triângulos, cujos tamanhos dependem dos acidentes do terreno. Quanto mais acidentado, menores serão os triângulos, de maneira que cada triângulo cubra uma extensão a mais plana possível. Os triângulos serão as unidades de valor que permitirão calcular o todo do terreno apesar dos diferentes níveis, seus acidentes geográficos maiores ou menores. Os triângulos são as unidades de valor, a abstração que permite o cálculo. A teoria objetiva do valor, que visa encontrar um critério objetivo, válido para todo cálculo, e que permitiria determinar o que fundamenta o valor de toda e qualquer coisa, responde à exigência de Nicholas Barbon (1666), citado por Marx: "não há qualquer diferença, nenhuma distinção entre as coisas para as quais esse valor é o mesmo" (*apud* MARX, 1867/1969)[1]. Então: não há nenhuma diferença entre martelos e cds, **se** uma unidade de valor permite uma abstração que os faça equivaler, por exemplo: 2 martelos = X = 1 CD. Uma unidade é semelhante à outra e a única diferença, diz Lacan nesse Seminário, é que o mesmo seja o mesmo materialmente – materialmente, um martelo é diferente de um CD. E completa: "a noção de matéria é fundamental por fundar o mesmo. Tudo que não seja fundamentado na matéria é uma escroqueria material-não-mente" (LACAN, 1976-1977).

Com isso, Lacan introduz em seu ensino um novo parâmetro: de um lado, a matéria que não mente, e que é a própria substância do corpo, *corpsistência*. De outro lado, um significante que, apesar de não haver nada de mais único, é limitado no entanto por ser semelhante a um outro significante, retornando ao valor, à troca, tal as mercadorias observadas por Marx. Signo do todo, porque, ao ser equivalido a outro significante, abre a possibilidade de troca. No contexto, haverá troca, mas não haverá materialidade.

Então Lacan diz: "O que vale no homem é que ele pensa, há somente isso de válido, mas isso que vale submete o valor de uso ao de troca" (LACAN, 1976-1977). O que o homem diz quando pensa ou porque pensa, e que indicaria o uso que pode fazer da bateria significante à qual está submetido porque ela constitui o Outro, fica exclusivamente submetido ao

1 Essa citação de Barbon trabalhada por Marx, a que se refere Lacan, encontra-se na Seção 1, Capítulo 1, de *O capital*, de Karl Marx (1867/1969).

valor de troca, porque um significante equivale a outro. E é isso o que se identifica no campo da saúde quando se trata desse campo no discurso do Estado. Os diagnósticos equivalem aos sujeitos: os autistas – e suas manifestações arroladas em listas; os toxicômanos – nem mesmo considerando as diferenças estruturais entre neurose e psicose; os *cracudos*... e suas ações que se contrapõem à ordem e à decência. Nenhuma dessas nomenclaturas permite vislumbrar as emergências subjetivas, as maneiras como cada sujeito aí se vira porque não há espaço para o valor de uso, o uso que cada um faz do sintoma.

A unidade de valor, a abstração que permite medir e comparar mercadorias é dependente de todo cálculo que Marx analisa em seu *Capital* e que leva em conta não apenas o preço da fabricação da mercadoria, desde a matéria bruta com a qual é feita, até a mão de obra, como também isso que Marx conceitua, a mais-valia.

Só que esse isso – que em outro contexto Lacan identifica com o nadica de nada (**um** *rien*) de Pascal (LACAN, 1968-1969/2006, p. 118) – não é propriamente quantificável, é um tropeço, *une bévue*, equívoco com o qual Lacan se refere nesse seminário ao Inconsciente real. "*Une-bévue* [Um tropeço] é o que se troca apesar de isso não valer a unidade em questão" (LACAN, 1976-1977, lição de 14 de dezembro de 1976), é o significante, diz Lacan, mas em sua materialidade, a *moterialité*, como equivoca com o significante francês *mot*, palavra, por não ser mensurável. E se o todo é o que se mede com a noção de um valor que seja comum, a abstração que permite a troca, e se, por sua vez, a diferença do mesmo é dada pela materialidade, então, por não poder ser mensurável, "um tropeço [*une bévue*] é um 'todo' falso" (LACAN, 1976-1977, lição de 14 de dezembro de 1976), *mot*éria. Como fazê-lo valer no campo em que a psicanálise se articula com o Estado?

UNE BÉVUE, UM TROPEÇO... E O ESTADO

Acho que são antinômicos, um tropeço [*une bévue*] e Estado. São antinômicos porque as leis do Estado democrático, sobretudo, exigem as equivalências: todos iguais perante o Estado. Revindicação, aliás, a que assistimos a todo instante, nas ruas nesse momento. Muitos não se dão conta de que o Estado sempre funcionou dessa maneira, fazendo equivalências. É claro que em épocas anteriores as unidades de valor equivaliam triângulos de forma diferente de hoje, os terrenos eram mais homogêneos, menos acidentados. Daí as "minorias" que nem sempre eram menores na materialidade de suas existências: havia muitos negros, mas valiam menos que os brancos, por exemplo, ou 2 negros = X = 1 branco; 2 brasileiros = X = 1 americano; 2 suburbanos = X = 1 *play boy* de Copacabana; 2 loucos = X = 1/2 homem. Hoje, as diferenças são mais gritantes, os terrenos mais acidentados, o que exige mais triângulos para calcular as equivalências – ou unidades de valor de troca – a alguma coisa que lhes seja comum. Se queremos encontrar uma abstração para estabelecer uma relação de troca, então o todo, "que é apenas uma noção de valor", como diz Lacan, ou seja, "o que vale em seu gênero o mesmo que um outro da mesma espécie de unidade" (LACAN, 1976-1977, lição de 14 de dezembro de 1976), esse todo se faz em grupamentos: os homossexuais; os integrantes dos *black blocks*; os cabeludos (a maioria dos leitores não era ainda nascida quando eles ex-sistiam...). À imagem, mas de outra forma, os grupos identificados pelo discurso capitalista: os deprimidos, os TDAH, os sindicalizados... É como se cada discurso tivesse os seus todos.

Sei que Lacan critica Freud nesse contexto. Mas se o relemos, desde o "Projeto para uma psicologia", Freud (1895/1999, p. 426) é claro: para *das Ding* não há equivalências... a coisa, ela permanece na materialidade de sua ex-sistência, e o sonho tem um umbigo, cuja estrutura Freud (1900/1999, p. 530) não trabalhou mas entreviu[2].

Sei também que Lacan alerta para o fato de que "A psicanálise gira [ou poderá girar] no mesmo círculo [do todo] – *La psychanalyse tourne dans le même rond* –, é a forma moderna da fé, da fé religiosa" (LACAN, 1976-1977, lição de 14 de dezembro de 1976), e que isso a põe em risco

---

[2] Vale aqui retomar o início do parágrafo: mesmo "Nos sonhos mais bem interpretados é frequente precisarmos deixar uma passagem obscura, pois observamos na interpretação que ali há um nó de pensamentos oníricos que não se deixa desembaraçar, mas que tampouco trouxe outras contribuições ao conteúdo do sonho. Esse é então o umbigo do sonho, a passagem em que toca o incognoscível" (FREUD, 1900/1999, p. 530).

porque, no caso, ela se mantém presa no mesmo problema que os outros discursos que se sustentam sempre nas unidades de valor de troca, ela se assemelharia ao que funciona no Estado, não havendo lugar para um tropeço, *une bévue.*

Há alguns anos, em minha pesquisa, pude trabalhar com uma aluna de graduação a articulação da noção de saúde em diferentes entidades psicanalíticas e qual não foi minha surpresa quando descobri que, para uma das entidades cujos responsáveis foram entrevistados, as ações daquela instituição psicanalítica visando uma contribuição para a saúde mental funcionava da seguinte maneira: levavam pessoas com difícil acesso à cultura, como diziam, para museus e exposições, "porque o acesso à cultura promove a saúde" (*sic*). Partiam então do princípio de que essas pessoas não tinham acesso à cultura, o que poderia comprometer a saúde mental delas. Levá-las para museus e exposições era a maneira como esses psicanalistas julgavam poder contrapor-se ao risco, uma forma didática de lhes abrir a via do sentido da cultura. Sem levar em conta possíveis observações sobre o que esses psicanalistas entendem por cultura, creio que aqui é possível identificar claramente como a psicanálise e o Estado podem estar em perfeito uníssono! Levando ao que Lacan teme como triste fim da psicanálise, em 1974 (LACAN, 29/10/1974), ou seja, quando denuncia uma psicanálise que se desenrola sempre na via do sentido. É uma psicanálise que crê no progresso, na contramão do que Lacan observa quando diz não havê-lo, porque "O homem gira em círculos" (LACAN, 1976-1977).

Minha questão então é: na articulação com o Estado, como fazer para ir na contramão desse triste fim?

Se a psicanálise é levada a seu termo, uma psicanálise que se propõe colocar o inconsciente, que está no interior, colocá-lo para fora – o que acontece numa psicanálise, em princípio –, é possível, aposta Lacan, introduzir um corte tal que "no final de uma análise isso possa provocar alguma coisa que se especificaria por uma preferência dada ao inconsciente" (LACAN, 1976-1977), ao inconsciente como tropeço [*une bévue*], ou seja, na materialidade do que se substitui ao saber que se sabe. É essa materialidade que fura as equivalências, fazendo de cada unidade um, a tal diferença de que eu falava. Como poderia o Estado comportá-la? Eis minha pergunta.

Não terei tempo de respondê-la em todos seus desdobramentos com o Lacan desse Seminário... mas não deixa de ser um projeto fazê-lo. Um projeto que atravessa os diferentes cortes dos toros que compõem as equivalências... Tal projeto implicaria tentar identificar a maneira pela qual o Estado lê a saúde e diferenciá-lo de uma leitura que garantiria o lugar à materialidade em questão. Por exemplo: seria possível identificar a tentativa de compreender a loucura do ponto de vista anatômico às equivalências que se constituem no toro do imaginário – o corpo? Compreendê-la do ponto de vista de uma psicologia do íntimo, como se exprimia Canguilhem em 1958 ao retomar Maine de Biran em seu texto "O que é Psicologia?", como constituindo o toro do simbólico? Ou ainda, compreendê-la do ponto de vista fisiológico, ou mesmo neurofisiológico, como constituindo o toro do real?

Na aposta que faz Lacan, de a psicanálise ser o único discurso capaz de furá-lo junto com as artes, ele – o discurso do psicanalista – deve se manter na clandestinidade do Estado? Ou esse mesmo Estado comportaria tal subversão?

Para terminar, gostaria de observar ainda: os psicanalistas precisam saber que, quando homossexuais gritam nas ruas pelos seus direitos, isso é diferente das taxionomias que estabelecem grupos de doentes do pânico, *cracudos* ou TDAH. Os primeiros escandalizam (!) até mesmo os psicanalistas (ainda...); as últimas (as taxionomias) tranquilizam por agruparem artificialmente indivíduos que são assim segregados. Os primeiros se rebelam frente à segregação, as últimas lhe submetem indivíduos! Isso é bem diferente! A diferença está na materialidade: o que mostram os homossexuais que escandalizam ao estamparem nas ruas o sexo antes segregado. De um lado, o desejo, de outro, sua foraclusão. Não foi isso que Lacan já ensinava em 1958-1959/2013 quando observava que o desejo é sua interpretação e quando dizia não haver desejo sem sujeito?

Referências

CANGUILHEM, G. (1958). *O que é psicologia?* Disponível em: <http://posds.idance.com.br/wp-content/uploads/2009/07/que_psicologia.pdf>. Acesso em: 06 abr. 2014.

FREUD, S. (1999). *Gesammelte Werke.* Frankfurt: S. Fischer Verlag.

(1895). "Entwurf einer Psychologie". Nachtragsband, p. 375-488.

(1900). "Die Traumdeutung", v. II/III.

LACAN, J. (1958-1959/2013). *Le séminaire, livre VI: le désir et son intepretation.* Paris: Seuil.

————. (1968-1969/2006). *Le séminaire, livre XVI: d'un Autre à l'autre*. Paris: Seuil.

————. (29/10/1974). *Conférence de presse du docteur Jacques Lacan au Centre culturel français, Rome*. Disponível em: <http://www.campopsicanalitico.com.br/biblioteca/Microsoft%20Word%20-%20la%20troisi%C3%A8me%20int%C3%A9grale.pdf>. Acesso em: 06 abr. 2014.

————. (1976-1977). *Le séminaire, livre XXIV: l'insu que sait d'une bévue c'est la mourre*. Inédito.

MARX, K. (1867/1969). *Das Kapital.* Frankfurt: Ullstein Verlag.

A FUNÇÃO DO OBJETO a NAS ENTRADAS EM ANÁLISE

Rodrigo Lyra Carvalho
Heloisa Caldas

RESUMO

A partir dos desafios impostos pelo trabalho com as toxicomanias, aborda-se seu aspecto paradigmático para a cultura e para a clínica psicanalítica na atualidade. A operação de produção do *sujeito suposto saber*, tomada como desafiadora na toxicomania em função de sua tendência à ruptura com a fantasia, é abordada a partir do conceito lacaniano de objeto *a*. Interroga-se, a partir daí, a importância das operações clínicas em torno do objeto *a* nas entradas em análise, como formas de produzir o *sujeito suposto saber*.

Palavras-chave: entrada em análise; toxicomania; sujeito suposto saber; objeto *a*.

ABSTRACT

The function of the object *a* in the entry into analysis

From the challenges of working with addictions, the authors approach its paradigmatic aspect for culture and psychoanalytic clinical nowadays. The operation of producing the subject supposed to know, taken as challenging the addiction due to its tendency to break with the fantasy, is approached through the lacanian concept of object. Wonders, from there, the importance of clinical operations around the object in the entry into analysis as ways of producing the subject supposed to know.

Key-words: entry into analysis; drug abuse; subject supposed to know; object.

No âmbito da discussão sobre "Psicanálise e Saúde: entre o Estado e o sujeito", título do Simpósio que nos reuniu em outubro de 2013, propomos pensar as filigranas da entrada no tratamento psicanalítico, partindo do trabalho clínico com as toxicomanias que toma, na atualidade, um caráter paradigmático e extrapola os limites daquilo que poderia ser visto como uma classificação sintomática específica ou uma "especialidade" clínica. Essa afirmação pode ser sustentada tanto de um ponto de vista cultural, quanto por um viés propriamente clínico.

Quanto ao aspecto cultural, parte-se do reconhecimento de que, em nossa época, o mundo ocidental exibe, entre suas marcas preponderantes, uma busca incessante e imediata por satisfação, em detrimento de múltiplas referências simbólicas que outrora sustentavam identificações subjetivas, ainda que sempre referidas a modos de encontrar o gozo.

Na avaliação de Jacques-Alain Miller (2012), esse processo vem sendo levado a cabo por "dois fatores históricos, dois discursos: o discurso da ciência e o discurso do capitalismo". Segundo ele, "a dominação combinada dos dois discursos, cada um se apoiando no outro, tem crescido a tal ponto que tem conseguido destruir até os fundamentos mais profundos da tradição".

Sob essa ótica, não é difícil constatar que o modo preponderante de uso da droga em nossos tempos – por mais variados que sejam os fenômenos e as próprias substâncias – tende a se encontrar desarticulado de conteúdos simbólicos consistentes, como ideais ou movimentos de contestação cultural, ritos de passagem, experiências religiosas etc.

É igualmente significativo, quanto a esse aspecto paradigmático da toxicomania, que os grupos sintomáticos de ajuda mútua, que durante um longo tempo organizaram-se primordialmente em torno do problema do consumo de álcool e outras drogas, tenham se tornado atualmente uma prática muitíssimo mais vasta, servindo de modelo para a tendência contemporânea de construir uma identidade justamente em torno de modos de gozo.

São infinitos, nesse sentido, exemplos de "eu sou..." em que as reticências estão preenchidas por diagnósticos psiquiátricos ou etiquetas ainda não absorvidas pela psiquiatria, mas que nomeiam um modo particular de encontrar o excesso inerente à busca constante por satisfação.

São identificações, sem dúvida, mas intensamente preenchidas por uma roupagem imaginária e horizontal, que silencia os aspectos singulares do sofrimento subjetivo ao articulá-lo incessantemente a pequenos ou grandes coletivos que afirmam sofrer "da mesma coisa".

No que diz respeito ao segundo viés mencionado acima, aquele que faria da toxicomania um paradigma do ponto de vista clínico, sua sustentação é menos evidente e constitui o principal objeto deste artigo.

Seu ponto de partida mais amplo é uma das raras indicações lacanianas sobre o problema da toxicomania, indicação que, justamente por esse motivo, é frequentemente citada em trabalhos que tratam desse tema. Lacan afirma: "A droga é o que permite ao sujeito escapar ou romper o casamento com seu pequeno pipi" (LACAN, 1976, p. 268).

Lacan se refere ao falo e, consequentemente, à castração.

O desdobramento clínico dessa observação é muito palpável para qualquer psicanalista que tenha se dedicado ao trabalho com toxicômanos: é extremamente frequente que o gozo em questão, o gozo da droga, consista em um desejo de obter satisfação sem passar pela fantasia e sem percorrer o campo do Outro, entendido aqui não apenas como rede de significantes e sentidos, mas também como o Outro sexo, os parceiros e seus desejos.

Essa ruptura entre o gozo da substância e as coordenadas subjetivas constitui um impasse fundamental quando se considera que a articulação entre sintoma e fantasia é o gesto fundador da psicanálise. A centralidade dessa operação para a psicanálise é assim descrita por Rêgo Barros:

> Ao escrever, em 1895, que os histéricos sofrem de reminiscências, Freud estava oferecendo ao sintoma nada menos do que um estofo histórico. [...] Do presente opaco do sintoma, passa-se a uma temporalidade propriamente histórica, que permite ao sujeito se representar no fluxo do tempo (RÊGO BARROS, 2005, p. 22).

Nesse sentido, o desafio clínico imposto pela toxicomania provoca uma espécie de hipertrofia de uma questão crucial em qualquer psicanálise: a da hiância entre a satisfação produzida pela adição (aí incluídas suas versões mortíferas) e a rede de narrativas, de sentidos, de referências simbólicas e imaginárias que sustentam, no tempo, a dimensão subjetiva.

A intenção, portanto, não é articular ao fenômeno da toxicomania qualquer tipo de especificidade radical do dispositivo ou do discurso analíticos, mas sim apostar que a lida com essa clínica nos permitiu e, mais que isso, nos exigiu sublinhar, destacar, amplificar um aspecto permanente da psicanálise, que parece crucial em nossos dias.

Essa postura se sustenta no alerta lacaniano de que "não existem duas classes de seres falantes, os que se governam segundo o princípio de prazer e o princípio de realidade e aqueles que estão além do princípio de prazer, sobretudo porque, clinicamente, eles são exatamente os mesmos" (LACAN, 1971/2011, p. 27). Dessa forma, não cabe pensar na clínica da toxicomania apenas na perspectiva de uma clínica do excesso.

Saber

Se a toxicomania é paradigmática de uma dificuldade, é justamente porque a psicanálise comporta inegavelmente uma incitação ao saber (LACAN, 1968-1969/2008, p. 333). O gesto inaugural de Freud não se restringiu a destacar o papel da sexualidade na vida humana, mas foi além, ao atribuir a essa sexualidade a possibilidade de intervir no corpo e no psiquismo através de uma conexão com o discurso. São incontáveis, na obra de Freud, as passagens em que a articulação entre a pulsão e as produções discursivas é defendida e demonstrada.

A mais paradigmática tradução clínica da aposta psicanalítica de tocar a pulsão através do discurso é a *associação livre*. A disposição para falar a partir dos seus sintomas, mas não necessariamente sobre eles, da forma mais solta possível, foi, para Freud, uma condição fundamental para a entrada em análise. Nas fraturas do discurso, nas surpresas, nos lapsos, o analista espera tocar na dimensão da verdade habitualmente velada pela "amarração" mais firme do discurso cotidiano e pelo desenho habitual que o sujeito traz de sua própria identidade.

Lacan destaca que, por trás desse convite, o analista sustenta justamente uma crença de que existe no discurso um sentido para o excesso pulsional que alimenta os sintomas de um sujeito. A postura tradicional do analista no início da análise é assim descrita por ele: "Digam vocês o que disserem, existe o Outro, o Outro que sabe o que isso quer dizer" (LACAN, 1969/2008, p. 333). Um Lacan otimista chega a afirmar, quanto ao neurótico, que "no início da experiência analítica, não temos nenhuma dificuldade para incitá-lo a confiar nesse Outro como o lugar em que o saber se institui" (LACAN, 1969/2008, p. 333).

Nessa mesma linha, Lacan afirma, em 1958: "A direção do tratamento consiste, em primeiro lugar, em fazer com que o sujeito se aplique à regra analítica. [...] Digamos apenas que, ao reduzi-lo [o paciente] à sua verdade, esse tempo consiste em fazer o paciente esquecer que se trata apenas de palavras" (LACAN, 1958/1998, p. 592).

Uma certa função do saber

Essa vertente da crença nos sentidos do Outro, contudo, não é unívoca, nem em Freud, nem em Lacan, justamente porque a condição da psicanálise é, como afirma Lacan, "fazer entrar em jogo uma certa função do saber" (LACAN, 1971/2011, p. 21), e a referência dessa "certa função" não são as verdades primordiais e recalcadas.

Digamos que entre o sofrimento subjetivo que leva um sujeito à análise e a efetiva materialização de uma "suposição de saber" capaz de singularizar o sofrimento em questão há um intervalo, e a forma de operar com esse intervalo, de atravessá-lo sem apagá-lo, é o que garante o rigor da prática psicanalítica.

Em função disso, na obra freudiana e no ensino lacaniano, a questão da entrada em análise jamais se reduziu ao simples convite à associação livre, ou seja, à "aplicação da regra analítica". Dito de outro modo, nunca foi necessário, ou ao menos nunca foi suficiente contar com uma crença *a priori* do sujeito de que seus sintomas guardavam um sentido, ou que valia a pena submeter-se com confiança ao *método* analítico.

A produção daquilo que Lacan chamou de *sujeito suposto saber* exige do analista mais que a sustentação de uma crença no sentido dos sintomas. Coloca-se em questão, desse modo, o estatuto desse saber próprio à entrada em análise.

Contra o elogio do não saber

Por razões diversas, chegou-se a nomear como "não saber" essa função que seria própria da psicanálise. Diante do universo dos saberes universais pré-estabelecidos e das identificações subjetivas, o analista seria seu "desconstrutor".

Freud ressaltava a importância, para um analista, de esquecer tudo o que havia aprendido para poder acolher um novo caso. Lacan trabalhou longamente a função do vazio, e esvaziou o *sujeito* de toda essência possível. Diante das redes de sentido e identificação muito solidamente articuladas pelas neuroses, o estabelecimento de um lugar vazio, de uma não resposta, de um silêncio pode ter efeitos de abertura.

Não é impossível vislumbrar como esses aspectos podem ter conduzido ao elogio absoluto do não saber, mas é crucial não incorrer nesse erro.

Como relata J.-A. Miller na quarta capa de *Estou falando com as paredes*, Lacan detectou, em certo momento, essa bandeira do *não saber* erguida por seus melhores alunos e se dedicou com afinco a retificá-la.

Mesmo antes disso, em sua "Proposição de 9 de outubro de 1967 para o psicanalista da Escola" (1967/2003), Lacan aborda frontalmente a questão. O psicanalista, alerta ele, não está autorizado, "de modo algum, a se dar por satisfeito com saber que nada sabe, pois o que se trata é do que ele tem que saber" (LACAN, 1967/2003, p. 254).

Isso que ele tem que saber, essa dimensão de saber própria à psicanálise é condensada no *algoritmo da transferência*, no qual se lê que a operação de suposição de saber e a de produção dos significantes do inconsciente dependem de uma articulação inicial entre o S (significante da transferência) e o Sq (o significante qualquer).

$$\frac{S \longrightarrow S^4}{s\left(S^1,\ S^2,\dots\ S^n\right)}$$

O psicanalista passa a encarnar, assim, um significante que, ao mesmo tempo, extrapola sua pessoa e a relação dual, além de romper com a transparência imaginária, em favor de uma articulação entre o significante da transferência e um significante qualquer, que faz do analista uma presença que indica e materializa um "a-mais". Algo da pulsão passa a estar enredado ali, sem por isso estar apagado, esclarecido, explicado.

Como qualquer matema lacaniano, o algoritmo da transferência não oferece uma leitura unívoca. A função dos matemas, aliás, é justamente transmitir uma operação lógica que não dependa de um consenso sobre seu sentido. Mas há, ainda assim, elementos essenciais, que dão o rigor teórico-clínico do algoritmo. Um deles é especialmente importante, pois evita um equívoco favorecido pelo próprio termo cunhado por Lacan – *sujeito suposto saber* – e pela eventual tendência à idealização da figura do analista.

O equívoco é o de acreditar que a suposição em questão é uma suposição feita pela pessoa do analisante em relação à pessoa do analista, a de que ele "saberia". Por mais que esse fenômeno clínico não seja raro, ele, na melhor das hipóteses, encobre uma função ao mesmo tempo mais sutil e mais determinante da entrada em análise.

O cerne dessa precisão é dado por Lacan, quando afirma que "um sujeito não supõe nada, ele é suposto" (LACAN, 1967/2003, p. 253). Nesse sentido, na função do sujeito suposto saber, trata-se não da qualificação de um dos parceiros da relação dual, mas do surgimento de uma terceira função:

> Embora a psicanálise consista na manutenção de uma situação combinada entre dois parceiros, [...] ela só pode desenvolver-se ao preço do constituinte ternário, que é o significante introduzido no dis-

> curso que se instaura, aquele que tem nome: o *sujeito suposto saber* (LACAN, 1967/2003, p. 254).

O que Lacan afirma, portanto, seja através dessas passagens, seja através do próprio algoritmo, é que o *sujeito suposto saber* é resultado de uma articulação entre o *significante da transferência* e o *significante qualquer*. Junto a isso, trata-se de uma função que pode ser sustentada e produzida pelo psicanalista, mas que não se confunde de modo algum com sua pessoa, com seus atributos, sejam reais, sejam fantasiados.

A DÚVIDA E O GARANTIDOR

Outra decorrência clínica crucial articulada no algoritmo da transferência diz respeito ao fato de o sujeito suposto saber ser secundário à materialização de uma articulação significante especial, aquela entre S e Sq.

Trata-se de uma exigência bastante precisa, que afasta a entrada em análise de um mero posicionamento do analisante como sujeito barrado, instalado em sua dúvida, suspenso em identificações que passam a vacilar.

Esse problema é abordado em "Radiofonia" (1970/2003) quando Lacan dedica uma boa parte da resposta à quinta questão que lhe é endereçada retomando o tema da dúvida cartesiana, que lhe tinha servido, em *O Seminário: livro 11* (1963-1964/1985), como referência para o sujeito do inconsciente.

Lacan afirmara, naquela ocasião, que o encaminhamento de Freud é cartesiano porque parte do sujeito da certeza, alcançado através do método da dúvida (LACAN, 1963-1964/1985, p. 39). Em "Radiofonia" (1970/2003, p. 437), ele acrescenta um dado, um alerta: "o sujeito, ao se reduzir à ideia de sua dúvida, dá margem ao retorno maciço do significante-mestre". Trata-se de uma referência crítica a Descartes, no qual de fato o movimento seguinte à dúvida é o retorno da figura divina como garantidor da verdade.

O efeito de vacilação de identificações, bem como a suspensão de certos sentidos que costumam orientar alguém são aspectos frequentes e talvez mesmo inerentes às entradas em análise. O perigo desses acontecimentos, se tidos como condições suficientes da entrada em análise, é que podem dar margem ao surgimento, do lado do analista, de um lugar de mestre, garantidor de verdades, o que certamente não é o *sujeito suposto saber.*

Essa redução do sujeito à ideia de sua dúvida não é, portanto, suficiente para sustentar o impacto do inconsciente como tal, uma vez que cabe bastante bem no viés histérico que relança a ciência, ou seja, aquele que "põe o mestre contra a parede para produzir um saber" (LACAN, 1970/2003, p. 436).

Essas indicações apontam para um risco bastante concreto no início da análise, embora não seja exclusividade dele. O risco de que, sob a máscara da uma pretensa suposição de saber, o analista seja colocado no lugar de "garante único da verdade", incorporando um S_1 e não propriamente acolhendo o Sq. A suposição de saber se declinaria, assim, em suposição de que o analista detém, em pessoa, todo o saber de que o analisante se viu despossuído por força da entrada em análise.

Em contraponto a esse erro, nos aproximamos de nossa hipótese: a articulação S-Sq nomeia, para além do surgimento de um sujeito barrado, seu cotejamento com o objeto *a*, por mais que este não esteja formalmente incluído no algoritmo.

Essa visada parece de fato se demonstra de maneira crescente no ensino de Lacan, à medida que o *sujeito suposto saber* vai recebendo definições cada vez mais próximas da articulação entre o gozo, o corpo e a linguagem, como se pode ler em "A terceira": "O sujeito suposto saber que é o analista na transferência não é suposto erroneamente se sabe em que consiste o inconsciente, em ser um saber que se articula com lalíngua, o corpo que aí fala só está enlaçado a ele pelo real do qual se goza" (LACAN, 1974/ 2011, p. 21).

OBJETO a

De volta a *Estou falando com as paredes*, no qual Lacan ataca o elogio do não saber, podemos seguir esse fio sendo tecido. "Todos sabem da minha insistência nas entrevistas preliminares", afirma ele; "Não há entrada possível na análise sem entrevistas preliminares" (LACAN, 1971/2011, p. 41).

Algumas páginas adiante, um aprofundamento dessa condição: "Para que exista uma chance de analista, é preciso que uma certa operação, que chamamos de operação analítica, tenha feito o objeto *a* vir no lugar do semblante" (LACAN, 1971/2011, p. 63).

Vê-se que a valorização das entrevistas preliminares tem aí um acento mais forte sobre o delineamento de um objeto *a*.

Muito embora Lacan tivesse anteriormente articulado o discurso do inconsciente ao discurso do mestre, a ênfase aqui é dada à dimensão de causa que o próprio discurso analítico exerce.

Como reler, portanto, o algoritmo da transferência a partir dessa passagem?

O pareamento S-Sq só instala o sujeito suposto saber se um objeto *a* tiver sido delineado. Afinal, o fato de o significante ser "qualquer" não quer dizer que a função que ele exerce o seja. Caso contrário, tratar-se-ia de uma mera exigência formal, de uma articulação entre S_1 e S_2 que produziria um efeito de sentido.

Se o pareamento S-Sq é causa do sujeito suposto saber, e não de um sentido comum, isso se deve ao fato de a presença do analista representar, como propõe Miller, a "parte não simbolizada do gozo": um contorno do objeto se faz, e este exerce a função que o próprio Miller designa, com algum humor, como a de um Deus Janus: "O conceito pequeno *a* de Lacan é o de Deus Janus, tem duas caras: de um lado, é o gozo, e do outro é sentido" (MILLER, 1998, p. 16).

É possível, sem dúvida, que essa lógica se manifeste de modos muitos distintos nos fenômenos clínicos. A direção pode até parecer diametralmente oposta, caso estejamos diante de uma neurose obsessiva solidamente montada ou diante de um sujeito consumido pelo gozo perigoso da droga. Em última instância, contudo, algo se mantém indistinto na posição analítica, que é a de produzir um discurso cujo ponto de partida não seja um semblante.

TOXICOMANIA

Com essas ideias, já é possível retornar ao tema da toxicomania, que nos serve de referência. Vimos que, se há em Lacan uma tese sobre isso, é uma tese de ruptura: uma ruptura com o falo e, no limite, com a própria fantasia. Como esclarece Laurent (1998, p. 17), "Ruptura com aquilo que, na fantasia, supõe o objeto de gozo ao mesmo tempo que inclui a castração".

Diante desse cenário clínico, Miller propõe a seguinte direção:

> Não se trata somente de obter uma identificação significante do sujeito, sua inscrição sob um significante mestre. Trata-se de uma identificação de gozo no lugar do Outro, quer dizer, o equivalente do que sua fantasia procura na neurose, assim como na perversão. Trata-se de desprender do gozo uma parcela que possa constituir objeto e inicialmente objeto de uma narração, de um cenário (MILLER, 1998, p. 17).

Nessa perspectiva, o delineamento do objeto *a* não aparece apenas como o produto das associações, mas como uma operação prévia, capaz de deslanchar o discurso do inconsciente como uma resposta.

Sem dúvida o sujeito suposto saber é uma dimensão imprescindível do trabalho analítico, porém, mais que nunca, é necessário atentar para aquilo que o põe em marcha.

Referências

LACAN, J. (1958/1998). "A direção do tratamento". In: *Escritos.* Rio de Janeiro: Jorge Zahar, p. 651-592.

————. (1963-1964/1985). *O Seminário: livro 11.* Rio de Janeiro: Jorge Zahar

————. (1967/2003). "Proposição de 9 de outubro de 1967 para o psicanalista da Escola". In: *Outros escritos.* Rio de Janeiro: Jorge Zahar, p. 148-264.

————. (1968-1969/2008). *O seminário: livro 16.* Rio de Janeiro: Jorge Zahar.

————. (1970/2003). "Radiofonia". In: *Outros escritos.* Rio de Janeiro: Jorge Zahar, p. 400-447.

————. (1971/2011). *Estou falando com as paredes.* Rio de Janeiro: Jorge Zahar.

————. (1974/ 2011). "A terceira". In: *Opção Lacaniana*, n. 62. São Paulo: Eólia, p. 11-36.

———. (1976). "Discours pendant la séance de cloture, Journées des cartels de l'École freudienne de Paris". In: Lettres de l'École freudienne, n.18, p. 263-270.

LAURENT, E. (1998). "Tres observaciones sobre la toxicomanía". In: SINATRA, E. SINATRA. E.; SILLITTI, D. & TARRAB, M. (1995). *Sujeto, goce y modernidad: los fundamentos de la clínica.* Buenos Aires: Atuel-TyA, p. 22-35.

MILLER, J.-A. (1998). "O sintoma como aparelho". In: Fundação do campo freudiano (org.). *O sintoma-charlatão.* Rio de Janeiro: Jorge Zahar, p.9-21.

———. (2012). "Apresentação do tema do IX Congresso da AMP". Disponível em: <http://www.congresamp2014.com/pt/template.php?file=Textos/Presentation-du-theme_Jacques-Alain-Miller.html>. Acesso em: 20 jan. 2014.

RÊGO BARROS, R. (2005). "O sintoma *enquanto* contemporâneo". In: *Latusa*, n. 10. Rio de Janeiro: EBP-Rio, p. 17-28.

———. (2012). *Compulsões e obsessões: uma neurose de futuro.* Rio de Janeiro: Civilização Brasileira.

A psicanálise, não sem a política: aposta metodológica para a prática do psicanalista nas instituições públicas

Andréa Máris Campos Guerra

Resumo

Apresentamos proposta metodológica que fundamenta a intervenção do psicanalista em instituições públicas especialmente voltadas ao acompanhamento de adolescentes infratores. Partimos da premissa de que há uma quebra no pacto civilizatório que suspende a resposta do Outro na travessia adolescente, quando alguns púberes encontram na criminalidade a solução subjetiva para entrada na vida adulta. Propomos que o psicanalista acolha o nome do pior encontrado pelo jovem e lhe ofereça a palavra para que, numa segunda volta, ele possa produzir um novo nome para se situar no laço social.

Palavras-chave: metodologia; psicanálise; adolescência; infração; instituição.

Abstract

Psychoanalysis, not without politics: methodological bet for practicing psychoanalyst in public institutions

We present a methodological proposal that intends to offer theorical basis for psychoanalytical intervention in public institutions, especially aimed at legal advice of adolescent offenders. We assume that there is a break in the civilizing pact suspending the symbolic and social response to the teenager in its crossing from childhood to adulthood. Thus, some of these young people find a subjective response at the crime. We propose that the psychoanalyst uphold the "name of the worst" encountered by the adolescent offender and, by giving him support, he can find a new name to sustain himself in the social bond.

Key-words: methodology; psychoanalysis; adolescence; crime; institution.

> *Quando corto e dobro/ Uma chapa de ferro/ Ou somente corto/ Pretendo/ Abrir um espaço/ Ao amanhecer na matéria bruta/ É luz que vela e revela/ A comunhão do opaco/ Com o espaço dos astros/ Espaço/ Que descobre o renascer./ Redimindo a matéria pesada/ Na intenção de voar.*
> (Amilcar de Castro, 2013)

Introdução

Neste artigo, visamos desenvolver e apresentar uma proposta metodológica de orientação para a prática do psicanalista nas instituições públicas, em especial naquelas que acolhem o adolescente em conflito com a lei. Partimos de nossa prática de atendimento psicanalítico na rede socioeducativa e dos achados recentes das últimas pesquisas que desenvolvemos em torno do tema[1].

A operação sobre o gozo, tal qual formulada por Lacan no final de seu ensino, cifra decifrando, ou decifra cifrando, numa lógica que permite ao sujeito, no limite da estrutura, se reinventar. Mais pontualmente, permite ao sujeito reduzir a extração do gozo ao seu núcleo duro (MILLER, 1998), com o qual o sujeito aprende a se virar – *savoir-y-faire* ou saber fazer com isso, o "y" remetendo à materialidade do gozo (GUERRA, 2009). Usualmente temos adotado a noção de *savoir-y-faire* com o *sinthome* para pensar o final de análise ou, em muitos outros casos, como verificação das

[1] Foram realizadas três pesquisas desde 2008, a primeira sobre o laço social de jovens delinquentes, a segunda sobre a incidência do pai na subjetividade desses jovens, e a terceira, em fase de conclusão, sobre a articulação entre subjetividade e política na metodologia de trabalho do psicanalista na rede pública.

bricolagens ou "gambiarras" que nossos analisantes inventam para lidar com o real, sobretudo aqueles advindos de situações de escassez.

Trata-se de verdadeiras obras artesanais, a partir das tranças evocadas de Aristóteles por Lacan (1975-1976/2005), que garantem soluções subjetivas contingentes aos encontros desencadeados pela incidência da dimensão mortífera e reincidente da pulsão de morte. Reduzido a sua fórmula minimal – sexualidade, inconsciente, pulsão, transferência –, o encontro com um analista pode operar sobre esse núcleo pulsional duro, redimindo a matéria pesada na intenção de voar...

Com Lacan, a dimensão da fala, ou a *dit-mension*, não revela a estrutura ao chegar ao término da sequência a que conduz a decifração. A inscrição do sexual resta como o que faz cifra e aponta o único real que não pode se escrever ou traduzir, a relação sexual. "Falamos do valor que tem o estalão do sentido. Chegar a ele não o impede de fazer furo. Uma mensagem decifrada pode continuar a ser um enigma. [...] O analista se define a partir dessa experiência" (LACAN, 1973/2003, p. 550).

Pois bem, ainda que um analista sempre esbarre com um "osso duro de roer", nem sempre o encontro com um analista acontece dentro da fórmula clássica do *setting* analítico. Convidado ao trabalho institucional no campo das políticas públicas, resta ao analista encontrar uma boa fórmula para realizar sua operação clínica. A esse trabalho temos nos dedicado nos últimos anos a partir de experiências clínicas e de pesquisa diversas, constituídas dentro da instituição universitária, a partir da qual empenhamo-nos em fazer operar, contingencialmente, o discurso analítico.

Temos trabalhado especialmente com o atendimento psicanalítico de adolescentes em conflito com a lei, a partir do *Projeto de Extensão Já É*, desenvolvido no âmbito do Departamento de Psicologia da UFMG e sediado em sua clínica escola. Realizamos atendimentos psicanalíticos clássicos, oferecidos por psicanalistas voluntários, com supervisão clínica alternada quinzenalmente com construção do caso. A parceria com a SUASE (Subsecretaria de Atendimento às Medidas Socioeducativas) da Secretaria de Estado de Defesa Social de Minas Gerais sustenta essa possibilidade, oferecendo a infraestrutura de deslocamento necessária aos atendimentos. A transmissão do trabalho acontece nos seminários clínicos "Adolescências em Tempos de Guerra", semestralmente, nos quais um caso do projeto é apresentado pelo técnico do centro socioeducativo e pelo psicanalista e discutido por um convidado, no formato da construção de caso, com vistas à contribuição com a direção do trabalho desenvolvido com o jovem. As reuniões que antecedem e que sucedem o evento funcionam como marcos ou pontos de *capiton*, favorecendo ambos, clínica e instituição, na práxis.

Tomando os jovens e técnicos como dotados de um saber inédito que escapa à universidade e aos saberes ali em jogo, tentamos ler a escrita desses corpos na cena da cidade e na cena institucional, inscrevendo no Outro social as marcas de sua presença. Dessa leitura analítica nosso coletivo de trabalho extraiu diferentes descobertas, uma das quais desenvolvemos teoricamente aqui.

Concebendo o sujeito como corte (LACAN, 1961-1962), podemos hipotetizá-lo a partir da banda de Moebius enquanto superfície na qual, em uma face, temos o sujeito do inconsciente e, na outra, o sujeito político. A intervenção sobre uma das faces interfere na outra de modo não equivalente, mas operatório. Supomos que é na perda que a torção realiza em cada face que elas passam a operar articuladas e reconfiguradas a partir do tratamento conferido a essa perda e ao gozo a ela correlato, modificando, nesse ato, os dois planos, e podendo engajar o sujeito em uma nova resposta. Vejamos como.

Nosso ponto de partida

Com Lacan (1973/2003, p. 314), aprendemos que "o saber do inconsciente designado por Freud é o que o húmus humano inventa para sua perenidade de uma geração a outra". O inconsciente, por sua vez, "inventa truques" para lidar com a incidência que o discurso de cada época produz como efeito sobre ele. "E que resulta numa cristalização nova desse efeito de inconsciente que opacifica o discurso [que sobre ele age]" (LACAN, 1960-1961/1992, p. 324). Se "as estruturas subjetivas [eu, supereu, ideal de eu...] que correspondem a essas cristalizações novas não têm necessidade de serem novas" (LACAN, 1960-1961/1992, p. 324), fato é que o efeito inconsciente se modifica em sua resposta.

Os efeitos do discurso de uma época sobre o discurso do inconsciente imunizam o sujeito, mitridatizam-no (tornando-o imune a seus efeitos), graças às doses progressivas com que lhe são apresentados os venenos contemporâneos (LACAN, 1960-1961/1992, p. 324): objetos tecnológicos, regimes de corpo, plásticas, reprodução assistida, gozos privados, ilusões, espetacularizações, enfim, *gadgets* e operações que ganham valor pulsional e atravessam os circuitos do gozo, retroalimentando-o. Impedem, assim, que levemos o sujeito ao ponto em que interessa, qual seja, ao desejo. Mas "isso não altera em nada os pontos nodais onde ele, como sujeito, vai se reconhecer e instalar" (LACAN, 1960-1961/1992, p. 324).

Pois bem, se as estruturas subjetivas não precisam ser novas, por um lado, por outro fato é que se produzem cristalizações novas como efeito inconsciente. Em outros termos, as estruturas subjetivas são afetadas pelo discurso contemporâneo que incide sobre o inconsciente, produzindo novas formas de sintoma. Duas questões daí decorrem: qual é o discurso que hoje incide sobre o inconsciente? E qual seria o truque do qual se vale o inconsciente para tratar os efeitos dessa incidência? Lembremos que nos deteremos na situação do adolescente em conflito com a lei. Passemos à primeira questão.

SOBRE O DISCURSO CONTEMPORÂNEO QUE INCIDE SOBRE O INCONSCIENTE

Na lição 10 do Seminário 21, *Le non-dupes errent*[2], Lacan (1973-1974) assinala a incidência, no momento da história em que vivemos, da perda daquilo em que se sustentaria a dimensão do amor, essencial à identificação. Esse suporte seria o Nome-do-Pai, que tem a ver com o amor e implica a transmissão de um nome, encarnado pela voz do Outro materno, "a mãe fala, a mãe através da qual a palavra se transmite, a mãe, é preciso dizer, é

---

2 Todas as traduções desse seminário foram livremente realizadas pela autora do artigo.

reduzida – este 'nome' – a traduzi-lo por um 'não' justamente, o *não que diz o pai*". A esse "*nom/non*"[3] que diz respeito ao Nome-do-Pai, substituiu-se o "*nomear a*".

"Ser nomeado a" alguma coisa prefere ou passa à frente do Nome-do-Pai, nesse ponto da história em que estamos. Na mesma lição: "É muito estranho que aí o social tome prevalência de nó e faça a trama de tantas existências. É que ele detém esse poder de '*nomear a*' a tal ponto que, depois de tudo, restitui-se uma ordem, um ordem que é ferro"[4]. Justamente porque essa ordem designa o retorno do Nome-do-Pai no real, já que *Verworfen* ou foracluído da cultura – segundo interpretamos essa passagem do texto lacaniano. Se o Nome-do-Pai não se encontra foracluído da escrita edípica de todos os jovens contemporâneos – pois, nesse caso, estaríamos num mundo só de psicóticos! –, fato é que ele não se encontra mais tão disponível como semblante de ideal ou referente simbólico na cultura.

Os objetos tecnológicos e de consumo pouco a pouco ganharam a cena pública e os corpos, operando substituições nas quais, no lugar do ideal, restam formas de gozar com os diferentes aparelhos, como lembra Miller (2005), que propõe a fórmula $a > I$. Seria esse "o índice de uma degenerescência catastrófica?" – pergunta-se Lacan, indicando que talvez se trate da ex-sistência do nome, "a explicação não penetrando sobre o inexplicável" (LACAN, 1973-1974, lição 10).

Se o gozo, o corpo e a morte são os três nomes que ele, nessa lição, confere ao real, enlaçados pelo impasse inverificável do sexo, é porque "o corpo força seu gozo em nome da morte". É da disjunção do real, a ser atada pelo simbólico e pelo imaginário, que se trata, portanto, no "nomear a". Através dele, Lacan, parece-nos, força uma passagem da teoria das identificações para a teoria das nomeações. Se o Nome-do-Pai está

---

3 Em francês, permanece a homofonia que desaparece no português: nome/não.

4 "'Être nommé-à' quelque chose, voilà ce qui, pour nous, à ce point de l'histoire où nous somme, se trouve préférer... je veux dire effectivement préférer, passer avant [...] ce qu'il en est du Nom du Père. Il est tout à fait étrange que là, le social prenne une prévalence de nœud, et qui littéralement fait la trame de tant d'existences. C'est qu'il détient ce pouvoir du 'nommer-à', au point qu'après tout, s'en restitue un ordre, un ordre qui est de fer" (LACAN, 1973-1974, lição 10).

Verworfen da cultura, a partir da aliança realizada hoje entre capital e ciência o que pode vir em auxílio do sujeito em sua nomeação, atualizada na puberdade?

AS SOLUÇÕES ADOLESCENTES EM NOSSA ÉPOCA

Chegamos à segunda questão: como se constitui a resposta do jovem em conflito com a lei, face a essa incidência histórica? Sabemos que suas soluções subjetivas são sempre singulares, mas nos interessa pensar como podemos localizar a modalização da resposta, do "truque" articulado por esses adolescentes. Partamos do pai.

No *Seminário RSI* (1974-1975/1975-1976), no qual se dedica à topologia borromeana, Lacan afirmará que os verdadeiros nomes do pai são o real, o simbólico e o imaginário, até transformar o pai em utensílio, quarto termo a atar os três registros, no *Seminário 23* (1975-1976/2005). Remetido a suplemento, implica no que se adiciona, no que, somado aos três registros, ata o conjunto (GUERRA, 2010). Nessa passagem da década de 70, o Nome-do-Pai como significante da Lei se desloca para diferentes versões do pai como o que nomeia. Ela corresponde a um deslocamento do simbólico para o que, de real, determina o sujeito, e também a uma passagem da estrutura enquanto ordem causal do sujeito para a estrutura enquanto conjuntural ao que, do tratamento do real do gozo, resta como aparato, ornamento, sempre precário, de linguagem.

Cernido o pai, entendamos sua incidência na adolescência. Ainda de acordo com Lacan (1974-1975/1975-1976), a subjetividade se constitui a partir do enlaçamento das três dimensões que compõem a realidade psíquica: o simbólico, o imaginário e o real. O registro simbólico designa a relação do ser falante com a estrutura da linguagem (significante); o registro imaginário, a relação do ser falante com a imagem; e o real, com o objeto. O Complexo de Édipo amarra, apoiado no Nome-do-Pai, os três registros. Na puberdade, haveria um desatar desse nó. Diante da irrupção do real da puberdade, há um despedaçamento da imagem, como uma fratura do espelho, e o simbólico se mostra insuficiente para recobrir o real.

Daí a importância da fantasia enquanto exercício psíquico que favorece a construção de respostas a essa irrupção do real.

Lacan localiza num certo uso do pai como semblante o nome das tentativas de solução do púbere, que dão forma às suas possibilidades de articulação e composição de presença no laço social. Ele nos ensina que o real do pai será o substrato a partir do qual o púbere reconstituirá o nome próprio, conferindo novo corpo a sua imagem despedaçada. Afirma acerca do pai, na qualidade de semblante na adolescência, que "o pai tem tantos e tantos [nomes] que não há um que lhe convenha, a não ser o Nome do Nome do Nome. Não há Nome que seja seu Nome-Próprio, a não ser o Nome como ex-sistência. Ou seja, o semblante por excelência" (LACAN, 1974/2003, p. 559). Em outras palavras, o indizível que o pai porta, enquanto seu gozo, seu pecado, será o elemento estrutural do qual o adolescente fará um uso que lhe convenha. Trata-se do uso da dimensão real que dá suporte à função paterna.

Na adolescência, estabelecer-se-á o nome próprio para além do Nome-do-Pai resultante da travessia edípica. Conta-se com sua dimensão simbólica, mas opera-se com sua dimensão real, que restou para além da operação da metáfora paterna. O reencontro com a falta de significante no campo do Outro na puberdade convoca o pai a partir do ponto sobre o qual ele não legisla, ponto em que, como homem, ele toma uma mulher como objeto causa de desejo (LACAN, 1974-1975/1975-1976). Nesse ponto, ele se mostra castrado porque desejante, carente do objeto. Mostra seu pecado (*sin*), seu modo de gozo, fazendo-se exceção a todas as outras formas de gozar. É assim, como exceção, que ele se torna regra, que ele fixa um vetor de orientação desejante face à lei estrutural da linguagem, da qual não há escapatória. É preciso inventar-se uma solução.

Desse ponto o púbere precisará inventar uma nova nomeação, uma nova e mais definitiva inscrição no laço social, a partir do Nome-do-Pai sim, mas na forma de nomeação do gozo (entre simbólico e imaginário), tratando o real do pai, seu inapreensível ou seu impronunciável "nome do nome do nome" (GUERRA, 2010). A partir desse apoio, convocado pelo adolescente, o nome próprio ganha valor. "Como tal, ele é impronunciável, porém não sua operação, pois ela é o que se produz toda vez que um nome próprio é pronunciado. Seu enunciado iguala-se a sua significação" (LACAN, 1960/1998, p. 833).

O "TRUQUE" DO ADOLESCENTE EM CONFLITO COM A LEI

O que se passa quanto aos adolescentes infratores? Retomemos antes o percurso da elaboração adolescente: (1) Na puberdade, o reencontro com o real sexual desata a composição dos registros atados na resposta infantil constituída pela metáfora paterna; (2) o que resta de real do pai, seu pecado ou seu ponto de exceção, torna-se a regra que transmite o vetor desejante para o filho; (3) o adolescente trata, assim, o que restou de real do pai, conferindo-lhe nova escrita; (4) essa escrita forja sua presença na vida adulta, cernindo nova forma de gozo ou desenhando os limites de um novo real; (5) funda-se o uso do nome próprio que vai acompanhar o sujeito na vida adulta, como ordenador de seu sistema de vida.

Pois bem, com o adolescente em conflito com a lei parece haver uma novidade que interroga a teoria e torna-se paradigma do laço no contemporâneo. Partamos de um caso. Vinagre nasceu por sorte (GUERRA *et al.*, 2009). A mãe, "pudim de cachaça", abandonada pelo pai, foi encontrada caída e com convulsão na porta de um bar por uma vizinha, "mãe de santo", que a levou ao hospital. O pai, apesar de morar no beco da favela logo acima, não fala com a família. Segundo o jovem, "a gente não se fala, ele nem conversa comigo". Com a morte do irmão mais velho, que oferecia certa referência para Vinagre, ele entra no "mundo do crime". Dessa perda ele fez causa para sua entrada. Sobre o irmão mais novo, ele é contundente, "esse bostinha tá em outra 'boca' que o pessoal [daqui] tem guerra. Aí perde, eu vou matar ele ainda. É, ué, meu irmão virou meu inimigo. É, deixa ele dá um vacilo aí, que eu vou matá ele. Ah, antes que ele me mata, né, veio? No crime, você não tem irmão, você não tem família, você não tem nada. [...] Matá, pra mim hoje, é igual comer miojo".

Segundo Lacadée (2006, p. 37), "em nossa época moderna, muitos jovens se acham em relação direta com um uso da língua, do significante com um uso da língua, do significante como causa de gozo, como consequência da demissão paterna, que [a língua] não se encontra mais ordenada no regime do pai, aquele da articulação significante, mas sim no reino do objeto *a* em sua versão de mais de gozar". E, desse ponto, inventam soluções reparadoras e vitais, muitas vezes em um impasse, a partir de nomes do pior. Vivemos hoje esse impasse sem precedentes na história, para o qual a toxicomania se torna paradigma, o conflito com a lei se torna paradigma, o consumo se torna paradigma, todos por denunciarem, na sua especificidade, um novo arranjo sem regulação clara para o gozo. Trata-se da instalação de um vértice regulador que tende ao infinito das substituições, num gozo incessante do objeto com qualquer produto ou aparelho animando o gozo em lugar de cerni-lo (o gozo) ou nomeá-lo (o sujeito).

É nesse sentido que Vinagre se torna paradigmático do laço contemporâneo. Ele se autonomeia a partir da amargura do vinho bebido pela mãe, resto de gozo, do objeto parcial que devasta a existência da mãe, já que o pai, que se demite da palavra, está de antemão afastado de sua função de exceção que, no reencontro com o real na puberdade, poderia servir de suporte à nomeação. Não há o substrato de amor. Estamos recorrentemente diante de situações como essa em que um pai não toma a mulher como objeto que causa seu desejo, nem vela o objeto real do desejo da mãe, conferindo-lhe um nome e uma ordem na escrita do mundo, segundo um desejo que não seja anônimo (LACAN, 1969/2003). E, na ausência de alguém que sustente essa função de transmissão, que se faça exceção para se tornar regra, que "introduza o filho em uma dívida simbólica devida à função do Nome-do-Pai. Cabe ao sujeito subjetivar essa dívida" (LACADÉE, 2006, p. 38). E ele o faz, por si mesmo, numa espécie de autonomeação que prescinde do Outro. De Paulo, seu nome de batismo, esse jovem se autonomeia Vinagre e se torna o "guerreiro" da boca de fumo, o jovem matador daquele grupo.

O que verificamos é que, na reedição que a puberdade atualiza quanto ao encontro com o real sexual, na contemporaneidade o adolescente infrator se depara com um vácuo[5] no campo do Outro – que terceiriza,

[5] Na química, na física e na linguagem cotidiana, o vácuo é a ausência de matéria em uma certa região do espaço. O vácuo perfeito, porém, não é possível na Natureza, ainda que ocorram situações muito próximas dele (por exemplo, no espaço intergaláctico).

contrata, paga, envia ao juiz, mas não assume seu compromisso no pacto civilizatório. Não há instalação, nem de um vetor de orientação, nem de uma oferta do Outro, que constitua dívida de linguagem, pois o Outro se demitiu de sua função. Entendamos o que se passa.

O PARADIGMA DE UM NOVO LAÇO

No ponto em que o Nome-do-Pai encarna a função de castração, o "não" castrador, o pai se apresenta castrado, dizendo "sim" ao desejo, não anônimo, por um objeto que o causa. O "não", assim, porta a condição do "sim". Lacan parece dizer que o essencial da intervenção do pai não consiste tanto na proibição relativa "às primeiras manifestações da pulsão sexual" (LACAN, 1957-1958/1999, p. 187) do pequeno sujeito, mas numa presença que causa impacto sobre o desejo da mãe enquanto mulher. Há, pois, uma disjunção entre o pai que porta a lei, o pai que intervém simbolicamente ou o pai de direito, e aquele que, de fato, intervém como pai real na relação (ZENONI, 2007). "A verdadeira função do Pai [...] é, fundamentalmente, unir (e não opor) um desejo à Lei" (LACAN, 1960/1998, p. 839).

Na contemporaneidade, entretanto, Lacan nos adverte que esse articulador está *Verworfen* da cultura, como vimos. No vácuo do Outro que portaria o enigma da vida, que mostraria, bem ou mal, como se vira no mundo, que pudesse funcionar como modelo ou como antimodelo, as crianças generalizadas, crianças dejeto, encontram a certeza de seu ser abjeto na adolescência. O adolescente põe a nu a operação mercadológica que subsume as relações alteritárias, codificando o gozo em objetos de mercado – codificação da qual nenhum de nós escapa. Ao se fazer objeto no e do crime, o adolescente atualiza, ao mesmo tempo, o limite estrutural da linguagem e o arranjo perverso que o capitalismo realiza contingencialmente na atualidade. Esse é o real, o novo que o adolescente infrator porta e revela quanto ao modo de agenciamento contemporâneo do discurso que sobre o inconsciente age.

Face ao real sexual pubertário, ao esfacelamento das imagos infantis, do corpo infantil, e da ausência de um revestimento que o localize, "de seu quarto de criança, o menino começa a vislumbrar o mundo exterior" (FREUD, 1914/1976, p. 288), mas seu horizonte só tem o infinito, o vácuo do Outro inconsistente de nossos dias, demitido. O "nomear a", então, que, no Brasil, se torna um "se vira", faz às vezes do suplemento que reata os três registros, sem contar com o Outro, numa espécie de autonomeação do pior – sem precedentes e também sem amor. Diante do apelo do púbere ao Outro social, a resposta é o vácuo de amor, de referentes, de ideais, de significantes. O adolescente, então, infringe e extrai sua resposta.

Como na história do filme do jovem *Querô*, de Plínio Marcos, não há substrato de amor que funde as vias da identificação pela qual o sujeito poderia encontrar no objeto amoroso um referente para se ordenar, pois o lastro amoroso se perdeu. Ali também não se apresenta um pai que faça as vezes da exceção com seu desejo decidido. Querô, assim, encarna esse filho de um desejo, senão anônimo, certamente indiferente: filho de uma "puta" com um "qualquer um" pai, como dizia a cafetina que o adotou a contragosto e com intensa agressividade, quando do suicídio de sua mãe com querosene.

Segunda adoção, pois, como todos nós, é preciso que sejamos adotados por nossos genitores para nos fazermos filhos, herdeiros de uma história, inscritos em uma ordem em que, para além do desregramento pulsional e da nova ordem plural e multirreferencial do mundo contemporâneo, sejamos acolhidos e inscritos no pacto civilizatório. Lacan fala da "função de resíduo exercida (e, ao mesmo tempo, mantida) pela família conjugal" e "destaca a irredutibilidade de uma transmissão – que é de outra ordem que não a da vida segundo as satisfações das necessidades, mas é de uma constituição subjetiva, implicando a relação com um desejo que não seja anônimo" (LACAN, 1969/2003, p. 369).

Donde podemos inferir que, para que essa operação de localização no campo do Outro e de nomeação se realize, é preciso um sujeito desejante que acolha e adote uma criança, não importando, obviamente, a estrutura familiar a ela correlata. As famílias, nessa perspectiva, funcionam "na condição de abrigo de uma língua em que se estabelece a rotina necessária para que se elabore uma história e se invente uma posição subjetiva" (LACADÉE, 2006, p. 39). E, na atualidade, "viram-se reduzidas [...] as condições de vida no limite do suportável" (LACADÉE, 2006, p. 39), entendendo o suportável como suporte da linguagem – continente e tratamento de gozo.

O filme Querô traz uma situação, nada incomum entre nós, de um jovem que, na puberdade, se autonomeia pela adoção de um apelido, prescindido do Outro, ou apesar do Outro. O novo nome, inventado pelo próprio protagonista como apelido, entra no lugar do nome próprio, Jerônimo, revelando a parcialidade do objeto que devasta o gozo materno até a morte, o querosene. Parcial e suplementar, não é que lhe falte o restante do nome do objeto – querô-sene – mas, sim, que ele não se fixa sobre um significado na língua, tendendo infinitamente, num gozo devastador, a qualquer significação, disjunta ou suplementar ao seu uso comum. É como se o apelido portasse o objeto *a* como mais de gozo no deslize de possíveis significados para si: quero; quis; quis, mas não quero mais; qui-lo, mas não foi possível – reenviando o sujeito novamente a outro sentido.

"Querosene" torna-se, assim, significante impronunciável, pois articula um, e somente um, sentido ao gozo, localizando-o em uma cadeia, fixando-o numa cena traumática – a da morte da mãe – e enlaçando o adolescente ao campo do Outro, ao preço de uma perda real que poderia forjar uma dívida simbólica, necessária ao pacto civilizatório. Porém, quando esse nome é pronunciado por um colega de internação, por não estar enlaçado na trama significante do jovem Querô, retorna como objeto real a ser extirpado do ventre do outro que o pronuncia, a mordidas, na carne viva.

A desfiliação é de tal monta uma lógica presente na atualidade desses jovens que chegamos ao ponto de pesquisas belgas terem concluído que hoje a escola é a responsável pela transmissão das tradições, devendo serem elas o elemento do Estado a garantir a transmissão da lei... A figura do exílio de si mesmo, como perda do laço interno, toma aqui uma dimensão nova que traduz as errâncias, o rompimento do corpo e do nome de um sujeito que lança por terra um pedaço de seu ser e se coloca a escrevê-lo de uma nota em um dossiê que fala por ele (DOUVILLE, 2012). Trata-se desses adolescentes com pontos rompidos com as gerações precedentes, invalidados por seu próprio desenraizamento, um exílio interior.

Como aí pode um desejo que não seja anônimo fazer funcionar uma presença no laço social? Como operar com a psicanálise nessa lógica? Qual, então, a função e a ética do psicanalista na cena de seu tempo? Se cabe ao sujeito se autonomear, subjetivar essa inscrição e assumir a dívida a ela correlata, às expensas do pai em sua função de dizer sim e de transmitir a lei, como inscrever a dívida simbólica que garante o pacto civilizatório? Um sujeito que não deva nada a ninguém só pode mesmo viver fora da lei. Sua relação com a lei é a da inversão de seus vetores, marcada pela descrença, pela impostura, pela traição. Isso porque onde estaria a proteção, o sujeito encontra o ataque; onde estaria a suposição de saber, encontra o vazio sem borda que se faz silêncio mortífero; onde estaria o amor, a indiferença.

Ao analista cabe, com sua presença, convidar o sujeito a tomar a palavra, de sorte que possa, com sua singular ocupação da linguagem, cernir o gozo e se aliar à civilização. Encontrar, como lembra Lacadée (2011) seu "ponto de onde", "a fórmula e o lugar" de onde possa ligar-se ao Outro. Pensemos como.

POR UMA METODOLOGIA CLÍNICO-POLÍTICA

As pesquisas que vimos realizando conduziram-nos a novas formulações acerca da relação triádica: adolescência, criminalidade e contemporaneidade. Especialmente no tocante à solução pelo crime que alguns jovens encontram como saída da puberdade, encontramos em Lacan pista preciosa. Ele (LACAN, 1950/1998) afirma, quanto aos psicóticos que realizam atos criminosos, que a falta de adequação do Outro faz abortar a identificação resolutiva que trataria um impasse do eu, que fica, então, suspenso, sem resolução. A suspensão dialética que aborta a identificação resolutiva do eu determina um tipo de objeto que se torna criminogênico.

Dessa suposição lacaniana quanto à psicose extraímos a hipótese de que, também nos casos dos adolescentes envolvidos com o tráfico nos aglomerados urbanos, o vácuo do Outro social ou a foraclusão do Nome-do-Pai na cultura pode produzir, também na adolescência, o objeto criminogênico como resposta sintomática. Lacan localiza, nesse texto, duas espirais dialéticas necessárias à identificação resolutiva do eu, além daquelas dos complexos de desmame, de intrusão e do Édipo, a saber, a da puberdade e a da adolescência, de tal feita que, inevitavelmente, engajamos sujeito e outro nessa práxis.

Aprendemos, com os adolescentes que atendemos, a ler e recolher os efeitos de seu ato de fala. O fundamento de nossa intervenção no campo público implica, assim, em tomarmos o sujeito do inconsciente como corte, como banda de Moebius (LACAN, 1960-1961/1992), enquanto recurso valioso para a clínica que fazemos na cidade.

Se fizermos um esforço de visualização, na primeira volta na banda, fazendo o corte pelas beiradas, chegamos ao avesso e na outra beirada, em relação a qual partimos. É preciso uma segunda volta para completarmos o corte que produz uma perda no nível da banda de Moebius. Dela cai, entrelaçada, uma rodela comum. Dessa segunda volta, pois, restam o objeto *a* como excedente de gozo (rodela comum) e o sujeito (banda de Moebius) entrelaçados. Temos, então, ao final da operação, dois objetos topológicos: uma faixa sem torção, objeto *a*, tomado como causa de desejo, e uma faixa com torção, banda de Moebius, tomado como falasser.

Corte

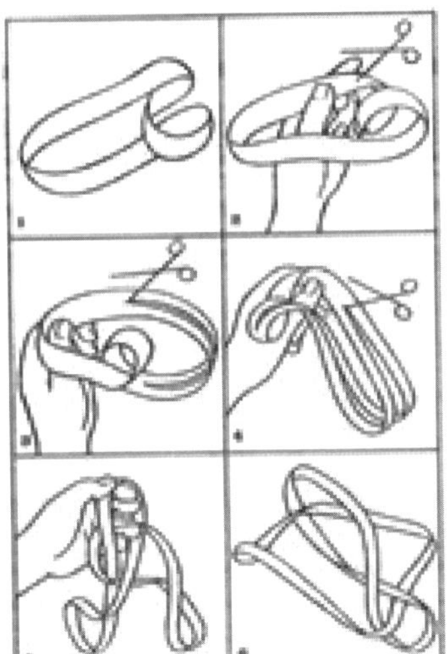

Resultado

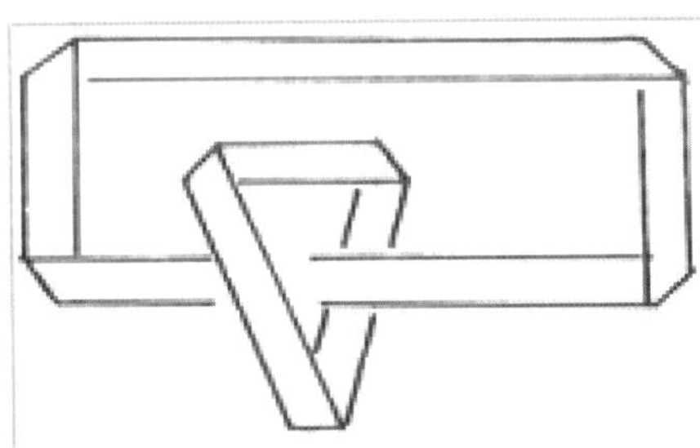

Imagem acessada em <http://www.ensinoeinformacao.com/#!geom-dif-faixa-mbius-cortes-e-etc/ctp5>

Aplicada a operação à nossa prática na cidade com os jovens, sugerimos pensar que, no trabalho com eles, uma primeira volta implica em dizer sim ao nome do pior (LACADÉE, 2006) que os jovens escreveram para se nomearem. Como em um dos casos que atendemos, em que o jovem passa a se apelidar de Menor, após manchete de jornal sensacionalista sobre ele, que trazia no cabeçalho da matéria a seguinte chamada: "Menor taca terror no comércio local". O social toma prevalência de nó, substitui o Nome-do-Pai e trama o destino de uma existência. Trata-se de significante do uso comum da língua que, aqui, apresenta-se assemântico, literal (TEIXEIRA, 2010), ao qual o adolescente se cola imaginariamente, forjando um novo corpo para seu ser abjeto.

Adolescência, nessas situações, é coisa de rico (GARCIA, 2013). Aqui o real da puberdade assalta o corpo e exige resposta rápida, sem tempo para o risco de a morte se escrever. Sem o engajamento no Outro e do Outro, que passaria pela via de mão dupla do amor ao/do pai (PELLEGRINO, 1987), não se conforma a dívida simbólica que implica, como consequência, numa presença política na cultura que inclui a alteridade duplicada pela imanência do Outro. Nessa operação, o "nomear a" substitui o Nome-do-Pai. É preciso uma operação que, longe da nostalgia do pai, sustente o trabalho com a língua viva do gozo. Portanto, ao nosso tempo histórico e à nossa presença na cidade, é preciso dizer sim ao nome do pior que os jovens criam. Mas não apenas.

Em nossa experiência clínica no *Já É*, vimos que é preciso mais uma volta. Acolher o nome do pior implica em uma presença do Outro que inclui, mesmo que "fora dessa" – fora da normatividade que o sistema exige e conforma. É preciso consentir com a originalidade, com a escrita singular do jovem pela via da infração como forma criativa – infração ao código linguageiro, à gramática, aos algoritmos científicos – incluindo em seu trabalho a possibilidade de um novo nome para o sujeito se localizar no campo do Outro, partilhando seus significados e sentidos. Assim, aprendemos com Débora Matoso que "homi-cida" pode virar "MC" e também com Roberta van Randow, que "m...", de um "matei" que não se podia pronunciar por portar o gozo vivo do sexual, pôde ser, ainda que não-todo, cernido por "m...aldade", a maldade que habita todo falasser.

Nesse sentido, é preciso abrir o campo da palavra para o sujeito, reconhecer e fazer vacilar o nome do pior, encontrar e acolher sua repetição para que, advertidos, ele possa dar um passo a mais, forjar um novo nome e conectar sua invenção com a história dos homens. Em termos lacanianos: articular o nome do gozo vivo de alíngua com os nomes comuns que produzem sentido na convivência entre os homens. Favorecer que o sujeito aprenda um jeito de lidar com o corpo e com o mundo a partir dessas insígnias. Enfim, ao nome do gozo, "matar hoje é igual comer miojo", nome do pior, é preciso um trabalho de recolhimento dessa apresentação que o sujeito pode fazer de si ao Outro da cultura, para que dela possa reapresentar-se sob nova roupagem. É preciso dizer sim ao pior, "Vinagre", para que dessa escrita apareça a possibilidade de um novo nome.

Apostamos no que possa fazer laço social, suportando a mínima diferença entre cada um no plano universal dos direitos, sim, mas, sobretudo, no campo singular do corpo que goza e é afetado pelo plano público dos direitos. Dessa forma, acolher num primeiro tempo a "homi-cida" implica em, num segundo tempo, incluídos o Outro e o sujeito, seguir suas invenções que dão mostras de intensa criatividade. A jovem, destinada pela fala da avó a ser "homi-cida", não havia matado ninguém, mas se portava como "homi" e ensaiava homicídios com as mesmas facadas que quase a levaram à morte. Faz uma nova volta e reduz à letra de gozo uma nova posição: "MC" Loló. Loló de "Vida Loka" que passa a usar tesouras e canivetes em novos cortes, de cabelo, numa escrita que cerne o gozo desatrelado do corpo. Como no sonho de Irma, de Freud, cerne o real do gozo vivo que afeta seu corpo numa letra que ali opera pela marca que faz na carne, escrevendo uma literalização manifestamente assemântica do sexual (TEIXEIRA, 2010). À diferença que, cernido o gozo numa nova cifra, ela não mais prescinde do Outro.

Ao contrário, a MC é, ao mesmo tempo, incluída no circuito significante do sentido comum, instalando-se no circuito de trocas na língua com sua mínima diferença. Também Carolina, que afoga numa briga uma colega, trata o impronunciável do ato homicida reduzido ao fonema "m" de "matei" com novo acordo linguageiro – esse "m", som que poderia ser pensado como letra de gozo, o gozo vivo que restou do ato infracional. É quando ela dialetiza sua resposta infantil de "menina doce" com o mundo dos adultos, que portam a desconfiança e a maldade, que ela se divide como sujeito pela operação significante aí constituída. Ela se divide, perde cota de gozo e se reinscreve na civilização (no sentido comum da língua), atualizando sua posição no pacto social. Quando tudo e todos estão homogeneamente a serviço do capital, é preciso apostar em formas cotidianas de resistência, pequenas revoluções – ainda que, como Freud (1933 [1932]/1976, p. 185) lembrava, "as crianças revolucionárias não sejam desejáveis, sob nenhum ponto de vista".

Testemunhamos, como analistas, ao mesmo tempo, um golpe no sentido e um golpe no Outro. E, quando o Outro é atingido, é preciso dar corpo significante ao que queda desse encontro. "O analista aloja um outro saber, num outro lugar, mas que deve levar em conta o saber no real" (LACAN, 1974/2003, p. 312). Nesse sentido, não é preciso um Outro do saber, mas antes um Outro que consinta e diga sim, para suportar que o nome do pior possa ser reinventado e reocupado por um novo corpo que encontra escrita no lastro da língua comum, tratada, então, pelo sujeito e pelo outro no pacto civilizatório. Não se inclui um registro que nunca foi escrito. É preciso que ele se escreva, para então poder ser reapresentado de outra maneira.

Se é preciso acolher a invenção do sujeito ou dizer sim, como condição da apresentação do sujeito no plano simbólico e político, é preciso, além desse acolhimento, também tratar de construir com ele fórmulas através das quais ele possa se reapresentar ao Outro da cultura. Como numa banda de Moebius, é preciso percorrer uma volta na banda para que o sujeito se encontre no avesso de sua posição original. Mas são precisas duas voltas para que ele retorne ao mesmo ponto, perdendo uma cota de gozo, na forma de dívida simbólica ou causa desejante, para reinscrever-se no pacto civilizatório, ao preço de fazer de sua perda condição mínima do desejo.

Nessa segunda volta pela banda, o que há de mais íntimo se faz êxtimo, dentro e fora ao mesmo tempo da cultura, e pode se escrever na cena pública sem obscenidade. Esse traçado não se repete, não se copia, não se generaliza no sistema. Ele se refere exatamente ao que escapa ao sistema, disruptivo, e pode se fazer acontecimento, acolhido e escrito. Se não é fácil viver junto, também não é impossível. Se essa operação não é para todos, não quer dizer que não possa ser para alguns. Finalmente se, por um lado, essa operação concerne a um ato de fala, de sujeito, definitivamente, do outro lado da banda, trata-se de um ato político, inarredável.

Para concluir: o psicanalista, a sociedade e o Estado

Assim, o psicanalista, atuando nas instituições públicas, nessa posição "entre", opera, como Lacan nos ensina, a partir da ex-sistência. Não incluído nem pelo Estado, nem produzindo o equivalente ao ideal de sujeito para a sociedade, consiste em uma presença que suporta uma palavra a mais do falasser, pois falar – com ou sem pai por perto! – implica sempre em uma subtração do sentido, em um encontro com a castração.

A ex-sistência (LACAN, 1974-1975/1975-1976) equivale a uma espécie de intersecção por fora, exatamente no ponto em que a tensão entre cada dois registros provoca um mal-estar ao avançar de um sobre o outro, sem ser por ele incluído. A ex-sistência seria o efeito que um registro, furando o outro, provocaria ao criar um espaço ao mesmo tempo fora e interno ao primeiro (GUERRA, 2013). É desse "entre" que o analista, sem se deixar capturar pelo sistema, engendra o que Freud (1933 [1932]/1976) chamou de verdadeira resistência: o sujeito enfrentar os abismos de sua alma. Mas não sem produzir uma mínima diferença, ponto de onde o sujeito em questão, o jovem, pode se mirar, constituir fórmula e lugar para operar.

O que talvez o contemporâneo exija do psicanalista e da psicanálise, nesse paradigma, é um passo além, tal qual aprendemos a dar com os jovens que tratamos. É preciso intervir também sobre a cultura, resguardando a mínima diferença, o hiato não todo recoberto pela linguagem, não todo recoberto pela política, ponto de onde pode derivar o pior, mas também pode-se abrir o novo. Afinal de contas, qual mudança, de fato ocorre *dentro* da ordem? Sem intervalo para respirar, morre-se sufocado.

É preciso encontrar as brechas do sistema. E o sujeito tem ferramentas, é preciso reconhecê-las e sancionar seu uso. Se o adolescente porta o novo da história e o revela com seu ato, não adianta contra ele agir, mas antes, com ele operar. Afinal, quer queiramos, quer não, o novo sempre vem.

Referências

CASTRO, C. (2013). "De como escutei a expressão me inclui fora dessa". In: *Cien Digital*, 15, nov. Disponível em: <http://www.institutopsicanalise-mg.com.br/ciendigital/n15/apresentacao2.html>. Acesso em: 12 dez. 2013.

DOUVILLE, Olivier *et al.* (2012). *Clinique psychanalytique de l'exclusion.* Paris: Dunod. (Collection Inconscient et Culture)

FREUD, S. (1976). *Edição standard brasileira das obras psicológicas completas de Sigmund Freud.* 3ª ed. Rio de Janeiro: Imago.

(1914). "Algumas reflexões sobre a psicologia do escolar", v. XIII, p. 281-288.

(1933 [1932]). "Explicações, aplicações e orientações", v. XXII, p. 167-192.

GUERRA, A. M. C. (2009). "Sutilezas do tratamento do real no final do ensino lacaniano: a letra, o savoir-y-faire e l'âme à tiers". In: LIMA, M. M. & JORGE, M. A. C. (orgs.). *Saber fazer com o real: diálogos entre Psicanálise e Arte.* Rio de Janeiro: Companhia de Freud, p. 131-144.

———. (2010). "A psicanálise e o jovem envolvido com a criminalidade: considerações sobre o laço e o semblante no uso do pai". In: HELENO, C. T. & RIBEIRO, S. M. (orgs.). *Criança e adolescente: sujeitos de direitos.* Belo Horizonte: Conselho Regional de Psicologia de Minas Gerais, p. 135-153.

———. (2013). "O gozo na topologia borromeana: um novo paradigma?". In: *Tempo Psicanalítico, 45* (1), p. 39-59. Disponível em: <http://pepsic.bvsalud.org/scielo.php?script=sci_arttext&pid=S010148382013000100004&lng=pt&tlng=pt>. Acesso em: 18 jan. 2014.

———; MOREIRA, J. O. & LIMA, N. L. (2009). "Nem mesmo filhos da mãe: uma história de meninos sem lei". In: *Anais I Congresso Nacional de*

Psicanálise, Direito e Literatura, Belo Horizonte, p. 155-169. Disponível em: <http://conpdl.com.br/conpdl_anais.pdf>. Acesso em: 18 jan. 2014.

LACADÉE, P. (2006). "A modernidade irônica e a cidade de Deus". In: *Curinga*. Belo Horizonte, EBP/MG, nº 23, nov., p. 35-54.

———. (2011). *O despertar e o exílio – ensinamentos psicanalíticos das mais delicadas das transições*. Rio de Janeiro: Contra Capa.

LACAN, J. (1950/1998). "Contribuições da psicanálise à criminologia". In: *Escritos*. Rio de Janeiro: Jorge Zahar, p. 138-150.

———. (1957-1958/1998). "De uma questão preliminar a todo tratamento possível da psicose". In: *Escritos*. Rio de Janeiro: Jorge Zahar, p. 537-590.

———. (1957-1958/1999). *O seminário, livro 5: as formações do inconsciente*. Rio de Janeiro: Zahar.

———. (1960/1998). "Subversão do desejo e dialética do desejo no inconsciente freudiano". In: *Escritos*. Rio de Janeiro: Jorge Zahar, p. 807-842.

———. (1960-1961/1992). *O seminário, livro 8: a transferência*. Rio de Janeiro: Jorge Zahar.

———. (1961-1962). *Le séminaire, livre IX: l'identification*. Inédito.

———. (1961-1962). *Le séminaire, livre IX: l'identification*. Disponível em: <http://staferla.free.fr/S6/S6%20LE%20DESIR.pdf>. Acesso em: 21 jan. 2105.

———. (1969/2003). "Nota sobre a criança". In: *Outros escritos*. Rio de Janeiro: Jorge Zahar, p. 369-370.

———. (1973/2003). "Nota Italiana". In: *Outros escritos*. Rio de Janeiro: Zahar, p. 311-315.

———. (1973-74). *Le séminaire, livre XXI: les non-dupes errent*. Inédito.

———. (1974/2003). "Prefácio a 'O despertar da primavera'". In: *Outros escritos*. Rio de Janeiro: Zahar, p. 557-559.

———. (1974-1975). *Le séminaire, livre XXII, RSI*. Disponível em: <http://gaogoa.free.fr/>. Acesso em: 21 jan. 2015.

———. (1974-1975/1975-1976). *Livre XXII, RSI*. In: *Ornicar?*, n. 02-05. Paris: ECF.

———. (1975-1976/2005). *Le séminaire, livre XXIII: le sinthome*. Texte établi par Jacques-Alain Miller. Paris: Seuil.

MILLER, J.-A. (1998). *O osso de uma análise*. Salvador: Biblioteca/Agente.

————. (2005). “Uma fantasia”. In: *Revista Opção Lacaniana*, n. 42, p. 7-18. São Paulo, Eólia.

PELLEGRINO, H. (1987). “Pacto edípico e pacto social”. In: PY, L. A. (org). *Grupo sob grupo.* Rio de Janeiro: Rocco, p. 195-205.

TEIXEIRA, A. (2010). “De Irma a Emma: a solução do sonho na dissolução do sentido”. In: *Assephalus/Revista eletrônica do Núcleo Sephora*. Rio de Janeiro, v. V, n. 10, mai-out. Disponível em: <http://www.isepol.com/asephallus/numero_10/artigo_03_revista10.html>.

Acesso em: 18 jan. 2014.

ZENONI, A. (2007). “Versões do Pai na psicanálise lacaniana: o percurso do ensinamento de Lacan sobre a questão do pai”. In: *Psicologia em Revista*. Belo Horizonte, PUC Minas Gerais, 13(1), p. 15-26.

Sem pé nem cabeça: nossos sintomas em análise

Marcus André Vieira

Resumo

Sem mais uma estrutura clara e uma chave única para o saber por meio do pai, os gozos vão se produzindo localmente, como numa galáxia que cresce e se expande mais como fractal do que como flecha. Os sintomas, aquilo que passamos a chamar de transtorno, deixam de ser um mal e passam a ser um modo de viver. Neste artigo interrogamos o que a psicanálise pode propor como uma "Política do sintoma", pois a abordagem dos sintomas a partir da psicanálise pode ser a de gozos que se articulam a um espaço de abertura na rede de acontecimentos de uma vida.

Palavras-chave: gozo; sinthoma; pós-estruturalismo; política.

Abstract

Without rhyme or reason: our symptoms in therapy

Without a clear structure and a sole key to the knowledge through the father, the enjoyments will be produced locally, as a galaxy that grows and expands more like a fractal than like an arrow. The symptoms, which we started calling "disorders", stop being an evil and become a way of life. In this article we question what psychoanalysis can propose as a "symptom policy", for the approach of the symptoms through psychoanalysis can be that of enjoyments which articulate themselves to an opening in the network of events of a life.

Key-words: enjoyment; symptom; post-structuralism; policy.

1. SUJEITO

Para economizar uma demonstração sobre as relações entre os conceitos de sujeito e estrutura no ensino de Jacques Lacan, o que tomaria muito tempo, proponho a seguinte piada contada por Guimarães Rosa em seu prefácio de *Tutaméia*: "[um garotinho] perdido na multidão, na praça, em festa de quermesse, se aproxima de um polícia e, choramingando, indaga: 'seo guarda, o sr. não viu um homem e uma mulher (por aí) *sem* um meninozinho assim como eu?!'" (ROSA, 1978 p. 5).

Essa historinha pode servir para localizar o que entendemos por sujeito, pelo menos do ponto de vista de Lacan. Na história, quem é o sujeito? Não é o menino. Ele é a *personna*, o que chamamos eu, o *ego*, ou ainda a "subjetividade" e que deve ser distinguido do sujeito. *Sujeito*, em sentido estrito, como conceito, é o *outro* menino, aquele que falta ao casal, a falta que anda pela feira com os pais (MILNER, 1996, p. 29).

É esse sujeito, vazio, que pode servir para nos colocar no caminho de uma interrogação. Afinal, que filho ideal seria esse que os pais desejam a seu lado e que o menino concreto não consegue ser? Buscando saber sobre o que poderia ser o menino se ele fosse o que os pais esperam dele, talvez muito se soubesse. Verdades novas poderiam ser encontradas, mas elas não são o menino, e nem mesmo o sujeito. Pois o sujeito desse menino é o nome de um ponto de interrogação. Como afirma Lacan inúmeras vezes, o sujeito é uma suposição[1]. E essa suposição não se faz a partir do menino, mas a partir dos pais.

Quem é esse sujeito? O sujeito de que os pais precisam. Mas o que seria isso? Bem comportado, sempre de mãos dadas, por exemplo? Ou ao contrário, aquele bagunceiro, que os pais não aguentam e que se perde na feira? De todo modo, o sujeito é vazio – ele é efeito e não causa, ponto de partida e não de chegada. Ele é, enfim, como define Deleuze, a casa vazia que movimenta tudo (DELEUZE, 1979), pois senão, se o garoto fosse tudo o que se espera dele, por um lado, ou apenas malcriado insuportável, por outro, o jogo familiar há muito teria acabado.

---

[1] Um sujeito é o que surge do pareamento dos significantes, ou o que um significante essencialmente representa para outro (LACAN, 1960/1998, p. 833).

2. ESTRUTURA

O sujeito dessa piada, como o de Lacan, é, portanto, um furo, mas o furo relativo a uma família. Nessa estrutura, sabemos, o pai tem função de referência. Representado na cena pelo guarda, ele dá corpo à certeza de uma ordem, de que alguém sabe como nos encontrarmos. Os participantes desse jogo confiam que se até hoje, seguindo-se a tradição, tudo deu certo, por que não seguir tomando a palavra paterna por verdade?

No entanto, basta introduzir na cena um aparelhinho, um GPS, imaginar que todos da família têm um *iPhone*, por exemplo, que tudo muda. Como se sabe, os *iPhones* se conectam, o menino não se perde mais. Ele estará sempre localizado e, talvez por isso, não precise mais dar a mão aos pais. Estará sempre com eles, mas sempre mais ou menos. Agora, em vez de um sujeito da falta e um menino que não cabe, parece que temos um novo sujeito. Se se trata de um novo sujeito, então assistimos ao nascimento de uma nova estrutura? Para Lacan, a estrutura nunca foi única, universal, mesmo quando parecia falar de uma estrutura da linguagem geral. Quando definiu o sujeito, Lacan aparentemente o organizou com relação ao pai, mais especificamente com o nome do pai. Mas o pai como um saber além, uma chave geral, uma função de referência (para se encontrar, busque o saber do pai, da tradição) servia para repartir três estruturas, psicose, neurose e perversão. A chave podia ser única, mas não as estruturas[2].

E hoje? Os efeitos da técnica aliada ao capital afastam a referência ao saber do pai, que era sempre além. Tudo parece poder ser sabido e vivido aqui e agora, no mesmo *smartphone* que é GPS. Tanto o pai como referência única como os sujeitos da falta parecem caducos. É o que nos lembram nossos colegas que têm Deleuze como referência. Estamos em tempos de múltiplas subjetivações e gozos presentes. Podemos ainda manter o sujeito,

---

[2] Lacan dividiu-o entre sujeito do enunciado e da enunciação, do consciente e do inconsciente. Na variante psicótica (paranoica), o pai é o deus de Schreber (FREUD, 1911/1996), é o *Show de Truman* sem o capitalismo. Para o GPS como antinome do pai, cf. BASSOLS, 2005.

como furo, como referência universal? Ou apenas para os que ainda são tocados pela solidão do menino da historinha?

3. OBJETO

Creio que podemos deixar essa discussão para os antropólogos e sociólogos, que a levarão adiante com muito mais competência. Podemos fazê-lo porque nunca foi preciso delimitar o campo da estrutura em questão e de seu sujeito para que alguém fizesse análise.

Numa análise não se precisa saber se há estrutura e sujeito, ela pode se iniciar pelo que alguém *não sabe*, o furo do sujeito, mas se move muito mais pelo que *não cabe*. O que somos, na carne, no real, não cabe, por definição, integralmente na cultura. Um tanto de nós não será jamais saturado pelos papéis que o Outro nos reservou, um pouco como o menino que se perdeu dos pais. Somos todos adotados e sempre órfãos.

Para esse excedente de ser, Lacan reservou o termo *objeto*. É um dado clínico. Como é curiosa a análise: buscamos o segredo do sujeito, só que a cada vez que encontramos a certeza de estarmos vivos, a certeza do gozo, estamos em cena não como sujeitos, mas como objetos. É quando nos vemos cuidados ou desprezados pelos próximos, como a histérica seduzida e abandonada, por exemplo.

Uma análise não é obra de um sujeito, buscar o segredo do sujeito nos põe a trabalho, mas o decisivo serão meus encontros comigo mesmo no lugar de objeto.

Um menino negro no Mississipi, nos anos 60, derrama sobre si uma lata de tinta branca e vai ver sua mãe, dizendo: "olha mãe, agora sou branco". Toma uma surra. Faz o mesmo com seu pai, e outra surra. Então, se diz: "Não é que é verdade esse negócio de racismo... não tem dois minutos que sou branco e já tenho raiva de dois pretos".

Na estrutura familiar, o menino levado, impossível, significa revolta. Esse é o papel do racismo na piada do menino negro. Na cultura racista, só se pode ser sujeito ou objeto. Fora do racismo, a piada até perde a graça.

4. Sintoma

O objeto, como figuração desse excedente de vida, é exatamente o que, do ponto de vista do pai, da tradição e da ordem, atrapalha a harmonia prevista. Ele pode ser tolerado, varrido para debaixo do tapete, mas sempre é um problema. Está em oposição ao programa da civilização e a seu gozo devemos renunciar, ao menos em parte, para sermos cidadãos. Os retornos desse gozo serão definidos como sintomas.

Em seu *Seminário 10*, Lacan aborda essa parte impossível de recobrir com o saber. "Resto irredutível" (LACAN, 1962-1963/2005, p. 359), como ele o define, da operação de constituição de si. Exatamente por deter-se nesse objeto, Lacan traz uma nova forma de descrever o sintoma. Tal resto pode ser assumido pela ordem do mundo como uma objeção a ela, mas em sua essência não objeta, apenas é vida que não coube. Nos termos de Lacan, *gozo*. É sua maneira de traduzir o "sexual" de Freud.

Dito de outra forma, apesar de poder ser colhido por um sentido, o sintoma nada quer dizer a princípio, apenas colhido na estrutura ele passa a ser um gozo proibido, por exemplo.

Desse ponto de vista transestrutural ou pós-estrutural, essa coisa "de fora" não "quer entrar". Só quer gozar. Sem desejo, ou vontade disso ou daquilo, sem intenção, apenas a de perseverar em seu gozo. A partir daí, Lacan não cessará de enfatizar esse gozo que não é colhido nas estruturas da cultura como base do sintoma.

5. Tribos

As coisas mudam um pouco quando a estrutura não está bem definida ou ordenada: o gozo fica sem localização. Quando há uma avenida principal para as renúncias impostas pela civilização, se elas seguem a mesma direção, os gozos que não se encaixam, divergentes, serão eliminados, ocultos ou apagados. Mas, se a cultura perde o senso, a cabeça (sem que haja apenas dispersão da massa, caos, como parecia imaginar Freud e muitos ainda hoje), os gozos vão se produzindo variada e localmente, como numa galáxia que cresce e se expande mais como fractal. Os sintomas, aquilo que não por acaso passamos a chamar de transtorno, deixam de ser um mal e passam a se aproximar mais, quando não causam muito incômodo, de um modo de ser[3].

Mas mesmo um fractal precisa de um mínimo de organização. Um caleidoscópio mutante de sintomas é muito pouco compatível com a ordem social. Então, a cultura propõe modos de gozo *prêt-à-porter*. Eles são muitos e variados, customizados segundo o cliente, mas segundo protocolos, prescrições de uso que devem ser seguidos à risca. Nesse contexto, vemos o quanto é possível estabilizar esse excedente de gozo fora da lei e do desejo a ponto de dele fazer uma identidade. Basta que ele seja tomado como um modo de ser, um modo de gozo que nos registra em uma tribo específica com regras e protocolos de vida próprios. É a identificação rígida que sustenta as comunidades monossintomáticas: MADA; AA; Ana e Mia etc. Base da composição do DSM, no qual um modo de gozo tornado um modo de ser é o que está em cena. Ganha-se um lugar e um laço estável com o Outro, mas apenas gozando-se exatamente como todos os outros[4].

O sintoma há muito deixou de ser um empecilho. Ele é um modo de vida. Está em prolongamento com relação à subjetividade. Essa é, segundo Miller, a chave do *Um-dividualismo* contemporâneo (MILLER, na con-

---

[3] As comunidades do antigo Orkut eram um ótimo exemplo disso. Nele, cada um tinha uma lista de comunidades a que pertencia e elas nada mais eram do que registros de um modo de gozo: "eu subo os degraus de dois em dois", "fecho gaveta com a perna", ou, menos óbvios: "celular de bêbado é uma arma". Eles podem ter variações, não precisam ser modos de gozo ativo, podem ser mais passivamente vividos: "a lei de Murphy me persegue", ou "meu cabelo me odeia", mas isso não muda a ideia geral. Ali, reunindo-se uma série de formas de gozo, pode-se dizer: Eu *sou* isso. O que era antes um gozo como "penso com a geladeira aberta" ou "leio o rótulo do shampoo no chuveiro"? Algo no mínimo desprezível. Dispensável. Se ocupando o centro da vida, patológico. Agora, isso passa a ser um traço identitário.

[4] A recente polêmica em torno do DSM V, quando Thomas Insel (diretor do Instituto Nacional de Saúde Mental – NIMH) publica em seu blog (INSEL, 2013) que está abandonando-o por basear-se em descrições e não por evidência "natural" científica apenas reforça essa hipótese. O DSM é uma descrição de tribos tidas como patológicas. Em sua quinta versão, busca-se priorizar as dimensões justamente para que o patológico seja apenas o excessivo.

tracapa de Lacan, 1971-1972/2012)[5]. Não seriam as políticas conhecidas como de *redução de danos* apoiadas, ao menos em parte, nesse pressuposto? Você tem direito à sua loucura ou a seu vício, desde que não atrapalhe a ordem pública ou o leve à morte. Na pior das hipóteses, renuncie ao comportamento, mas não à identidade que seu modo de gozo lhe deu. Por isso, hoje assiste-se ao aparente paradoxo de alcoolistas que não bebem, ou até mesmo que nunca beberam muito, frequentando os Alcóolicos Anônimos por terem detectado o comportamento alcoolista em si mesmos, sem uma história de abuso evidente da substância.

Compondo-se uma lista de sintomas constitui-se uma identidade. E as identidades definem comunidades. Vivemos, assim, numa enorme comunidade de sintomas. É o que J.-A. Miller ironiza ao dizer que os Estados Unidos, nosso paradigma para esse tipo de generalização do sintoma, deveriam ser chamados de *United Symptoms of America* (MILLER, 2005, p. 17).

Trocando em miúdos: quando se supõe haver ordem na natureza, o sintoma é desordem; quando a natureza é ilegível, o sintoma é instituição.

6. Sinthoma

Mas o sintoma pode ser tratado ainda de outro modo. Aqui o tema de uma "Política do sintoma"[6] diz que podemos manter, como indica Lacan em seus últimos *Seminários*, o sintoma como referência. Menos dependente de uma estrutura que o sujeito, desde que ele seja abordado não apenas como obstáculo ou mensagem.

O essencial é: que o gozo passe pelo dizer não significa necessariamente que seu sentido seja entendido, decifrado. Como define Lacan em sua "Conferência em Genebra sobre o sintoma", ele pode ser abordado

---

5 A distância entre o gozo a serviço do ideal e o gozo a serviço de um modo imaginário de ser é a mesma entre os professores e os *black-blocks*, mas também entre os professores e o modo de ser proposto pela política da prefeitura: "meritocrata, mas sem valores".

6 Essa é uma expressão destacada por J.-A. Miller e em curso na comunidade da Associação Mundial de Psicanálise – que reúne várias agremiações LACANianas pelo mundo, entre elas a minha, a Escola Brasileira de Psicanálise.

como um aparato constituído pelo que resta na peneira (é a metáfora que nos propõe) do cruzamento entre gozo e significante, ou de uma vida colhida em uma rede de acontecimentos.

> O fato de que uma criança diga "talvez", "ainda, não", antes mesmo de ser capaz de construir verdadeiramente uma frase, prova que há algo nela, uma peneira que se atravessa, por onde a água da linguagem chega a deixar algo na passagem, alguns detritos com os quais ela vai brincar, com os quais, necessariamente, ela terá que lidar. É isso que lhe deixa toda essa atividade não refletida – restos aos quais, mais tarde, porque ela é prematura, se agregarão os problemas do que a vai assustar. Graças a isso [os restos], ela vai fazer a coalescência, por assim dizer, dessa realidade sexual e da linguagem (LACAN, 1975/1998, p. 11).

O sintoma, para Lacan, passa a se localizar menos como o mal que nos atinge do exterior e mais como a marca da presença do Outro em nossas vidas. Investigada até as raízes do ser em algumas análises, evidencia-se como ela nos constitui, mesmo quando se apresenta como incômoda ou traumática. Além disso, essa presença não se apresentará, em análise, como a marca de uma ação ou violência do Outro específica, pois se pulverizará. Buscávamos *Uma* resposta, *Uma* origem, *Um* desejo original e nos deparamos com muitos objetos que constituem um material, primário certamente, grau zero do ser, mas fragmentário, feito de esparsos disparatados e bricolagens precárias.

É o que propõe Jacques-Alain Miller com base no último ensino de Lacan, especialmente em seu *Seminário 23: O sinthoma*. Ele chama essa concepção de "foraclusão generalizada"[7]. Na verdade, trata-se de uma teoria do sintoma generalizado. Esse sintoma não é mais tomado como um problema. Ele continua assinalando um impossível, o impossível de apagar essa marca do Outro, ou de inventar outra para si, mas não precisa ser tomado como fracasso.

---

[7] Cf. MILLER, 1985, 1996 e 1998. Para o que desenvolvemos sobre o sintoma: MILLER, 1997/2000.

7. Fazer com

Nessa via, nada de eliminá-lo, mas "identificar-se com ele", no sentido de poder ser aquilo ali de algum modo, mas sobretudo: se virar com ele, "fazer com" (LACAN, 1975-1976/2007, p. 17).

Um exemplo para concluir. Agora não é uma historinha ou piada, mas um relato clínico, um testemunho de passe[8]. Escolhi esse porque também envolve um menino-sujeito, um objeto e um sintoma. Ele resume um longo percurso de análise em poucas linhas e algumas cenas fundamentais. Para nossos propósitos, retenho apenas três (NAPARSTEK, 2005).

Seu pai costumava ler o obituário dos jornais. Ele lhe pergunta um dia por quê. "Quero saber quem já não toma Coca-Cola" é a resposta. Seria um chiste, mas o menino não consegue rir. É preciso levar em conta o contexto, ou, pelo menos, o modo como o menino leu o ambiente familiar, especialmente o desejo desse pai. O menino vivia na dicotomia: "um mundo dividido entre cruzes e estrelas de David" (NAPARSTEK, 2005, p. 60), entre católicos e judeus, entre os consumistas e os mortificados. É justamente essa visão cindida que gera problemas. Se apenas os consumistas estão vivos, não há opção senão ficar com eles. Ele, portanto, nega as crenças do pai, figura para ele da mortificação judia, e segue na oposição dos ideais de seu povo, mas se vê apenas vazio ou gozando de uma vida que não lhe parecia sua.

Qual é o chiste? Perdendo a graça por traduzir a piada entendo-o assim: viver é beber sofregamente uma coisa sem sentido, como a Coca-Cola. Somos todos consumistas, de um gozo sem sentido e sem valor. O filho, porém, na

---

8 "O passe é o dispositivo inventado por Lacan para permitir que o grão de escrita a que se reduziu a história de uma vida em análise possa ser transmitido a outros" (MILLER, 2010, p. 86). Assim, aquele que declara ter chegado ao fim de sua análise narra-a a dois colegas, que transmitem seu relato a um pequeno grupo de analistas que já passaram pelo mesmo procedimento. Eles buscam certificar-se de que a lógica da conclusão depreendida pelo relato pôde ser apreendida. Nesse caso, aquele que procurou o dispositivo do passe deverá prosseguir transmitindo o modo como encontrou um novo destino àquilo que o levou à análise ao coletivo de analistas a que Lacan nomeou *Escola* durante o período de três anos, recebendo a nomeação de AE, analista da Escola, no decorrer deste tempo. Cf. parte do site da Associação Mundial de Psicanálise, AMP, que se detém sobre o dispositivo do passe: <http://wapol.org/pt/las_escuelas/Template.asp?Archivo=el_pase.html>. Acesso em mar. 2014.

"realidade dividida entre dois polos" (NAPARSTEK, 2005, p. 60) em que vivia, só podia escolher entre "uma morte judia ou a vida sem o judaísmo" (NAPARSTEK, 2005, p. 61). Não havia lugar para a satisfação subterrânea que o chiste permite e que gera o riso. Só na segunda análise consegue "entender o dito paterno" sobre os obituários e "captar o aspecto de comédia que havia tido o drama de sua vida" (NAPARSTEK, 2005, p. 60), pois tanto judeus quanto católicos bebem Coca-Cola. Dá para imaginar que, na dicotomia, os excessos orais tenham sido frequentes já que desarticulados das identificações, o que ele chama de uma postura "cínica" (NAPARSTEK, 2005, p. 61).

A análise lhe permitiu essa passagem entre os dois polos. Suponho que ela o tenha conseguido após muitas idas e vindas pelos caminhos de uma pulsão que seguia da satisfação oral para a do sacrifício. Ele resume essa articulação ao retomar seu nome, composto de um primeiro nome católico juntamente com Abraão, o nome maior do sacrifício. Não poderei desenvolver a demonstração dessa conexão, mas o importante é que ela só é possível quando o pai não é mais símbolo dos ideais decaídos de um povo, passando a representar um gozo a mais, justamente o do riso, de sua disposição para o humor.

Foi preciso "escrer" no pai (NAPARSTEK, 2005), ou ainda reconhecer em si mesmo esse mesmo traço do humor, sempre constante, e perceber o quanto isso, que até então pensava como cinismo derrotista, era um traço de estilo. O cinismo era um sintoma do ponto de vista do ideal, mas era também um modo de satisfação impossível de negativar. O sujeito, então, demonstra que é preciso em uma análise "passar da crença no pai à crença no sintoma" (LAURENT, 2007, p. 176), desde que se entenda sintoma nesse sentido, de um gozo singular que atravessa o cenário fantasmático dicotômico do par sujeito-objeto.

Finalmente, na terceira cena:

> O pai continuava lendo cotidianamente os avisos fúnebres. O sujeito se aproximava e lhe perguntava – outra vez – pelo que estava fazendo. O pai respondia que estava vendo quem eram os que já não tomavam Coca-Cola. Finalmente o sujeito lhe replica que este chiste já lhe era conhecido, Esta vez o pai lhe responde: "é verdade, ou mudo de chiste ou mudo de público" (NAPARSTEK, 2005, p. 62).

Ele mostra como é preciso tomar para si esse gozo que localizara no pai e que constitui seu próprio estilo: "ou mudo de chiste [gracinha] ou mudo de público" (NAPARSTEK, 2005). Esse chiste fala de um fracasso. Não será possível ter a graça da piada e o público. De certa maneira, ele continuará para sempre perdendo o amigo sem perder a piada porque não pode fazer de outro jeito. Mas algumas vezes pode não fazer a piada. Apenas isso, mas é um enorme ganho.

8. Política

Nós, psicanalistas, estamos divididos. Há os que sonham com a psicanálise pós-psicanalítica e aqueles que são os campeões do fracasso, propagando que sempre haverá o furo, a falta, o vazio e o sujeito e que, portanto, sempre haverá a psicanálise.

Precisamos ir um pouco mais longe do que dizer que somos psicanalistas porque sabemos viver com o fracasso, pois a questão é que estamos às voltas com um Outro que ignora retumbantemente o fracasso, não porque não quer vê-lo, ao modo do recalque, mas porque o transforma em sucesso. O fracasso está fora do Outro de nossos dias.

Lacan, em seus últimos *Seminários*, situa o sintoma como algo não negativo, feito de um gozo que não se representa nunca nem se encaixa nunca, mas que nem por isso é menos existente. Tenta, então, situar uma teoria do final de análise em que a questão é a de como fazer com o fracasso a ponto de ele continuar o mesmo, mas perder o sentido. Assim, no mínimo, o fracasso passa a servir, estar em prolongamento com o eu e não em oposição a ele. Isso é o estilo, errar sempre mais ou menos do mesmo modo a ponto de ele se incorporar ao ser. Gaguejar na própria língua. Fazer uma nova aliança com o gozo.

Em nossos dias, talvez a singularidade não seja mais um furo localizado em uma estrutura, talvez tenhamos que usar o termo sujeito em um sentido mais ampliado, como uma opacidade irredutível que pode ser buscada em cada modo de gozar pré-definido.

Os sintomas do DSM são renúncia não ao gozo, mas ao vazio de sentido do gozo. Os sintomas da moda são gozos definidos como egos. Já os sintomas em análise, ou a abordagem dos sintomas a partir da psicanálise, podem ser gozos que se articulam a um espaço de abertura na rede de acontecimentos de uma vida. O fora do sentido hoje, *nonsense*, órfão da estrutura, precisa de uma montagem para agir como ponto de singularidade, como espaço de um sentido contingente, ainda por vir, em meio a tantos protocolos de sentidos prévios.

Além disso, tal como buscamos em uma análise as montagens que põem essa vida opaca em movimento, podemos, nos mais variados lugares da cidade apostar nas revoluções que essa fração singular de gozo pode fazer. Manter o fracasso como estilo permite abrir-se à contingência. Como serão sempre construções, artefatos, e não achados ou elaborações, geram a responsabilidade de sustentar que, dados os materiais disponíveis, aquilo foi a maneira possível de viver na abertura do presente. Esse talvez seja o modo atual de fazer valer a exortação de Lacan: de que de nosso lugar de sujeito somos sempre responsáveis (LACAN, 1966/1998, p. 869).

Referências

BASSOLS, M. (2005). "Poli-Édipos". In: Opção Lacaniana, n. 42. São Paulo: Edições Eolia, p. 80-83.

DELEUZE, G. (1979) "A quoi reconnaît-on le structuralisme?". In: CHATELET, F. Histoire de la philosophie, v. IV. Paris: Marabout, p. 293-327.

FREUD, S. (1996). *Edição standard brasileira das obras psicológicas completas de Sigmund Freud*. Rio de Janeiro: Imago.

(1911). "Notas psicanalíticas sobre um relato autobiográfico de um caso de paranoia", v. XII, p. 15-89.

(1916-1917). "O sentido dos sintomas", v. XVI, p. 265-279.

INSEL, T. (2013). "Transforming diagnosis". In: *Director's Blog*. Disponível em: <http://www.nimh.nih.gov/about/director/2013/transforming-diagnosis.shtml>. Acesso em: 10 jan. 2014.

LACAN, J. (1960/1998). "Subversão do sujeito e dialética do desejo no inconsciente freudiano". In: *Escritos*. Rio de Janeiro: Jorge Zahar, p. 807-842.

————. (1962-1963/2005). *O seminário, livro 10: a angústia*. Rio de Janeiro: Jorge Zahar.

————. (1966/1998). "A ciência e a verdade". In: *Escritos*. Rio de Janeiro: Jorge Zahar, p. 869-892.

————. (1971-1972/2012). *O seminário, livro 19: ... ou pior.* Rio de Janeiro: Jorge Zahar.

————. (1975/1998). "Conferência em Genebra sobre o sintoma". In: *Opção Lacaniana*, n. 23. São Paulo: Edições Eolia, p. 6-16.

————. (1975-1976/2007). *O seminário, livro 23: o sinthoma*. Rio de Janeiro, Jorge Zahar.

LAURENT, É. (2007). "A sociedade do sintoma". In: *A sociedade do sintoma: a psicanálise, hoje*. Rio de Janeiro: Contra Capa, p. 163-177.

MILLER, J.-A. (1985). "Esquizofrenia y paranoia". In: *Psicosis y psicoanálisis*. Buenos Aires: Manantial, p. 8-30.

————. (1996). "Clínica irônica". In: *Matemas I*. Rio de Janeiro: Jorge Zahar, p. 190-200.

————. (1997/2000). "Teoria do parceiro". In: MONTEIRO, E. & RIBEIRO, V. (orgs.). *Os circuitos do desejo na vida e na análise*. Rio de Janeiro: Contra Capa, p. 185-207.

————. (1998). *La conversation d'Archachon*. Paris: Seuil.

————. (2005). *El outro que no existe y sus comitês de ética*. Buenos Aires: Paidós.

————. (2010). "Est-ce passe?". In: *Révue de La Cause Freudienne*, v. 75. Paris: École de la Cause Freudienne, p. 83-89.

————. (2011). "Seminário sobre o sentido dos sintomas e os caminhos de formação dos sintomas". In: *Opção Lacaniana*, n. 60. São Paulo: Edições Eolia, p. 11-37.

MILNER, J.-C. (1996). *A obra clara: Lacan, a ciência, a filosofia*. Rio de Janeiro: Jorge Zahar.

NAPARSTEK, F. (2005). "Do sujeito ocidentado à orientação pelo sintoma: modulações sobre a crença". In: *Opção Lacaniana*, n. 42. São Paulo: Edições Eolia, p. 60-63.

ROSA, J. G. (1978). *Primeiras estórias*. Rio de Janeiro: José Olympio.

"O INCONSCIENTE É A POLÍTICA": ARTICULANDO O SUJEITO NA POLÍTICA DO CUIDADO

Roseane Freitas Nicolau

RESUMO

Tomando a frase de Lacan "o inconsciente é a política", o artigo discute a possível implicação da psicanálise com o campo das políticas públicas de saúde pela via da *práxis* do analista nas instituições, desde que uma clínica seja sustentada. Extraímos a ideia de que convocar o inconsciente é fazer política, e isso pode ser feito em qualquer espaço onde haja analista. Considerando que, do ponto de vista do desejo, podemos ser grandes subversivos e mudar os acontecimentos, podemos forjar uma política ética do ato psicanalítico, entendido como fenômeno que solicita o sujeito num tempo compartilhado.

Palavras-chave: inconsciente; política; sujeito; ética.

ABSTRACT

"The unconscious is the politics": articulating the subject in the care politics

Taking the phrase of Lacan "the unconscious is the politics", the article discusses the possible implications of psychoanalysis into the field of public health politics by means of the praxis of the analyst in the institutions, where a clinic is sustained. We extract the idea that to convoke the unconscious is to make politics, and this can be done in any space where there analyst. Considering that, from the viewpoint of desire, we can be big subversives and change the events, understood as a phenomenon that convokes the subject into a time shared.

Key-words: unconscious; politics; subject; ethics.

No campo de aplicação das políticas públicas de saúde, onde o analista se faz cada vez mais presente, somos convocados a sustentar posições diante dos que julgam a psicanálise incompetente para o tratamento em instituições e a veem como uma prática isolada e desligada da política. Neste artigo, localizamos a psicanálise no campo da política e da ética pela via do inconsciente, mostrando que, do ponto de vista do desejo, podemos ser grandes subversivos e mudar os acontecimentos ao forjarmos a possibilidade de uma "política ética" do ato psicanalítico, entendido como ato que convoca a subjetividade num espaço-tempo compartilhado, associando-se a uma posição crítica da política de saúde.

As práticas institucionais são fundamentadas na "ética do bem", alimentando-se do ideal de saúde para todos, através do qual o sofrimento do sujeito é acolhido por uma política que se tece apoiada na aplicação de tecnologias desenvolvidas pelo Ministério da Saúde para atender as necessidades dos usuários. Essas "tecnologias da saúde" incluem procedimentos aplicados por regras e normas estabelecidas em nome do sucesso dos atendimentos, visando uma política de resultados, que, entre outras coisas, põe em circulação uma certa experiência do fim da clínica. Desde os anos 90, com a implementação das diretrizes que priorizam técnicas grupais, trabalhos comunitários e assistenciais, isso vem ganhando espaço em relação à escuta das singularidades. Como sustentar nossa posição diante dessa política massificadora?

A resposta que pretendo defender aqui é: solicitando o inconsciente em nossa prática institucional, através da articulação entre psicanálise e política em sua dimensão clínica.Parto da ideia de que articular o inconsciente é fazer política, ideia extraída da frase que dá título ao presente artigo: "o inconsciente é a política", formulada por Lacan (1967) no *Seminário, livro 14: a lógica da fantasia*. Não seguirei aqui o rigor de uma reflexão sobre a relação do analista com a dimensão política, ou sobre a ética, o ato analítico como ato político, ou mesmo sobre em que sentido o inconsciente se articula ao político, como fizeram alguns autores (BROUSSE, 2003; ROSA, 2004; RINALDI, s/d).

A essa proposição articulo o que Lacan dirá mais tarde, no *Seminário, livro 17: o avesso da psicanálise* (1969-1970/1992), quando convoca os analistas a não cederem a uma política massificadora, insistindo na escuta do um a um, num esforço de restaurar o laço do sujeito com o Outro. A frase assim articulada sugere, entre outras coisas, que muito longe de um indiferentismo em matéria de política, Lacan tomou posições, quando, por exemplo, denuncia a falácia da pretensão do saber totalitário, contra o qual é preciso engajar o saber do inconsciente:

> A ideia de que o saber possa constituir uma totalidade é, por assim dizer, imanente ao político como tal. A ideia imaginária do todo [...] foi sempre utilizada na política, pelo partido da pregação política [...]. A colusão dessa imagem com a ideia de satisfação, eis contra o quê temos que lutar cada vez que encontrarmos alguma coisa no trabalho de que se trata, o do descobrimento pelas vias do inconsciente" (LACAN, 1969-1970/1992, p. 29).

A ideia de totalidade sustenta também a política do cuidado, colocando em circulação práticas institucionais alimentadas no ideal de saúde e harmonia para todos; o sofrimento do sujeito é acolhido por práticas que visam alcançar o maior número de usuários possível. Por outro lado, os profissionais que atuam nos programas, na grande maioria, acreditam resolver as mazelas do sujeito aplicando técnicas e procedimentos de rotina.

Assim, a política de saúde é regida pela ética do cuidado, do universal que se aplica a todos indistintamente, operando com um saber constituído da ordem do conhecimento científico organizado e acumulado para intervir sobre o usuário. Este, na maioria dos casos, resta paralisado, acomodado no lugar que a instituição lhe endereça, que é o de depositário do saber, lugar de objeto a ser gozado pelo Outro institucional.

O SUJEITO NA POLÍTICA

Em contraposição a uma ciência universalizante só é possível uma ética do particular, tal como propõe a psicanálise, que inclua o sujeito cuja essência é o seu desejo. Isso é a um só tempo uma posição política e um alerta aos analistas. Convocar o inconsciente não deixa de ter seus desdobramentos políticos, considerando que a frase de Lacan sugere a existência de uma política implicada na *praxis* da psicanálise, e que esta não pode ser outra que a importância da emergência do sujeito do inconsciente, este que a análise põe em circulação.

Podemos, assim, ler a frase de Lacan nesse sentido: articular o inconsciente é fazer política, seja na extensão ou na intensão da psicanálise. Ou seja, no plano ético, individual, e no plano político, social, articulados numa oposição inclusiva, para questionar o imperativo de gozo e ter acesso à criatividade. Nesse sentido, a psicanálise em intensão seria uma forma de fazer política, e a psicanálise em extensão, aplicada ao contexto institucional, seria uma forma de interferir na política que aí se faz.

Desse modo, o sentido em que a clínica estaria implicada com a política é que esta possibilita a emergência de um sujeito subversivo do desejo inconsciente.

Ao articularmos clínica e política pela via da emergência do sujeito no trabalho institucional, consideramos a presença do psicanalista nesse contexto. Entretanto, não é apenas a sua presença que garante o trabalho com o inconsciente na instituição. O que quero dizer é que, embora a presença do psicanalista nas equipes multidisciplinares seja cada vez mais frequente nas instituições de saúde, essa presença não tem garantido a experiência freudiana de saber – a experiência do inconsciente, de um saber insabido pelo sujeito e do qual ele é responsável. Essa afirmação se baseia em meu exercício como supervisora de trabalho institucional, tanto em minha clínica, quanto na Clínica-Escola da UFPA, e também como pesquisadora e orientadora de trabalhos de Pós-Graduação, onde tenho ouvido relatos angustiados de psicanalistas e/ou psicólogos orientados pela psicanálise que aderem a uma prática assistencialista por não conseguirem operar do lugar de analistas, seja porque na instituição lhes é vedado o exercício da clínica, seja porque suas próprias resistências os impedem de acreditar que nesse contexto possam operar como psicanalistas.

É preciso ainda considerar o quanto é difícil não se deixar enredar pelo humanismo piegas que permeia as relações de cuidado, particularmente para um analista iniciante. A oferta de amparo e proteção aos sofredores e necessitados fascina pelo poder que confere àqueles que se colocam na posição de detentores do saber sobre a doença e o doente e a consequência disso é impedir que um saber próprio, singular a cada sujeito, possa emergir, petrificando-o no lugar de objeto a ser gozado pelo Outro institucional. Nesse contexto, o sujeito do desejo fica interditado, na medida em que os laços institucionais se estruturam oscilando entre o discurso universitário e o discurso do mestre, modalidades discursivas cuja relação com o saber obstrui a verdade do sujeito.

Qual a possibilidade de uma "política ética" do ato psicanalítico, entendido como atividade interpretativa que solicita a subjetividade, quando o psicanalista se vê enredado na rede de apoio e cuidado? Deixemos essa questão em reserva.

Retomando a frase de Lacan "o inconsciente é a política", como sustentar a via política que inclua o inconsciente na direção do tratamento no contexto institucional, quando se trata da dimensão política do gozo e do sintoma? Como reagir à determinação de uma política de aplicação do discurso médico-higiênico-pedagógico, que, de forma cada vez mais contundente, estabelece manuais de diagnósticos e procedimentos para embasar o trabalho dos profissionais nas instituições de saúde?

Sustentando a clínica institucional a partir de um trabalho em equipe que transmita aos outros profissionais os efeitos de uma escuta sensível ao sujeito. O que temos constatado nas várias instituições em que pesquisamos é que, fora da psicanálise, não há clínica, no sentido de escuta. Então é preciso buscar a adesão dos profissionais para fazer a psicanálise ser admitida nesse campo. Tarefa que exige que demonstremos, em ato, que a medida de sua eficácia não se pauta pelos mesmos parâmetros das avaliações técnico-institucionais. Assim, no próprio contexto da assistência, a psicanálise pode operar com sua ética provocando mudanças na política de saúde.

Reagir a essa política não implica protestos e passeatas, mas trabalhar no sentido de colocar a palavra em circulação. E isso se faz convocando o inconsciente, tomando ao pé da letra a frase "o inconsciente é a política", com a ideia de que aí Lacan convoca os analistas a não cederem à política de saúde assistencialista, insistindo na escuta do um a um, num esforço de restaurar o laço do sujeito com o Outro. E obviamente, escrevendo e publicando, num modo de luta sem grandes estardalhaços.

A LUTA SILENCIOSA DO PSICANALISTA

Se muitos consideram a psicanálise apolítica, alienada em relação às condições sociais desumanas e injustas, e os psicanalistas como seres que não se posicionam politicamente, é porque desconhecem o ensino de Freud e Lacan. A via pela qual o psicanalista toma posição, seguindo seus exemplos, não é a da passeata, a participação em movimentos sociais, ou ocupando cadeiras no congresso. Não que ao psicanalista seja vedado o ativismo político, mas ele não precisa ir para as ruas ou palanques para exercer sua posição política, conforme se pode depreender dos desdobramentos que a psicanálise proporciona aos movimentos sociopolíticos.

Podemos dizer que tanto Freud, quanto Lacan, cada um a seu tempo, de certa forma influenciaram decisões políticas, seja porque alguns líderes fizeram análise, ou porque leram e se esclareceram em textos psicanalíticos. Teria que citar fatos históricos que corroborassem isso, mas não há espaço aqui nem é meu interesse.

Entretanto, desejo sublinhar que algumas temáticas de outras disciplinas como o poder, a crença, o valor, a ética, a violência, a cientificidade assumem certa singularidade quando se lhes imprime um recorte psicanalítico, inclusive as decisões políticas. Ou seja, Freud e Lacan não levantaram bandeiras, mas suas posições políticas aparecem em seus textos. Em Freud, textos como "O futuro de uma ilusão" (1927), "O mal-estar na cultura" (1930) e "Moisés e o monoteísmo" (1939), lidos por teóricos de campos diversos do saber, vêm influenciando análises na filosofia política e nas ciências sociais[1].

Em Lacan, temos o que pode ser chamado de textos institucionais, que tratam da política da psicanálise, como, por exemplo, "A psicanálise e

---

[1] Destacamos a leitura pulsional do poder, o ponto de vista de Plon (1999), para quem a psicanálise aplicada pode apontar os elementos da subjetividade implicados nas práticas sociais.

seu ensino" (LACAN, 1957/1998), "Proposição de 9 de outubro de 1967 sobre o psicanalista da Escola" (LACAN, 1967/2003) e "Situação da psicanálise e formação do psicanalista em 1956" (LACAN, 1956/1998). Ou *O Seminário, livro 17: o avesso da psicanálise* (LACAN, 1969-1970/1992), onde Lacan sugere a existência de quatro discursos reguladores do laço social que nos permitem verificar as diferentes posições que um sujeito assume no campo social. Isso produz parâmetros para o psicanalista dirigir sua prática em laços institucionais os mais diversos, pois destaca a dimensão discursiva dos laços sociais, mostrando os modos como as relações de linguagem entre as pessoas definem as maneiras diferentes de distribuição de gozo.

O discurso, um discurso sem palavras, mas não sem linguagem, dá conta dos laços sociais, que se constituem a partir da circulação de certos elementos que, ao transitarem por diferentes lugares, produzem laços sociais específicos e promovem diferentes efeitos ou sintomas. A dimensão política do gozo toma relevância na medida em que é um fenômeno que abrange o sujeito em um determinado laço social.

Poderia sublinhar ainda como a psicanálise influenciou a ciência, que, depois dela, não é mais a mesma, sem esquecer que o discurso político, por sua vez, é radicalmente dependente do discurso científico. Tomar o rumo dessas discussões seria um desvio superficial e sem consequências para o foco deste trabalho, que se tece a partir da possível articulação entre a clínica e a política, mais precisamente a articulação entre psicanálise e política em sua dimensão clínica, para tentar articular a dimensão política da psicanálise.

Essa dimensão pode ser desdobrada em dois eixos: o da política do discurso do analista e o da política na direção do tratamento. O primeiro eixo pode ser situado no campo social como cenário da produção discursiva e de sintomas, e o segundo como de seu tratamento. Ambos remetem à interface política da psicanálise, seja quando trata de modalidades de laço social, seja quando se trata da dimensão política do gozo e do sintoma.

Mas em que sentido a clínica estaria implicada com a política? É no sentido de que esta possibilita a emergência de um sujeito subversivo do desejo inconsciente, como foi dito. E no sentido em que tanto a psicanálise quanto a política implicam uma ética, diferentes, mas presentes em seus respectivos modos de se relacionar com o outro, de estabelecer laços sociais. A ética da psicanálise não é aquela que incide sobre a arrumação, a ordenação dos chamados serviços dos bens a serem distribuídos, como é o caso da política. Ela incide sobre o desejo e sobre a responsabilidade que o sujeito tem que assumir frente a ele. Isso o leva a se posicionar de outra forma diante de seu sofrimento, o que terá incidência na sua forma de estabelecer laços sociais.

POLÍTICA E ÉTICA

Vejamos que política é essa cuja relação com a psicanálise analisamos. Esse esclarecimento exige operar uma distinção pontual entre ética e política em psicanálise a fim de apreender a dimensão política nesse campo. Não raro, política e ética são tratadas como coincidentes. Entretanto, sobrepor política a ética constitui o apagamento de uma diferença bastante fértil – e, por que não dizer, uma certa dimensão de recalque, isto é, a política como algo que fora esquecido.

No *Seminário, livro 7: a ética da psicanálise* (LACAN, 1959-1960/1988), Lacan apresenta os campos da ética e da política como opostos e desenvolve sua proposta de uma ética da psicanálise sustentada no desejo e referenciada ao Real, enfatizando a particularidade do desejo de cada sujeito e opondo-se a qualquer forma de universalização moral. Entretanto, isso não implica um desprezo pelo âmbito das relações entre os homens.

De certa forma, Lacan faz uma transgressão ética nesse seminário com sua leitura de Antígona.

O certo é que a psicanálise está referida a uma ética problemática que reconhece o conflito como permanente, como um conflito de valores, entre os quais o valor de uso e o valor de troca. O conceito de inconsciente freudiano é expandido pela inclusão do princípio de alteridade e pelo reconhecimento do papel determinante do simbólico, tal como foi ressaltado por Lacan ao definir o inconsciente como "o discurso do Outro".

Avançando para *O Seminário, livro 20: mais, ainda* (1972-1973/1982). Se a ética do desejo aponta para o impossível, para aquilo que "não para de não se escrever", pode-se pensar a política como política do desejo que se desenvolve no terreno da contingência, naquilo que "para de não se escrever", no regime do encontro sempre faltoso. Nesse sentido, ela pode ser vista como o próprio movimento do inconsciente, como política do sujeito que se instaura numa prática da diferença.

Não há, contudo, como negar que a psicanálise, como prática da pólis moderna, é uma prática política, mesmo guardadas as especificidades do discurso analítico. Uma vez que faz laço social, ela se insere na cena política inevitavelmente e Lacan e Freud não desconheceram isso.

Ocorre que a política tradicionalmente é o campo onde se exercita o poder através da oferta de bens, ou melhor, da ilusão da existência de bens que satisfaçam o desejo, o que traz consigo a rivalidade e a disputa. A ética da psicanálise, por sua vez, ao partir de uma causa perdida, aponta para a experiência trágica da vida, na qual o desejo se defronta com a morte, enquanto castração, uma vez que no seu horizonte não há nenhum bem, mas uma falta de objeto. Que poder político estaria interessado nisso?

Lacan não deixou de chamar a atenção para as dificuldades de sustentação dessa ética referida ao impossível fora do contexto da psicanálise em intensão. Certamente essa advertência diz respeito às dificuldades encontradas na tentativa de sustentar de forma radical a ética do desejo no campo das relações entre os homens, nas quais domina a política.

De que maneira podemos fazer isso? Sustentando a soberania da clínica do sintoma, sem deixar de considerar a experiência do sujeito com a ilusão, o engano e a verdade, em qualquer lugar onde o analista exerça seu ofício.

Ao tomar o real pelo simbólico, o psicanalista indica o valor operatório do conceito de inconsciente, definido como acrônico, atemporal, alteritário, eminentemente incognoscível e transubjetivo. Como prática teórica, a atividade do analista se desdobra nas duas dimensões de uma psicanálise intensiva, aquela que se pratica no consultório, e uma psicanálise extensiva, que, a exemplo de Freud, intervém na cultura, questionando o mal-estar e contribuindo com a noção de sublimação para superação de seus impasses, mantendo o respeito pelas diferenças, seja no plano da diferença sexual, seja no da diversidade cultural.

Trata-se de lidar com a sofisticada noção de real, levando em conta a questão da acessibilidade desse real, se aceitamos a definição de Lacan de que "a práxis é qualquer ação realizada pelo homem que o põe em condição de tratar o real pelo simbólico" (LACAN, 1964/1988, p. 14), o que sugere as condições em que podemos falar de um inconsciente político.

A psicanálise faz política ao denunciar as pretensões de um saber totalizante, não reconhecendo a última palavra em qualquer discurso. Por isso, podemos introduzir outras possibilidades de se relacionar com o saber, desfazendo a relação saber / poder, ao apontar para a dimensão do inconsciente como um saber insabido. Podemos diferenciar a ambição e a paixão pelo poder, ou denunciar o estreitamento do campo de valores promovido pelo capitalismo na etapa da globalização, quando o único valor que conta é a eficácia. Uma eficácia que não para de instrumentalizar a razão imperial no jogo mortífero da destruição do planeta. A psicanálise pode valorizar o enigma e o mistério de um corpo falante. Pode nos ajudar a entender que a satisfação do desejo é sempre parcial, o que nos faz escapar da injunção de um supereu que nos obriga a gozar a qualquer custo.

Do lado do analista não pode haver gozo, senão não há analista operando. Mas, como dissemos acima, os analistas muitas vezes têm dificuldade de colocar em circulação o seu discurso e acabam cedendo à política do cuidado. Muitos tentam escapar dessa política, mas são arrastados na esteira do assistencialismo ante a dificuldade de sustentar o discurso da psicanálise entre os outros discursos. Por que os profissionais orientados pela psicanálise estão se colocando no lugar de agentes do saber que move a verdade sobre o sujeito, sobre seu sintoma, sobre sua vida? Por que, embora assistindo, no dia-a-dia institucional, aos impactos da experiência do inconsciente sobre o corpo e sobre os laços sociais, alguns profissionais que trabalham com a psicanálise na rede pública parecem aderir ao procedimento das instituições do Estado que se colocam na posição de responder a todas as questões do sujeito?

TECENDO A POLÍTICA DO INCONSCIENTE

Sustentar a particular dimensão de saber trazida pelo conceito de inconsciente tem sido o desafio que se coloca aos analistas, pois isso implica em manter um ponto de resistência da psicanálise à política do cuidado, num movimento contra a padronização e subordinação da psicanálise ao controle do Estado. Esse Estado totalitário que pretende decidir quem está doente ou não, como ser feliz e assim por diante.

Penso que é justamente aí que a dimensão clínica da escuta não pode ser esquecida, pois é daí que se pode tratar os efeitos sintomáticos do discurso da ciência. É preciso sustentar a ética da psicanálise, pois esta permite que se atualize a questão do sujeito, o lugar que lhe é concedido, ou não, em cada um dos discursos. É difícil sustentar a clínica na instituição, mas não se pode ceder ao assistencialismo ante a dificuldade de sustentar o discurso da psicanálise entre os outros discursos.

Sabemos que sustentar o lugar do analista tem a ver fundamentalmente com a formação, principalmente com o final de análise do analista. Entretanto, no contexto de uma instituição, onde o discurso da psicanálise é um entre outros discursos, muitas questões se somam para estancar seu trabalho, que, afinal, é fazer furo no saber que os outros discursos sustentam como verdades.

Do ponto de vista da psicanálise, o que cabe ao psicanalista, seja no trabalho clínico junto aos sujeitos, seja no trabalho junto à equipe multiprofissional, é sustentar a importância da dimensão inconsciente como eixo do trabalho clínico. O psicanalista sabe que a experiência inédita do inconsciente se constitui a partir de um objeto impensável que Lacan formula como objeto *a*, resto do qual o sujeito nada quer saber. É justamente esse saber recusado que o analista deve *savoir y faire*. E é justamente ainda esse saber que penso estar sendo obstruído, inclusive pelos trabalhadores orientados pela psicanálise que atuam nas instituições.

Entretanto, a assistência é precisamente o que assegurará a sobrevivência da psicanálise. O lugar do psicanalista, definido por essa negociação permanente com o lugar da regra que falta sempre, será cada vez mais claramente a posição fundamental de todo campo da saúde mental.

Nessa visada, entram em jogo questões de ordem ética e política e... institucionais. Isso porque, em cada uma das situações institucionais há necessidade de fundamentar e debater os processos, concepções e políticas que regem tais instituições, assim como o modo peculiar de intervenção psicanalítica.

Não há uma fórmula que garanta ao psicanalista sustentar o discurso da psicanálise entre os outros discursos com a ética que lhe é própria. A saída é trabalhar cada situação particular, o que, aliás, é a premissa da psicanálise. Ou seja, articular a teoria ao vivo da experiência no contexto burocratizado da instituição, trabalhando, no caso a caso, as ferramentas teóricas que sustentam o trabalho.

Convocar a subjetividade é a máxima freudiana. Essa máxima implica toda a ética da psicanálise, que não é a ética humanitária, nem a ética do bem supremo de Aristóteles ou de Kant, mas a ética do desejo – mais precisamente, a ética de bem dizer a relação do sujeito com o desejo. Fazer circular o discurso da psicanálise tem relação com o desejo. Do analista, quando há.

Frente a esse quadro, o desafio é construir uma *prática clínica* que considere os laços sociais, expressos como laços discursivos na instituição: uma prática psicanalítica movida não pela concepção de indivíduo, mas pela de sujeito, na dimensão dos discursos. Acho que assim fazemos política, também.

Referências

BROUSSE, M.-H. (2003). *O inconsciente é a política.* São Paulo: Escola Brasileira de Psicanálise.

FREUD, S. (1987). *Edição standard brasileira das obras completas de Sigmund Freud.* Rio de Janeiro: Imago.

(1921). "A psicologia de grupo e análise do ego", v. XVIII, p. 89-179.

(1927). "O futuro de uma ilusão", v. XXI, p. 13-71.

(1939). "Moisés e o monoteísmo", v. XXIII, p. 13-161.

———. (1930/2010). *O mal-estar na cultura.* Porto Alegre: L&PM.

LACAN, J. (1956/1998). "Situação da psicanálise e formação do psicanalista em 1956". In: *Escritos*. Rio de Janeiro: Jorge Zahar, p. 461-495.

———. (1957/1998). "A psicanálise e seu ensino". In: *Escritos*. Rio de Janeiro: Jorge Zahar, p. 438-460.

———. (1959-1960/1988). *O seminário, livro 7: a ética da psicanálise*. Rio de Janeiro: Jorge Zahar.

———. (1964/1988). *O seminário, livro 11: os quatro conceitos fundamentais da psicanálise*. Rio de Janeiro: Jorge Zahar.

———. (1966-1967). *O seminário, livro 14: a lógica da fantasia*. Inédito.

———. (1967/2003). "Proposição de 9 de outubro de 1967 sobre o psicanalista da Escola". In: *Outros escritos*. Rio de Janeiro: Jorge Zahar, p. 248-264.

———. (1968-1969/2008). *O seminário, livro 16: de um Outro ao outro*. Rio de Janeiro: Jorge Zahar.

———. (1969-1970/1992). *O seminário, livro 17: o avesso da psicanálise*. Rio de Janeiro: Jorge Zahar.

———. (1972-1973/1982). O *seminário, livro 20: mais, ainda*. Rio de Janeiro: Jorge Zahar.

PLON, M. (1999). "A face oculta da análise leiga". In: *Ágora*. Rio de Janeiro: UFRJ, v. II, n.1, p.91-108.

RINALDI, D. (s/d). Ética e política: questões para a psicanálise no final do século. Publicação da Biblioteca da Interseção Psicanalítica do Brasil. Disponível em: <www.interseccaopsicanalitica.com.br/links.htm>. Acesso em: 20 out. 2012.

ROSA, M. D. (2004). "A psicanálise e as instituições: um enlace ético-político". In: A*n. 5 Col. LEPSI IP/FE-USP*. Disponível em: <www.fe.USP.br/lepsi> (Biblioteca da Scielo): <www.proceedings.scielo.br/scielo.php?script=sci_arttext&pid=MSC0000000032004000100045&lng=en&nrm=abn>. Acesso em: 06 nov. 2012.

Desafios clínicos das produções de marcas no corpo

Ana Costa

Resumo

Este artigo articula algumas questões clínicas contemporâneas, como as buscas por marcar o corpo, com a referência aos discursos. Trata de situar o tema basicamente a partir da articulação lacaniana sobre a questão do gozo. Tenta situar diálogo com proposições de Agamben, na relação entre sacrifício e gozo.

Palavras-chave: discursos; gozo; angústia; sacrifício.

Abstract

Clinical challenges in the production of marks on the body

This article articulates some contemporary clinical issues, as the searches for the body scarification, articulated in reference to speeches. Situates the theme from the Lacanian's articulation about the enjoyment. Situates a dialogue with propositions of Agamben on the relationship between sacrifice and joy.

Key-words: speeches; joy; anguish; sacrifice.

Vou tratar aqui de um tema que tem me ocupado e que posso indicar a partir de algumas formações clínicas. Estas não se situam, *a priori*, pela via do sintoma, no que este implica na constituição de uma singularidade tal como a psicanálise o define. Fazem parte dessas expressões uma ampla variedade de buscas por marcar o corpo, bem como a derivação de alguma dessas buscas para o campo das compulsões. Encontramos muitas dessas expressões em demandas a clínicas públicas, provocando grande alvoroço em equipes que se ocupam delas, principalmente na relação com adolescentes. É de se sublinhar o crescimento dessas buscas expressadas pelas meninas que se cortam. Esses exemplos têm me servido como paradigma de apresentação de uma questão mais ampla. São expressões que se situam numa relação muito direta com a angústia, provocando constantes desestabilizações. Desdobrarei alguns elementos para fundamentar essas questões.

Primeiramente gostaria de lembrar uma diferença entre discurso e linguagem. Linguagem, aqui, definida a partir das colocações lacanianas do inconsciente estruturado como uma linguagem, bem como seu desdobramento na referência à linguisteria. Ou seja, trata-se, nesse sentido, de uma via que diz respeito a como incide em cada um a singularização da entrada na linguagem, situada a partir de um campo discursivo.

O fundamento do discurso diz respeito ao laço social, que implica na circulação a partir de uma referência fálica. A entrada no discurso produz uma perda de gozo e todo gozo resulta disso. Ou seja, como situa Lacan, em qualquer posição no gozo uma marca dessa perda insiste. No entanto, se faz necessária a construção singular de um registro dessa perda, caso contrário seria gerada toda uma série de formações, entre as quais encontramos as compulsões. Esse é o testemunho das formações da clínica. Destaco, aqui, uma questão assinalada por Lacan, que podemos dizer que sempre vai estar em causa para a psicanálise: a diferença entre a produção do ato bem-sucedido e o ato fracassado – este último do lado das formações do inconsciente. Por que fracassado? Porque coloca em causa a questão do Real, de um *não cessa de não se escrever*.

Destaco passagens do Seminário *O avesso da psicanálise*, no qual Lacan (1969-1970/1992) propõe a leitura dos quatro discursos. Ali, o autor nos traz alguns elementos para situar as questões que nos ocupam:

> Se há algo que a experiência analítica nos ensina, é justamente o que se refere ao mundo da fantasia [...] há algo de completamente radi-

> cal – é a associação, no que está na base, na própria raiz da fantasia, dessa glória, se é que posso me exprimir assim, da marca.
> Falo da marca sobre a pele, onde se inspirou, nessa fantasia, o que nada mais é que um sujeito que se identifica como sendo objeto de gozo (LACAN, 1969-1970/1992, p. 51).

E logo mais à frente: "a repetição é uma denotação precisa de um traço [...] idêntico ao traço unário [...] ao elemento da escrita, um traço na medida em que comemora uma irrupção de gozo" (LACAN, 1969-1970/1992, p. 81). Como se percebe, temos aqui uma possível relação entre a produção da marca no corpo e o que comemora "uma irrupção de gozo". O que gera compulsão diz respeito ao que Lacan definiu como entropia na referência aos discursos. Ou seja, na relação ao discurso do mestre, a perda de gozo se expressa como insistência de um mais de gozar.

Essa passagem do ensino de Lacan nos leva a situar algumas questões relacionadas a outras disciplinas. Ou seja, no tema dos discursos interessa a posição do mestre como agente no laço social e isso, no que nos concerne, diz respeito à relação entre ciência e capitalismo. Farei um breve trânsito nos *a priori* desse tema.

Retomando: a inscrição do referente fálico no laço social situa uma perda de gozo que já foi conceituada de diferentes formas, desde a psicanálise até a antropologia. Temos, por exemplo, a proposta de Lévi-Strauss (1949/1981), que já influenciou Lacan em outro momento, situando a interdição do incesto como o elemento limite, que arranca o humano do campo da natureza. Tanto Freud quanto Lacan se interessaram pela questão da interdição do incesto, num diálogo com a antropologia, respondendo a determinadas questões de seu tempo. Desde a psicanálise podemos reconhecer que desse lado se situa a forma como aparece o corpo no/do discurso, na medida em que seus efeitos se expressam no corpo. Como situar essas questões na atualidade?

Aqui, vale a pena trazer outro elemento que pode parecer extemporâneo, mas que diz respeito às condições em que se processa o trabalho de marcar o corpo hoje: a questão do sagrado. Originalmente, o sagrado faz um trânsito moebiano entre o puro e o impuro, entre o elevado e o degradado. Surge como uma linguagem que tenta interpretar a interdição do incesto – essa perda originária do corpo na entrada no discurso. O sagrado tentava inserir um limite entre o humano e o domínio dos deuses, interditando alguns estados, proibindo o toque (na mulher menstruada, por exemplo), instaurando a dimensão do sacrifício como possibilidade de representar esse limite. As mudanças nos laços discursivos deram outros contornos a esse tema. No entanto, tal como Freud desenvolveu em "Totem e tabu" (FREUD, 1912-1913/1973), assim como também testemunham os sintomas na clínica contemporânea, o tabu do contato, os rituais, dimensões inusitadas do sacrifício não desapareceram. Ou seja, os estabelecimentos de funções simbólicas e contratos sociais não foram suficientes para substituir a necessidade de sacrifício e da produção de marcas no corpo. Tal como nas aldeias tribais, nossas complexas cidades mantêm suas margens tabu nas suas periferias, como um dentro/fora sacralizado, onde os sujeitos convivem com o tabu do contágio e o sacrifício.

Estas reflexões se aproximam da proposição de Giorgio Agamben sobre o *homo sacer*, que contém essa duplicidade de sagrado e maldito. Freud também se deteve, em "Totem e tabu" (FREUD, 1912-1913/1973), nessa ambiguidade do termo *sacer*.

Aqui me refiro rapidamente às proposições de Agamben sobre o tema da profanação, que me parece uma outra leitura da interdição do incesto que se coloca em causa hoje. Esse autor – do campo da filosofia política – trabalha o tema a partir da proposta de Walter Benjamin sobre o capitalismo como uma religião. Agamben critica a leitura do termo "religião" como algo que ligaria os homens aos deuses. Ele diferencia sua raiz etimológica: *religio* não viria de *religare*, mas de *relegere*, que diz de uma inquietação, uma hesitação, representando a separação entre a esfera humana e a dos deuses. Assim, propõe que historicamente a esfera do sagrado é o estabelecimento de uma separação pela via do sacrifício. O sacrifício faz passar um elemento de uma esfera a outra – do profano ao sagrado – mantendo uma separação. Se o que foi separado permanece na circulação entre os humanos, ele pode produzir contágio.

Do ponto de vista da psicanálise, é possível situar que se trata de uma forma de representação social do que seria uma separação do corpo:

as condições em que se estabelecem a representação de uma perda de gozo. Encontramo-nos, aqui, também, com a proposição de Lacan constante do *Seminário 10, A angústia*, na relação ao objeto que cai do corpo – o objeto *a*. Sabemos que para que o corpo se suporte como elemento de circulação, como objeto separado, o sujeito precisa fazer algo com a marca, com a irrupção de gozo que, como Lacan propõe, se comemora a partir do traço. Desse lado temos a colocação do autor de que o traço unário se marca como tatuagem: um elemento diferencial, mas que pode permanecer na ordem do signo.

Pois bem, Agamben propõe que para que o objeto se situe na circulação entre os humanos é preciso a profanação: a separação do sagrado. Caso contrário, o consumo do objeto o naturaliza, não diz de um objeto separado do sagrado – podemos acrescentar: separado do corpo. O consumo – toda questão do objeto no capitalismo – destrói o objeto, sem verdadeiramente situá-lo numa relação diferencial. Agamben propõe que a profanação faz do objeto um elemento de circulação simbólica e dá o exemplo do jogo infantil para interpretar o que seria uma profanação. O jogo desnaturaliza a função social do objeto, tomando seu traço para fazer outra coisa: de uma caneta, um avião, por exemplo. E diz: a profanação do improfanável – situado no objeto de consumo – é uma tarefa política.

Qual a relação das questões clínicas colocadas na abertura com as proposições de Agamben? Podemos articular esse tema com o desenvolvimento que Lacan dá a partir do Seminário sobre a angústia. Nesse seminário, como em outros lugares, Lacan vai abordar a função do sacrifício. Ele situa algumas formulações sobre o objeto das mártires – refere duas telas de Zurbarán: Santa Luzia e Santa Ágata. A primeira carregando seus olhos, arrancados das órbitas, sobre uma bandeja e a segunda, seus seios. Mártires, como ele bem situa ali, cumprem a função de testemunhas. De que elas são testemunhas? Justamente do lugar do corpo no discurso, e que diz respeito ao sítio da separação e da função da queda do objeto *a*.

Aqui podemos pensar no sacrifício como um primeiro tempo, de produção mesma de uma borda. O que é visado responde diretamente no Outro. Lacan dá a esses objetos separados do corpo a condição de serem amboceptores – ficarem "entre", nem da criança, nem da mãe. É a queda desse objeto que é visada no sacrifício – se pensarmos nas formações da clínica que destacamos inicialmente. Aqui é possível articular algo que se passa no nível do sujeito a algumas formações sociais que mencionamos anteriormente.

REFERÊNCIAS

AGAMBEN, G. (2007). *Profanações.* São Paulo: Boitempo.

COSTA, A. (2014). *Tatuagem e marcas corporais. Atualizações do sagrado.* Terceira edição. São Paulo: Casa do Psicólogo.

FREUD, S. (1973). *Obras completas.* Madrid: Biblioteca Nueva.
(1913-1913). "Totem y tabu", v. V, p. 1745-1850.

LACAN, J. (1962-1963/2005). *O seminário, livro 10: a angústia.* Rio de Janeiro: Jorge Zahar.

————. (1969-1970/1992). *O seminário, livro 17: o avesso da psicanálise.* Rio de Janeiro: Jorge Zahar.

————. (1971/2009). *O seminário, livro 18: de um discurso que não fosse semblante.* Rio de Janeiro: Jorge Zahar.

LEVI-STRAUSS, C. (1949/1981). *Les structures élémentaires de la parenté.* Paris: Mouton & Co. /La Haye.

Seção 4

Capitalismo e cientificismo: incidências no campo da saúde

O QUE HÁ DE NOVO NA QUINTA VERSÃO DO MANUAL DIAGNÓSTICO E ESTATÍSTICO DOS TRANSTORNOS MENTAIS (DSM-5) E O QUE INSISTE EM FRACASSAR

Sérgio Laia

RESUMO

No final de maio de 2013, resultado de um trabalho que durou cerca de treze anos, foi lançada a quinta versão do Manual Diagnóstico e Estatístico de Transtornos Mentais (DSM-5). Essa nova versão pretendeu apresentar novidades em relação ao DSM-IV, especialmente no que concerne à classificação dos chamados "transtornos mentais" em termos de "dimensões", ou seja, de determinados traços que podem se fazer presentes em diferentes diagnósticos, mas que vão variar em termos de "graus", de "quantidades", tal como, por exemplo, as mudanças na pressão sanguínea podem ser mais graves, ou não, em função do quadro clínico orgânico em que elas sc apresentam. Será, portanto, importante explicitar essas novidades para, em seguida, esclarecer: 1) o que fez o *National Institut of Mental Health* (NIMH) desaprovar o DSM-5 sustentando, entre outros motivos, que "os pacientes merecem algo melhor"; 2) como a concepção da psicanálise de orientação lacaniana sobre o sujeito e os modos de a satisfação da pulsão ou o gozo tomar os corpos nos permite localizar o que não para de fracassar nesse tipo de classificação proposta pelo DSM-5.

Palavras-chave: DSM-5; diagnóstico; transtornos mentais; sintoma; psicose.

ABSTRACT

What's new in the fifth edition of the Diagnostic and Statistical Manual of Mental Disorders (DSM-5) and what's insisting on failure

In late May 2013, the result of work which lasted about thirteen years, was released the fifth version of the Diagnostic and Statistical Manual of Mental Disorders (DSM-5). This new version intended to present news in relation to DSM-IV, especially with regard to the classification of so-called "mental disorders" in terms of "dimensions". Conceived as "dimensions", certain traits that may be present in different diagnoses will vary in terms of "degrees" or "quantities", such as, for example, changes in blood pressure may be serious or not, depending on the clinical organic case as they are present themselves. It is therefore important to clarify these updates then clarify: 1) what did the National Institute of Mental Health (NIMH) disapprove of DSM-5 claiming, among other things, that "patients deserve better"; 2) how the design of Lacanian psychoanalysis on the subject and modes of satisfaction of the drive or *Jouissance* taking the bodies allows us to locate what's insisting on failure in this type of classification proposed by the DSM-5.

Key-words: DSM-5; diagnosis; mental disorders; symptoms; psychosis.

No final de maio de 2013, foi lançada pela *American Psychiatric Association* a quinta versão do Manual Diagnóstico e Estatístico dos Transtornos Mentais (DSM-5), que se encontrava em processo de elaboração há mais de uma década (APA, 2013). Desde quando os pesquisadores, agrupados pela APA com a designação de ressonância militar Task Force, publicaram uma espécie de programa de pesquisa onde foram traçadas as diretrizes para a elaboração desse Manual (KUPFER, FIRST & REGIER, 2002), assim como ao longo da maior parte de sua elaboração, a perspectiva de uma concepção dimensional (e não apenas categorial) para a classificação dos transtornos mentais se configurou como uma das grandes novidades previstas para o DSM-5. Tratava-se, então, de apurar, com a utilização de dimensões, o recurso quantitativo para o diagnóstico desses transtornos e não contar mais apenas com sua diferenciação em termos de presença e de ausência de sintomas. A leitura dessas diretrizes me permitiu localizar como um marco conceitual para a inclusão dessa perspectiva dimensional a argumentação do filósofo e lógico Hempel (1959/1965) de que as ciências iniciam suas classificações utilizando categorias e, à medida que se desenvolvem, substituem estas últimas por dimensões.

Um "lugar comum"

Quando Foucault (1966, p. 7), no célebre prefácio de *As palavras e as coisas*, sustenta que esse livro nascia de "um texto de Borges" sobre uma "Enciclopédia Chinesa" que apresentava uma taxonomia dos animais tão maravilhosa quanto impossível de ser pensada, é a classificação por categorias que encontramos perfilada pelo escritor argentino (BORGES, 1952/1985). Afinal, nessa Enciclopédia, por exemplo, os animais da classe (a) caracterizam-se por pertencer ao Imperador e, assim, por essa pertinência, distinguem-se daqueles da classe (b), que são embalsamados, ou da classe (e), onde encontramos as sereias – as características de uma classe não são as mesmas de outra, a presença e a ausência de elementos definem essa classificação, por mais absurda e inusitada que ela nos pareça.

O próprio Foucault relata o quanto essa classificação apresentada por Borges o "fez rir por muito tempo", mas "não sem um mal-estar certeiro e difícil de vencer", pois esse riso era provocado pela "suspeita de que há pior desordem que aquela do incongruente e da aproximação do que não convém" e que tem a ver com a descoberta de que "as coisas ali estão 'postas', 'colocadas', 'dispostas' em lugares a tal ponto diferentes que é impossível encontrar-lhes um espaço de acolhimento, de definir sob umas e outras um lugar *comum*" (FOUCAULT, 1966, p. 9). Não há efetivamente esse "lugar *comum*", mas a classificação categorial se apresenta como se ele existisse e é isso que me parece inquietar Foucault e que ele ressalta, para também nos inquietar, desde o prefácio desse livro onde se realiza uma arqueologia das Ciências Humanas para se elucidar a verve classificatória que elas mobilizam. No caso da incrível Enciclopédia Chinesa apresentada por Borges, todas as classes convergem, mas com a genial ironia tão própria desse escritor, para o que pode ser chamado de "animais" e, no caso das diferentes versões do DSM que – sem qualquer genialidade – cada vez se pretendem mais "objetivas" e "científicas", o "lugar *comum*" seria o que se convencionou chamar de "mental", pois todas as classes, em suas diferenças e proximidades, se apresentam como um tipo de transtorno desse "mental". Entretanto, e por isso o impossível ressaltado por Foucault com relação a esse "lugar *comum*", o que de "animal" existiria entre uma "sereia" e "aqueles pertencentes ao imperador" (no caso da Enciclopédia Chinesa de Borges) e o que de "mental" perpassaria (no caso do DSM) a "esquizofrenia" e o "transtorno obsessivo compulsivo" (TOC)?

A classificação categorial se faz com nomes, e nomes sob os quais se agrupam elementos que, por sua vez, formam classes diferentes umas das outras, pois o que está presente em uma poderá faltar à outra. Cientistas cognitivos como Rosch & Lloyde (1978) sustentam há algum tempo – e assim reiteram, a meu ver, o que havia dito Hempel (1959/1965) – que os seres humanos preferem pensar através de categorias. É também assim que a Medicina classifica uma doença como diferente da outra, considerando os sintomas que estão presentes e ausentes em cada uma delas. Do mesmo modo, em todas as versões do DSM, inclusive na última que foi lançada e que pretendia apresentar também uma perspectiva dimensional de classificação, os transtornos mentais são classificados por categorias.

Entretanto, o avanço da ciência, como ressaltava Hempel (1959/1965), tem permitido classificações baseadas em números que expressam quantidades e, portanto, são apresentadas como "mais objetivas". Nesse novo contexto, classificar se faz com base em dimensões (relacionadas a quantidades que variam) e não em categorias (definidas a partir da presença e da ausência de elementos). A classificação pautada por dimensões, como pude indicar em outro artigo, se faz como aquela da cartela de cores *pantone* (LAIA, 2009): o que diferencia uma cor de outra, nessa cartela, não são mais nomes, mas números – códigos – que são atribuídos a cada tom de cor em função das diferentes quantidades das cores básicas que ali estão misturadas. Neste nosso mundo em que as classificações-*pantone* tendem a imperar inclusive em um Manual destinado a diagnosticar os chamados "transtornos mentais", será preciso contar com os "criadores", tal como são também conhecidos os "estilistas de moda", para anunciarem, por exemplo, que as tendências do próximo verão serão o "laranja-tangerina" e o "roxo-berinjela", ou seja, para oferecerem *nomes* ao que efetivamente é produzido, apresentado e mais amplamente difundido apenas em termos de *números*, *cifras* ou *códigos*.

Uma recente ex-Presidente da APA, pouco mais de dois anos antes do DSM-5 ser lançado, já destacava a importância de que ele incluísse uma perspectiva dimensional na classificação dos transtornos mentais e utilizava, como uma analogia a ser alcançada, o que se passa, no campo da Medicina, com as taxas de pressão sanguínea ou de colesterol: elas são dimensões que atravessam, *de modo contínuo*, diferentes quadros clínicos, ou seja, não se definem em termos de presença ou de ausência, mas de *graus*, de *quantidade* (BERSTEIN, 2011).

No caso do DSM-5, a introdução de dimensões visaria a não apenas aumentar sua precisão estatística e sua confiabilidade diagnóstica, como também a resolver dois sérios problemas que se demonstraram incontornáveis ao longo do uso do DSM-IV: a comorbidade, ou seja, a designação de vários diagnósticos (até mesmo antagônicos) para um único paciente, e a alta taxa de atribuição de diagnósticos cuja "especificação" do transtorno mental seria justamente a de não ter "nenhuma outra especificação". Permito-me dizer que essa pluralização de diagnósticos em um único caso e o crescimento dos diagnósticos do tipo "sem nenhuma outra especificação" tornaram o DSM-IV, ao longo dos anos de sua utilização, tão inusitado quanto a classificação que Borges leu na "Enciclopédia Chinesa", embora destituído da genialidade inquietante desta última.

Com a utilização de dimensões que – tal como aconteceria com o colesterol e a pressão sanguínea no âmbito de doenças diagnosticadas pela medicina – atravessariam *continuamente* transtornos mentais *diferentes*, os idealizadores do DSM-5 almejariam encontrar, mesmo desconhecendo provavelmente por completo tal referência, o que Foucault (1966) assinalava como o "lugar *comum*" impossível de ser localizado pela classificação exclusivamente categorial, mas que lhe é considerado como suposto, subtendido. Afinal uma *mesma* dimensão como a "compulsividade", por exemplo, segundo os idealizadores desse tipo de classificação, poderia atravessar *continuamente*, mas *em graus diferentes*, vários transtornos mentais, sendo-lhe de fato comum, mas em diferentes quantidades para cada um.

O "caso" das psicoses no DSM-5

Nos dias 16 e 17 de fevereiro de 2006, com apoio do National Institut of Health (NIH) dos Estados Unidos da América e da Organização Mundial de Saúde (OMS), a APA organiza um evento destinado a discutir o que definiriam os *transtornos psicóticos* no DSM-5. Esse evento tinha um título que me evoca o filósofo Derrida, embora este – mesmo com a grande difusão de sua obra no meio universitário norte-americano – seja provavelmente desconhecido por aqueles que o organizaram e o intitularam como *Deconstructing psychosis*, ou seja, *Desconstruindo a psicose*.

O que significa, para os organizadores desse evento, *desconstruir* a psicose? Na introdução do livro que recolhe os trabalhos ali apresentados e discutidos, Van Os e Tamminga (2010, p. XXI) sustentam que não foram "ainda descobertos os limites naturais (*natural bondaries*) para a psicose" e, assim, o que se observa são "suas propriedades", ou seja, suas características. Entretanto, continuam esses autores, uma "reavaliação periódica" vai nos permitir vislumbrá-la como uma "patologia natural" (VAN OS & TAMMINGA, 2010, p. XXII). Nesse viés, o processo de *desconstruir* a psicose visaria a sua consolidação como "patologia natural" e, para essa viabilização, seriam importantes:

a) uma estratificação de sua "evidência" clínica e científica, baseada em áreas como "genética, psicopatologia, psicologia cognitiva e neuropsicologia, epidemiologia, neuroimagem, neurofarmacologia, pesquisa *post mortem*, pesquisa transcultural, intervenção precoce, epidemiologia do desenvolvimento e adição" (VAN OS & TAMMINGA, 2010, p. XXII);
b) o esforço para que os pesquisadores encontrassem, em suas avaliações, as "representações da psicose por categorias e dimensões", assim como suas expressões clínicas e subclínicas (VAN OS & TAMMINGA, 2010, p. XXII).

Portanto, com essa *desconstrução da psicose*, a expectativa não é a de simplesmente "fornecer recomendações rápidas sobre quais critérios usar em categorias do DSM-5", mas a de sobretudo ter acesso a "que ponto a prática diagnóstica corrente está em concordância com dados recolhidos na pesquisa básica e científica", bem como "recomendar que áreas aparecem como mais promissoras para fazer frente à distância que ainda separa a prática diagnóstica corrente e o *fenótipo natural* da psicose" (VAN OS & TAMMINGA, 2010, p. XXII e XXIII; grifos nossos).

Nesse evento, houve uma concentração importante da discussão sobre a *esquizofrenia*, devido a sua consolidação (inclusive graças a sua apresentação em versões anteriores ao DSM-5) como "um construto robusto, um modelo para se conceitualizar uma experiência clínica complexa, guiar o manejo clínico e prever consequências" (ALLARDYCE, GAEBEL, ZIELASEK & VAN OS, 2010, p. 1). Ainda assim, é destacado que essa comprovada utilidade clínica da esquizofrenia não resulta em informações sobre sua *natureza* e sua *estrutura* e, nesse contexto, ela não representa o que chamam de "um 'real' construto na natureza (*in nature*)", dificultando o delineamento da "verdadeira patologia" designada pelo termo "esquizofrenia" e o esclarecimento da etiologia desse "transtorno mental" (ALLARDYCE, GAEBEL, ZIELASEK & VAN OS, 2010, p. 1). Ora, eu diria que, *desconstruir a psicose* tomando como referência principal a esquizofrenia, conjugando categoria e dimensão, recorrendo a bases biológicas e neurocognitivas, visa a encontrá-la como um *construto real* porque ela estaria *na natureza* (*in nature*) para os que se batem por essa concepção, tanto quanto, por exemplo, a taxa de colesterol ou a pressão sanguínea. Assim, ela não seria mais concebida como uma construção clínica relativa a um diagnóstico e tampouco como, segundo também sustentamos na orientação lacaniana, uma estrutura clínica pela qual um sujeito é resposta ao enigma de uma substância, eivada de libido, acionada pelas palavras, que o perturba, fragmenta o corpo e para a qual Lacan (1972-1973/1975, p. 9-17) deu o nome de "gozo". Daí a importância conferida pelos defensores da esquizofrenia como um construto *in nature* à descoberta de "marcadores biológicos" para os transtornos mentais e, de modo especial, para a esquizofrenia: esses marcadores viriam a comprová-la como *real*, como uma *verdadeira* patologia *in nature*, e não apenas clinicamente.

O recurso à dimensão se mostrava importante para pesquisadores envolvidos no processo de elaboração do DSM-5 e da *desconstrução da psicose* porque há evidências, por exemplo, segundo eles, de que delírios e alucinações tenham "uma distribuição contínua na população em geral" (ALLARDYCE, GAEBEL, ZIELASEK & VAN OS, 2010, p. 2). Portanto, diferente do que é classificado e descrito por uma perspectiva exclusivamente categorial, delírios e alucinações não estariam presentes apenas nos "transtornos psicóticos" e ausentes em outros transtornos mentais ou na população considerada "normal": eles se distribuiriam, de modo contínuo, mas em diferentes graus, em vários transtornos mentais e até entre os "normais". Allardyce, Gaebel, Zielasek e Van Os (2010, p. 2) chegam a considerar que essa distribuição contínua, em diferentes graus, de sintomas positivos da psicose na população em geral pode ser um "artefato, causado por erro de mensuração", mas, mesmo se há variância entre o que é recolhido como sintomas mais amplamente e os sintomas constatáveis em exemplos clínicos, tal distribuição contínua é sustentável devido ao "fato de que sintomas do tipo psicótico (*psychosis-like symptoms*) podem ser concebidos como indicadores de uma propensão à psicose" e psicoses diagnosticadas clinicamente "emergem (com probabilidade maior do que a esperada) do conjunto daqueles com características do tipo psicose (*psychosis-like features*)".

Esse *contínuo* existente – e a ser ainda melhor constatado *in nature* – entre psicose e normalidade é mais detectável pelo recurso às dimensões que por uma classificação exclusivamente categorial. Ele também tomaria ainda mais consistência com "o ponto de vista prevalente de que a esquizofrenia tem uma etiologia multifatorial na qual muitos genes diferentes, que não são causas necessárias, nem suficientes, e de pequeno efeito, interagem com outros e com fatores de risco no ambiente para causarem o transtorno psicótico" (ALLARDYCE, GAEBEL, ZIELASEK & VAN OS, 2010, p. 3). Vislumbra-se, por esse mesmo viés, a possibilidade de uma "variação quantitativa", mais que "qualitativa", em termos de diferenças entre o diagnóstico de "transtorno esquizofrênico" e outros. São ainda localizados cinco fatores ou dimensões para a psicose: mania, depressão, desorganização, reprodutibilidade negativa e reprodutibilidade positiva dessa estrutura. Por fim, destaca-se que "é essencial saber como o fenótipo ou os fenótipos da psicose *existe(m) na natureza* para que suas causas e resultados possam ser estudados" e de que falta ainda descobrir "como derivar" – desse "construto diagnóstico útil" que é a esquizofrenia – "fenótipo ou fenótipos naturais" para que "pacientes possam ser identificados e tratados de modo útil" (ALLARDYCE, GAEBEL, ZIELASEK & VAN OS, 2010, p. 6; grifos nossos).

O fracasso do DSM-5 e as promessas do Research Domain Criteria (RDoC)

Não há efetivamente uma grande mudança na definição da esquizofrenia no DSM-5 em relação ao DSM-IV (APA, 1994/2002, p. 303-319; APA, 2013, p. 87-90 e 99-105; PARIS, 2013, p. 91-98). Podemos dizer que prevalece, na nova e atual versão desse manual de diagnóstico, uma abordagem *categorial* da esquizofrenia e não há propriamente um recurso a *dimensões* para sua circunscrição.

No DSM-IV, os "aspectos essenciais" da esquizofrenia eram descritos como "um misto de sinais e sintomas" (APA, 1994/2002, p. 304) presentes durante um mês (ou ainda menos, se tratados de modo acertado) e alguns sinais poderiam persistir até o mínimo de 6 meses. Os sintomas se dividiam entre positivos e negativos. Os positivos eram considerados como reflexo de "um excesso ou distorção de funções normais", ou seja, evidenciavam um *mais* concernente às *funções normais* porque apareciam de modo exacerbado ou distorcido com relação a elas – eram "distorções ou exageros do raciocínio lógico" ("delírios"), "da percepção" ("alucinações"), "da linguagem e da comunicação" ("discurso desorganizado"), "do controle comportamental" ("comportamento amplamente desorganizado ou catatônico") (APA, 1994/2002, p. 304). Por sua vez, nos sintomas negativos haveria "uma diminuição ou perda de funções normais" (APA, 1994/2002, p. 304), ou seja, um *menos*, e eles seriam mais difíceis de avaliar porque apresentavam "uma linha contínua com a normalidade" (APA, 1994/2002, p. 306), tal como seria detectável no "embotamento do afeto" (restrição na amplitude e intensidade da expressão emocional"), na "alogia" (diminuição da fluência e da produtividade do pensamento) e na "avolição" (dificuldade para "iniciar comportamentos dirigidos a um objeto") (APA, 1994/2002, p. 305).

Essa apresentação sob a forma de um *mais* e de um *menos* com relação à "normalidade" pode ser lida como uma convocação, anterior ao início da formulação do próprio DSM-5, a uma *classificação dimensional*. Destaco que o DSM-IV também já evocava uma "*dimensão* psicótica" (relacionada aos delírios e alucinações) e uma "*dimensão* de desorganização" (relacionada à desorganização discursiva e do comportamento), além de ter assinalado, entre a normalidade e os sintomas negativos da esquizofrenia, uma "linha contínua" (APA, 1994/2002, p. 304). Porém o termo *dimensão* e essa referência ao que seria contínuo me parecem ter, nesse contexto, uma significação mais genérica porque não comportariam ainda, diferente do que se pretenderá no DSM-5, um tratamento quantitativo mais específico.

Ora, com a publicação do DSM-5, é possível dizer agora que esse tratamento, embora pretendido, não se efetivou e que tampouco foram muitas as novidades na sua definição geral da esquizofrenia. Para diagnosticá-la, é preciso que o paciente tenha, no período mínimo de um mês (ou menos, se for tratado com sucesso), pelo menos dois sintomas de uma lista de cinco e que um deles esteja entre os três primeiros listados:

1. Delírios.
2. Alucinações.
3. Discurso desorganizado.
4. Comportamento amplamente desorganizado ou catatônico.
5. Sintomas negativos (expressão emocional precária ou avolição) (APA, 2013, p. 99).

Também devem ser considerados, para o diagnóstico da esquizofrenia pelo DSM-5, com relação à apresentação inicial desse "transtorno mental", um aumento significativo do disfuncionamento no âmbito do trabalho, das relações interpessoais e do cuidado consigo, além de uma duração dessas perturbações e dos sintomas por pelo menos seis meses.

Critérios que anteriormente davam muito peso a delírios bizarros ou a alucinações auditivas em que duas ou mais vozes conversam entre si ou se referem a comportamentos e a pensamentos do paciente (classificadas como "sintomas de primeira ordem" por Schneider) (APA, 1994/2002, p. 305) foram deixados de lado, juntamente com os subtipos da esquizofrenia como o tipo paranoide (PARIS, 2013, p. 91). Entre as mudanças, o DSM-5 inclui, no que passou a designar como "espectro da esquizofrenia e outros transtornos psicóticos", as seguintes categorias: "transtorno esquizotípico (da personalidade) (301.22)" – também presente nos transtornos da personalidade –, o "transtorno delirante (297.1)", o "transtorno psicótico breve (298.8)", o "transtorno esquizofreniforme (295.40)", a própria "esquizofrenia (295.90)", o "transtorno esquizoafetivo de tipo bipolar ou de tipo depressivo (295.70)", o "transtorno psicótico induzido por substância/medicação com delírios (293.81) ou com alucinações (293.82)", a "catatonia (293.89)", além da categoria que comporta transtornos do espectro esquizofrênico e outros transtornos psicóticos cuja apresentação não se enquadra em todos os critérios exigidos pelas categorias já especificadas (298.8) e a categoria designada como "espectro da esquizofrenia e outros transtornos psicóticos não especificados (298.9)" (APA, 2013, p. XV-XVI).

A expressão *espectro da esquizofrenia* aparecia no DSM-IV apenas pontualmente, na parte dedicada à "Esquizofrenia e outros transtornos psicóticos" (APA, 1994/2002, p. 314), mas no DSM-5 passa a constar explicitamente no título "Espectro da Esquizofrenia e outros transtornos psicóticos" (APA, 2013, p. 87). Logo, a referência específica à esquizofrenia, embora realizada no diagnóstico codificado como 295.90 no DSM-5, é diluída ou, para retomar uma terminologia utilizada durante a elaboração dessa versão atual, é *desconstruída* nessa sua assimilação a tal "espectro". Estimo que esse processo de diluição ou de desconstrução, embora não tenha efetivamente resultado da descoberta da esquizofrenia como o que foi chamado de "construto na natureza (*in nature*)" (ALLARDYCE, GAEBEL, ZIELASEK & VAN OS, 2010, p. 1), designa – mesmo que efetivamente ainda não alcançada – uma concepção quantitativa e dimensional da esquizofrenia, pois o termo "espectro" almeja uma gradação do tipo cartela de cores *pantone* e não uma classificação pautada pela presença e pela ausência de sinais e sintomas.

Além disso, tal substituição, no título, da palavra *esquizofrenia* pela expressão *espectro da esquizofrenia* me parece indicar algo mais inquietante com relação ao processo de *desconstrução da psicose*: ao longo das versões do DSM, seus objetivos de não ser autoral, mas universal e estatístico, e de não se pautar por terminologias derivadas de concepções clínicas da psiquiatria clássica e da psicanálise encontravam, na manutenção do termo "esquizofrenia" (consagrado por Kraepelin e de ampla aplicação nas clínicas psiquiátrica e psicanalítica), uma espécie de exceção que, agora – como já aconteceu antes com diagnósticos como "histeria", "paranoia", "psicose maníaco-depressiva", "neurose obsessiva" –, parece-me tender a uma diluição que compromete severamente a clínica e a pesquisa. Sabemos que, presente nos grupos responsáveis pela concepção dos "transtornos psicóticos" no DSM-5 (APA, 2013) e pelo evento "Desconstruindo a psicose" (TAMMINGA, SIROVATKA, REGIER & VAN OS, 2010), o professor de epidemiologia psiquiátrica da Universidade de Maastricht e do Instituto de Psiquiatria de Londres, Van Os (2009), já havia proposto renomear a esquizofrenia como "síndrome saliente (*salience syndrome*)" e que Paris (2013, p. 95) – reconhecendo a dificuldade de se "descartar um conceito tão básico para a psiquiatria como esquizofrenia, mesmo quando esse nome não consegue descrever as características principais da doença" – não deixa de nos convidar a "esperar por um melhor entendimento da doença antes de termos condições para lhe dar um nome melhor". O problema, a meu ver, é que esse "melhor entendimento" não estaria separado da descoberta, ainda não realizada com o que nos propõe o DSM-5, de "marcadores biológicos para determinar se um transtorno cabe ou não em um espectro" (PARIS, 2013, p. 95).

Mais que uma mera mudança de nome, a diluição do termo "esquizofrenia" no "espectro da esquizofrenia e outros transtornos psicóticos" já prenuncia uma ânsia, mesmo que malograda no DSM-5, de diagnosticá-la exclusivamente por critérios que desconsideram o modo como as palavras e a satisfação pulsional traçam singularmente seus circuitos nos corpos daqueles cujas vidas não se mantêm efetivamente sem essa outra espécie de "dimensão" que Lacan (1972-1973/1975) nos ensinou a escutar e a estimar (em todos os sentidos próprios a esse termo) nas palavras, com as palavras e com sua pulsional concepção da "presença do analista" (LACAN, 1964/1973).

Sem dúvida, a metodologia e os objetivos do DSM-5, tal como já acontecia nas duas versões que o antecederam, não são sensíveis à clínica e às investigações pautadas pela orientação lacaniana e, por isso, não se trata de aspirar a algum tipo de debate ou de problematização com seus formuladores e defensores, mas de destacar, para os que se interessam, trabalham e investigam o campo da clínica, o que insiste – e não de uma boa maneira – em fracassar nesse manual de diagnóstico e no que parece se configurar como promessa para sua sucessão. Já pude dar alguns indicativos de que o anseio inicial por uma classificação que mesclasse uma perspectiva categorial com uma perspectiva dimensional não conseguiu efetivamente se cumprir. Não é portanto sem razão que o National Institut of Mental Health (NIMH), um dos financiadores do evento *Desconstruindo a psicose* e que também acompanhou de perto a elaboração do DSM-5, cerca de três semanas antes de sua publicação, o desaprovou publicamente (INSEL, 2013).

Antes mesmo dessa desaprovação pública, mas a meu ver já prenunciando o que os formuladores do DSM-5 não conseguiriam resolver, Insel (2010, p. 749) lançou, pelo NIMH, o *Research Domain Criteria (RDoC)*, focalizado primordialmente no "circuito neural" e "com níveis de análise processando em uma de duas direções: de modo ascendente, da mensuração da função dos circuitos rumo às variações clinicamente relevantes ou, de modo descendente, rumo aos fatores genéticos, celulares/moleculares que influenciam tal função". Na próxima década, trata-se de implementar a "classificação psiquiátrica baseada na neurociência" (INSEL, 2010, p. 750) e, nesse viés, estimo que a expressão "transtorno mental" – cunhada, difundida e consolidada amplamente no mundo pelo DSM – vai perder seu lugar em prol de outra, apresentada como "transtornos do cérebro (*brain disorders*)" (INSEL, 2010, p. 749).

Nessa nova direção, estimulada ainda mais pelo fracasso do DSM-5, a psiquiatria insiste, mais uma vez, em realizar seu velho sonho de se consolidar efetivamente como uma especialidade médica distante do campo humano da psicologia e também do que preconiza a psicanálise. Mas como Lacan (1946) já assinalava desde o final da metade do século passado, ou seja, há mais de seis décadas, as tentativas de realização desse sonho pela destituição da dimensão da linguagem e da "insondável decisão do ser" que demarca nossa relação com a loucura acabam diluindo a psiquiatria no âmbito da neurologia. É certo que Insel (2010, p. 749) já parece estar atento a tal diluição quando nos propõe que, "em contraste com os transtornos neurológicos com lesões identificáveis", os transtornos mentais a serem diagnosticados, investigados e tratados psiquiatricamente são "transtornos dos circuitos do cérebro". Entretanto, é impressionante como a crítica e os alertas que Lacan (1946/1998) endereçava à orientação organodinâmica de Henri Ey em psiquiatria são perfeitamente aplicáveis ao que ainda hoje almeja Insel (2010, 2013).

A genialidade de Freud e os marcadores lacanianos da psicose

Desde seu primeiro texto sobre as "neuropsicoses de defesa", Freud (1894/1976, p. 73; grifos nossos) já havia localizado "uma *quota* de afeto ou *soma* de excitação" que, com "todas as características de uma *quantidade* (*embora não disponhamos de meios para medi-la*)", é "capaz de crescimento, diminuição, deslocamento e descarga", espalhando-se "sobre os traços de memória das ideias, tal como uma carga elétrica se expande na superfície de um corpo". Lacan (1972-1973/1975), por sua vez, autoriza-nos a discernir o gozo, a satisfação pulsional, nessa *quota* de afeto, nessa *soma* de excitação que perpassa um corpo vivo.

Efetivamente, a dimensão do gozo atravessa continuamente e em diferentes gradações o que, em psicanálise, chamamos de "estruturas clínicas" e categorizamos como "neurose", "psicose", "perversão" e "autismo": cada uma dessas "estruturas clínicas" (ou "categorias") é um modo – que também será peculiar a cada caso clínico nelas diagnosticado – de um sujeito se haver, no corpo que vivamente o afeta, com o gozo. Com base no ensino de Lacan, estimo ser possível depreender *quatro marcadores* que não são biológicos, mas que, atravessados continuamente pela dimensão do gozo, são precisos clinicamente para a investigação e a elucidação do que está em jogo em cada estrutura clínica ou categoria diagnóstica. Neste texto, para concluir, vou me ater à apresentação desses *marcadores lacanianos*, sobretudo quanto ao que nos permite diagnosticar e, a partir daí, tratar as neuroses e as psicoses:

1. O *Nome-do-Pai*: localizado como um "significante fundamental", esse elemento orientador que Lacan (1958/1966) designou como Nome-do-Pai, quando está presente no registro do Simbólico, dá sustentação à significação fálica com a qual um sujeito tenta decifrar, como neurótico, os enigmas do gozo que lhe tomam o corpo. Nas psicoses, a foraclusão do Nome-do-Pai no registro do Simbólico, ou seja, sua ausência como elemento orientador, o faz retornar no registro do Real (LACAN, 1958/1966), dando lugar a experiências enigmáticas de fragmentação do corpo, perturbações inquietantes de sua relação com a Lei e com as palavras, imposição de um gozo muitas vezes difícil de localizar. Mais no final de seu ensino, Lacan (1975-1976/2005), como esclarece Miller (1999a/2012, 1999b/2012 e 2008/2012), passa a considerar o próprio Nome-do-Pai como um sintoma, uma espécie de predicado de valor mais coletivizado, uma espécie de invenção ou construção simbólica para se ler o que se impõe como enigmático e sem lei quanto ao registro do Real e, nesse viés, vamos poder discernir ou mesmo, pelo tratamento, contribuir, em muitos casos de psicose, para a circunscrição de outros sintomas que, na singularidade de cada caso ou de cada circunstância em um mesmo caso, vão fazer as vezes do Nome-do-Pai sem a perspectiva mais genérica que este teria nas neuroses.
2. O *sujeito* como *vazio*, *dividido* entre dois significantes dos quais ele se depreende apenas como *falta-a-ser* (LACAN, 1960/1966), conforme encontramos nas neuroses, ou o *sujeito assolado* por significantes que lhe são impostos e que o designam diretamente

sem que ele tenha qualquer recurso à vacilação frente a essa imposição, tal como Lacan (1955-1956/1975, 1958/1966) destaca no célebre exemplo da injúria "Porca!", no caso de uma paciente psicótica por ele entrevistada.

3. O *objeto a*, localizado como *um vazio* depreendido do campo do Outro e que, desse modo, permite ao neurótico a configuração de uma realidade enquadrada pela fantasia ou como um objeto *real* contido, segundo uma expressão de Lacan (1966) "no bolso" do psicótico e que, sem lhe permitir o recurso à fantasia, lhe perturba o corpo, as relações com o Outro e a configuração de um pouco que seja de realidade (LACAN, 1958/1966 e MILLER, 1983/1996).
4. O *falo* como *significante relacionado à castração*, nos casos de neurose, tanto *organiza a significação e a norma com que tentam se haver com a diferença dos sexos* (LACAN, 1960/1966), quanto designa, conforme demarca Miller (2008-2009/2011) – em uma leitura inédita e recente de uma passagem de um escrito de Lacan (1960/1966, p. 827) – *um gozo impossível de negativar* e que se impõe viva e reiteradamente aos corpos. Ora, é a experiência real dessa impossibilidade de negativação do gozo que será corporificada pelos psicóticos, sem qualquer recurso à significação fálica e com uma intensidade muito mais avassaladora que a encontrada nas neuroses.

Tanto o DSM-5 quanto o não menos recente RDoC não têm lugar para o que, não sem alguma ironia e ainda de modo muito breve, apresento na conclusão deste texto como *marcadores lacanianos*. As cifras derivadas do DSM-5 e do RDoC vão reiterar o esmagamento do sujeito afetado pelo dito "transtorno mental", ou pelo ainda prometido "transtorno cerebral". Elas também anulam – por suas pretensões globalizantes, estatísticas e biologizantes – quem decide por um diagnóstico e se faz responsável pela direção do tratamento, apresentando-se, portanto, como o avesso do que se processa em nossa prática, que não dispensa a "entrega", feita por um analista, de seu corpo como um "objeto" que poderá localizar o que afeta a vida de quem o procura.

Nossa aposta na incomensurabilidade do gozo como marca do real sem o qual o exercício clínico torna-se mera ortopedia certamente repercutirá como um "atraso científico" para os praticantes do DSM-5 e do RDoC. Continua valendo, então, o impossível destacado por Freud (1918/2010, p. 66) quanto a "discutir com os que, trabalhando no campo da psicologia ou da neurologia, não reconhecem os pressupostos da psicanálise e consideram artificiais seus resultados": "Baleia e urso polar... não podem fazer guerra entre si, porque, cada um limitado a seu elemento, não chegam a se encontrar".

Entretanto, neste século XXI, tomado pelo "aquecimento global" ou pelo enorme investimento global no que é cifrado, pode acontecer de um bloco de gelo, como uma espécie de "ilha flutuante", aproximar o urso polar e a baleia, tal como temos visto nessas tentativas não-lacanianas de se localizar, nas imagens cerebrais, os achados freudianos. Para nós da orientação lacaniana, a proximidade desses elementos não apaga o impossível de tal encontro: as cifras apresentadas pelo DSM-5 ou que ainda serão produzidas pelo RDoC, reféns de uma concepção cartesiana do corpo como substância "*partes extra partes*", vão – mesmo sem serem esses seus propósitos – justificar a proposição de Lacan (1973/2001, p. 553) de que "uma mensagem decifrada pode permanecer um enigma". Trata-se, então, de lidar com a reiteração do enigma mesmo quando as cifras são apresentadas sob a forma de quantidades que visam, enfim, a tudo explicar. Nesse contexto, como a *high technology* para abordar o gozo cifrado do "corpo vivo" que "se goza" é, tanto quanto os quatro marcadores que destaquei acima, patente nossa, caberá a nós, portanto, analistas da orientação lacaniana, a decisão corajosa de fazê-la valer neste século.

Referências

ALLARDYCE, J., GAEBEL, W., ZIELASEK, J. & VAN OS, J. (2010). "Deconstructing psychosis conference, February 2006: the validity of Schizophrenia and alternative approaches to the classification of psychosis". In:

TAMMINGA, C. A., SIROVATKA, P. J., REGIER, D. A. & VAN OS, J. *Deconstructing psychosis. Refining the research agenda for DSM-V*. Arlington: APA, p. 1-10.

APA. (1994/2002). *Manual diagnóstico e estatístico de transtornos mentais (DSM--IV-TR)*, 4ª edição, Texto revisado. Porto Alegre: ARTMED.

————. (2013). *Diagnostic and statistic manual of mental disorders*. Fifth Edition (DSM-5). Arlington: American Psychiatric Association.

BERSTEIN, C. A. (2011). "Meta-structure in DSM-5 process". In: *Psychiatric News*, v. 46, n. 5. Arlington: American Psychiatric Association, p. 7-8.

BORGES, J. L. (1952/1985). "El idioma analítico de John Wilkins". In: *Otras inquisiciones*. Madrid: Alianza Editorial, p. 102-106.

FOUCAULT, M. (1966). *Les mots et les choses*. Paris: Gallimard.

FREUD, S. (1976). *Edição standard das obras psicológicas completas de Sigmund Freud*. Rio de Janeiro: Imago.

(1894). "As neuropsicoses de defesa", v. III, p. 53-73.

————. (1918/2010). "História de uma neurose infantil". In: *História de uma neurose infantil ("O homem dos lobos"), Além do princípio do prazer e outros textos*. São Paulo: Companhia das Letras, p. 13-160.

HEMPEL, C. G. (1959/1965). "Fundamentals of taxonomy". In: *Aspects of scientific explanation*. New York: Free Press, p. 3-52.

INSEL, T. (2010). "Research Domain Criteria (RDoC): toward a new classification framework for research on mental disorders". In: *American Journal of Psychiatry*, v. 167, n. 7, p. 748-750.

————. (2013). Transforming diagnosis. In: *Director's blog, National Institute of Mental Health*. Disponível em: <http://www.nimh.nih.gov/about/director/2013/transforming-diagnosis.shtml>. Acesso em: 27 mar. 2014.

KUPFER, D. J., FIRST, M. B. & REGIER, D. A. (2002). *A research agenda for DSM-V*. Washington: American Psychiatric Association (APA).

LACAN, J. (1946/1998). "Propos sur la causalité psychique". In: Écrits. Paris: Seuil, p. 152-194.

————. (1955-1956/1975). *Le séminaire, livre III: les psychoses*. Paris: Seuil.

————. (1958/1966). "D'une question préliminaire à tout traitement possible de la psychose". In: Écrits. Paris: Seuil, p. 531-583.

————. (1960/1966). "Subversion du sujet et dialectique du désir dans l'inconscient freudien". In: Écrits. Paris: Seuil, p. 793-827.

————. (1964/1973). *Le séminaire, livre XI: les quatre concepts fondamentaux de la psychanalyse*. Paris: Seuil.

————. (1966). *Petit discours aux psychiatres*. Paris, 32p (fotocopiado).

————. (1972-1973/1975). *Le séminaire, livre XX: encore*. Paris: Seuil.

————. (1973/2001). "Introduction à l'édition allemande d'un premier volume des Écrits". In: *Autres écrits*. Paris: Seuil, p. 553-559.

————. (1975-1976/2005). *Le séminaire, livre XXIII: le sinthome*. Paris: Seuil.

LAIA, S. (2009). "Categoria e dimensão no DSM-V e na psicanálise de orientação lacaniana". In: *Curinga*, n. 29. Belo Horizonte, Escola Brasileira de Psicanálise – Seção Minas Gerais/EBP-MG, p. 93-102.

MILLER, J. (1983/1996). "Mostrado em Prémontré". In: *Matemas I*. Rio de Janeiro: Jorge Zahar, p. 150-154.

————. (1999a/2012). "A clínica fluida (*floue*)". In: BATISTA, M. C. D. & LAIA, S. (orgs.). *A psicose ordinária*. Belo Horizonte: Scriptum e Escola Brasileira de Psicanálise, p. 241-245.

————. (1999b/2012). "Psicoses carvalho e junco". In: BATISTA, M. C. D. & LAIA, S. (orgs.). *A psicose ordinária*. Belo Horizonte: Scriptum e Escola Brasileira de Psicanálise, p. 291-292.

————. (2008/2012). "Efeito do retorno à psicose ordinária". In: BATISTA, M. C. D. & LAIA, S. (orgs.). *A psicose ordinária*. Belo Horizonte: Scriptum e Escola Brasileira de Psicanálise, p. 399-428.

————. (2008-2009/2011). *Perspectivas dos escritos e outros escritos de Lacan: entre desejo e gozo*. Rio de Janeiro: Jorge Zahar.

PARIS, J. (2013). *The inteligent clinician's guide to the DSM-5*. New York: Oxford University Press.

ROSCH, E. & LLOYD, B. B. (1978). *Cognition and categorization*. Hillsdale: Laurence Erlbaum.

VAN OS, J. (2009). "'Salience syndrome' replaces 'schizophrenia' in DSM-V and ICD-11: Psychiatry's evidence-based entry into the 21st century?". In: *Acta Psychiatrica Scandinavica*, n. 120, p. 363-372.

VAN OS, J. & TAMMINGA, C. A. (2010). "Introduction". In: TAMMINGA, C. A., SIROVATKA, P. J., REGIER, D. A. & VAN OS, J. *Deconstructing psychosis. Refining the research agenda for DSM-V*. Arlington: APA, p. XXI--XXII.

TAMMINGA, C. A., SIROVATKA, P. J., REGIER, D. A. & VAN OS, J. (2010). *Deconstructing psychosis. Refining the research agenda for DSM-V*. Arlington: APA.

Notas sobre a questão do diagnóstico na psicanálise e na psiquiatria

Deborah Lima Klajnman
Leonardo de Miranda Ferreira
Marco Antonio Coutinho Jorge

Resumo

Em mais de uma passagem, Freud abordou o tema das divergências entre a psicanálise e a psiquiatria. No entanto, não negava sua expectativa de que esses dois campos se complementassem mutuamente. Da mesma forma, não admitia que essa convergência se transformasse numa confusão de disciplinas. As divergências mencionadas se acentuaram com a gradual preponderância que as bases organicista e farmacológica ganharam para o saber psiquiátrico a partir de meados do século XX. Do diálogo inicial com a psiquiatria a psicanálise herdou algumas de suas categorias nosográficas e a relevância do estabelecimento do diagnóstico diferencial para o tratamento. Contudo, para cada um desses dois campos o diagnóstico recebe diferentes contornos, tanto na sua elaboração quanto na repercussão que essa categorização gera para o tratamento.

Palavras-chave: diagnóstico; psicanálise; psiquiatria; Freud; Lacan.

Abstract

Notes on the question of diagnosis in psychoanalysis and psychiatry

Freud has discussed about the divergences between psychoanalysis and psychiatry, many times. However, he didn't deny his expectation that these two sciences complemented each other. Likewise, he didn't admit this convergence would become a mixture of knowledge. The psychiatric knowledge has increasingly given great importance to the physiological and pharmacological study since the mid-twentieth century. This fact has increased the divergences that were mentioned. The psychoanalysis inherited some nosographical categories from the initial dialogue with psychiatry and also the relevance of diagnosis to treatment. Nevertheless, each of these two sciences take a different approach towards the diagnosis, and there are different impacts of this categorization for treatment direction.

Key-words: diagnosis; psychoanalysis; psychiatry; Freud; Lacan.

A psicanálise não difere da medicina e de outras formas terapias no que concerne à busca de tratamento pelo sujeito em função do sofrimento decorrente de um sintoma. Miller (1997) ressalta a exceção constituída pelas instituições psiquiátricas que, na maioria das vezes, são procuradas não pelo paciente, mas por familiares, vizinhos ou até pelo poder público. No caso da psicanálise, de maneira geral o próprio candidato a analisando busca tratamento a fim de resgatar uma antiga harmonia perdida: "A demanda ao psicanalista é o modo do paciente interpretar para si mesmo o próprio sintoma, a partir do que sabe e do que não sabe e do desconforto de tipo especial que lhe causa" (MILLER, 1997, p. 121).

Como sabemos, Freud inaugurou uma modalidade inédita de direção do tratamento que implica em que o analista não se situe como mestre que sabe sobre o que constitui o sofrimento do sujeito e o compreende em seu padecimento. O ineditismo da psicanálise reside justamente em propor o caminho inverso dessa operação. Ao invés de operar através de um saber constituído, o psicanalista propõe ao paciente falar sobre seu próprio sofrimento, fazendo advir com isso uma forma muito particular de saber – um saber não sabido conscientemente, única forma de saber que é articulado à verdade, o saber inconsciente. Com sua teoria dos quatro discursos, Lacan daria uma conformação lógica consistente a essa diferença discursiva: se a histérica busca um mestre para que este produza saber sobre seu sofrimento, cuja causa é sexual, o psicanalista reorienta à própria histérica essa demanda e propõe que ela mesma fale sobre aquilo que a faz sofrer.

É importante sublinhar que a própria fundação da psicanálise enquanto forma de tratamento psíquico consistiu na reviravolta que Freud propôs às pacientes histéricas com as quais travara contato em seu breve estágio de neurologia no Hôpital de la Salpêtrière em Paris, com aquele que seria um de seus mestres, Jean-Martin Charcot. Com Charcot Freud foi iniciado numa dimensão clínica até então inexplorada por ele e aprendeu a valorizar, antes de tudo, a experiência clínica como soberana diante de toda e qualquer teoria.

A maneira pela qual o analista responde à demanda de cura do paciente tem íntima relação com a leitura que a psicanálise faz do sintoma. Não nos basta dizer que o sintoma comporta uma mensagem, pois para outras modalidades de tratamento ele também pode ser assim considerado: no caso da medicina, a mensagem de um mau funcionamento orgânico, por exemplo, segundo o critério médico clássico de que a saúde é equivalente ao silêncio dos órgãos (CANGUILHEM, 1982, p. 67). Para a psicanálise, o sintoma não está associado a uma disfunção, mas a um saber. Não um saber que se situa num catálogo preexistente ao discurso e constitui uma nosologia do sujeito, não um saber psicopatológico passível de ser objetivado ou mesmo descrito integralmente. Ao situarmos o sintoma como uma formação do inconsciente, estamos demarcando que ele é parte desse saber do qual nada se sabe inicialmente e que se especifica por conjugar – paradoxalmente – sofrimento e satisfação, uma vez que o sintoma é o resultado final de uma busca de satisfação iniciada na pulsão e prosseguida na fantasia inconsciente (JORGE, 2010).

Cabe-nos, portanto, fazer o sujeito falar (a partir de seu sintoma) e não propriamente falar através dele, nem muito menos produzir traduções implicadas noutro discurso como o discurso médico ou psicológico. Tampouco nossa ação vai no sentido de silenciar essa mensagem enovelada no sintoma.

Desse modo, numa discussão sobre o diagnóstico, é necessário abordar a sua construção no campo do qual a psicanálise surgiu – a psiquiatria – sem, contudo, desprezarmos seus méritos terapêuticos, suas descrições nas quais se enraizaram as primeiras observações freudianas, nem mesmo a necessidade, em alguns casos, do trabalho psiquiátrico ser precedente a qualquer intervenção possível do psicanalista. No entanto, propomos traçar um paralelo entre as duas formas de diagnóstico, qual a necessidade e importância deste para a direção do tratamento, demarcando, com isso, as diferenças entre a psicanálise e psiquiatria.

Anatomia e histologia

Em mais de uma passagem de sua obra, Freud abordou o tema das divergências entre a psicanálise e a psiquiatria mostrando o quanto elas poderiam ser complementares uma em relação à outra. Comparando a psiquiatria à anatomia e a psicanálise à histologia, ele não negou sua expectativa de que esses dois campos caminhassem lado a lado, da mesma forma que não admitiu que essa convergência viesse a se transformar numa confusão de disciplinas. Para ele, o ponto de separação reside na base organicista da psiquiatria que não deve ser assimilada pela psicanálise (FREUD, 1916/1969, p. 30). De fato, a psiquiatria clássica sempre supôs a existência da etiologia orgânica das doenças mentais, ainda que não pudesse defini-la minimamente. Em seu primeiro livro *Sobre a concepção das afasias* Freud desconstrói, por sua vez, a visão neurológica de sua época e apresenta uma noção vanguardista de "aparelho de linguagem" que impede a assimilação dos distúrbios afásicos às localizações cerebrais, tais como descritas pela doutrina de Wernick-Lichtheim (JORGE, 2014, in FREUD, 1891/2014). A partir de sua clínica com a histeria, Freud iria promover um corte epistemológico ao subverter a ideia de corpo anatomofisiológico e anunciar a existência de um novo corpo que escapa à ordenação do saber médico. Freud iria aos poucos perceber que não bastava a descrição dos quadros psicopatológicos, era necessário criar um espaço para a fala e a escuta das histéricas.

A admissão de uma filiação da psicanálise em relação à psiquiatria não deve corromper a compreensão de que houve, de fato, uma ruptura efetuada por Freud na construção da psicanálise. A herança psiquiátrica trazida para o seio da teoria freudiana não traçou uma linha de continuidade entre ambas, como se tivesse ocorrido tão somente um acúmulo de saber e a retificação de determinados pontos. Freud fundou sua própria clínica através da ordenação de uma nosografia e nosologia próprias à psicanálise, mantendo e ao mesmo tempo subvertendo sua relação com a psiquiatria (LEITE, 1999, p. 36).

A herança citada por Miller (1997, p. 125) deve-se ao que ele chama de "clínica fundamental psiquiátrica", da qual a psicanálise adveio e de onde Freud recolheu as categorias diagnósticas. O próprio Lacan fala do berço da psicanálise nos seus termos: "Existem tipos de sintomas, existe uma clínica. Só que ela é anterior ao discurso analítico e se o discurso analítico traz uma luz à clínica, isto é seguro, mas não é certo" (LACAN, 1973/2003, p. 554). Donde podemos deduzir que os diálogos teóricos mantidos entre Freud e alguns expoentes de sua época – citemos Kraft-Ebing, Eugen Bleuler e Emil Kraepelin – exemplificam o que Lacan chama de trazer uma "luz à clínica", bem como a influência que a psiquiatria exerceu na construção da psicanálise.

Psiquiatra de formação, Lacan faz o caminho oposto ao de seus colegas. Isso porque, a partir dos anos 1950[1], a proliferação dos psicofármacos criou uma barreira que impediu qualquer possibilidade de diálogo da psicanálise com a psiquiatria, sobretudo quanto ao esforço de sistematização dos diagnósticos que passou a sofrer a influência da incidência dos medicamentos. O avanço do estudo das estruturas nosográficas que vinha se produzindo desde o início do século XX estagnou totalmente nesse período. No lugar da investigação sobre os fenômenos e as novas entidades clínicas, a psiquiatria se limitou a pesquisar os efeitos da administração dos medicamentos. Deixou-se de classificar a manifestação fenomênica para se estabelecer o diagnóstico a partir de uma articulação combinatória dos sintomas. A clínica psiquiátrica passa a ser a clínica da resposta dos sujeitos aos psicofármacos (MILLER, 1997, p. 122).

CIDs e DSMs

Mais recentemente, com o avanço das neurociências e a formalização cada vez maior dos manuais de classificação de doenças (CIDs e DSMs), a psi-

1 O primeiro medicamento antipsicótico a ser sintetizado foi a clorpromazina em 1952.

quiatria afastou-se ainda mais da psicanálise com sua evidente opção pela compreensão da máquina neuronal em detrimento da causalidade psíquica, do sujeito do inconsciente e do critério da transferência. A biologização e adoção do binômio "para cada transtorno, um remédio" fazem-nos suspeitar de que houve um posicionamento político-capitalista para a tomada dessa posição, dados os enormes lucros que a indústria farmacêutica acumulou desde então (QUINET, 2001).

Por outro lado, os manuais de classificação de patologias se pretendem universais, inclusive no que diz respeito às doenças mentais. Vários questionamentos podem ser levantados sobre esse tema, como por exemplo o fato de o diagnóstico em medicina ser balizado por uma noção de saúde que não pode ser replicada em se tratando do psiquismo. Não há um sinal objetivo, uma norma, muito menos um padrão de referência absoluto sobre o que seja saúde psíquica. Há sim um consenso cultural sobre os comportamentos e os desvios que, ainda assim, são bastante variáveis de acordo com a época, com a região etc. Dessa forma, não há possibilidade de uma classificação diagnóstica ser unívoca e globalizante, já que ela obrigatoriamente deverá se inserir num contexto cultural (ZARIFIAN, 1989, p. 45).

Devido à grande disparidade dos critérios diagnósticos existentes nos diversos países, um grupo de médicos começou uma mobilização em todo o mundo para criar um sistema único internacional de classificação de doenças, conhecido pela sigla CID (Classificação Internacional de Doenças) que, publicado desde 1992, se encontra na sua décima versão. A inclusão dos distúrbios psiquiátricos ocorreu a partir de 1946 com a influência da nosologia de Kraepelin, as opiniões de Adolf Meyer e as entidades elaboradas por Freud acerca das neuroses.

A CID fornece códigos relativos à classificação de doenças e uma grande variedade de sinais, sintomas, queixas e ferimentos. A cada estado de saúde é atribuída uma categoria única, à qual corresponde um código que contém até seis caracteres. Caracteriza-se por ter sido construída a partir de listas de diagnósticos cujas definições são dadas previamente, visando obter a forma mais sucinta possível na sua descrição. O quadro que se diferencie dos termos da definição proíbe o diagnóstico, sendo utilizadas como estratégia as diversas rubricas "inclassificáveis" e a possível agregação de um conjunto de doenças semelhantes. A base para a classificação é eminentemente médica, portanto sintomática.

Outro sistema de projeção e respeitabilidade internacionais é o norte-americano DSM (*Diagnostic and Statistical Manual of Mental Disorders*), que nasceu sob a forte influência da poderosa Associação Americana de Psiquiatria. É um sistema específico para abranger as doenças psiquiátricas e se propõe como uma classificação a-teórica, a-histórica e a-doutrinária. Com isso, busca uma linguagem comum e universal, levando em conta tão somente os sintomas objetivos e excluindo qualquer referência teórica ou etiológica, contendo, portanto, unicamente os diagnósticos descritivos vistos como totalmente comunicáveis e empiricamente verificáveis. A opção por não fazer referências a teorias teria sido a justificativa para o banimento que foi realizado do termo neurose. Para que os sintomas neuróticos estejam descritos nesse manual, precisam apresentar frequência estatística significativa para serem incluídos (ZARIFIAN, 1989, p. 48).

Diante dos manuais, o médico trabalha reverenciando e referenciado a eles, comparando sintomas descritos com aquilo que é apresentado, o que caracteriza essa clínica mais como uma clínica da observação do que da escuta. Precisamente, o diagnóstico em psiquiatria segue a base sindrômica ou nosológica. A primeira diz respeito à reunião do conjunto de sinais e sintomas sem, contudo, definir a doença de fundo. O diagnóstico nosológico é orientado pelo sindrômico no sentido de que, por meio da descrição metódica das moléstias, chegaríamos à doença propriamente dita. Num caso, a síndrome (conjunto de sinais e sintomas) seria atacada através da prescrição de medicamentos, sem, no entanto, curar a doença. Ao receitar o lítio, por exemplo, o psiquiatra não visa "curar" o transtorno bipolar, mas estabilizar seus sintomas, da mesma forma que os antipsicóticos não servem para "curar" a esquizofrenia, mas reduzem a atividade alucinatória e delirante. Uma vez identificada a doença de fundo, pode haver uma intervenção de mais longo prazo e de alcance supostamente mais profundo, embora esse não seja o movimento de maior incidência entre os profissionais. Mas, em ambos os métodos, a fenomenologia é o que orienta a formulação do diagnóstico psiquiátrico (FIGUEIREDO & TENÓRIO, 2002, p. 31).

A PSICANÁLISE E O DIAGNÓSTICO ESTRUTURAL

Por levar em conta a dimensão estrutural da psicopatologia, assim nomeada por Lacan a partir da clínica freudiana que recenseou três estruturas clínicas – neurose, perversão e psicose –, a psicanálise não dá valor de verdade ao fenômeno (LACAN, 1955-1956/1998, p. 191), mesmo porque a maneira pela qual o quadro se apresenta não expressa a posição do sujeito. Este pode, por exemplo, ser um sujeito de estrutura neurótica com sintomas bastante típicos de uma psicose.

> É verdade que, ao nível dos fenômenos, no caso de fenômenos corporais, por exemplo, pela distância tomada em relação ao corpo, ou sentimento do corpo como outro, é difícil distinguir entre psicose e histeria. Um sujeito psicótico e um histérico podem, num dado momento, expressar-se mais ou menos da mesma maneira (MILLER, 1988, p. 94).

Aliás, a histeria é um grande desafio aos manuais de classificação que mencionamos acima, já que seus sintomas não se apresentam uniformemente. Não foi à toa que a referência à histeria foi totalmente extinta do DSM a partir de sua terceira versão, surgida em 1980. Em seu quinto seminário, Lacan dedica especial atenção às palavras de Freud registradas no livro dos sonhos, quando este autor discorre sobre a identificação histérica. Esta acarreta a "tomada de empréstimo" de sintomas de todo tipo que estão relacionados com "um traço comum que persiste no inconsciente" (LACAN, 1957-1958/1999, p. 375). Se os sintomas "tipicamente histéricos" estão em declínio nos dias atuais, não se trata de concluir que a histeria deixou de existir, mas a mobilidade de seus sintomas funciona como um verdadeiro escárnio aos classificadores de doenças. A profusão de modos sintomáticos pelos quais as histéricas se apresentam para os clínicos aponta para o fato de que não é através de uma cartografia de sintomas que podemos pensar o diagnóstico, mas através do discurso do paciente na relação transferencial.

Diferente da psiquiatria biológica de hoje, em que o diagnóstico possui uma referência exclusivamente fenomênica, o ensino de Lacan permite a formulação do diagnóstico numa profundidade estrutural e, a rigor, ele só pode ser produzido com segurança ao longo de um tratamento analítico. O termo fenômeno designa tudo o que é percebido, que pode ser apreendido pelos sentidos e pela consciência. A fenomenologia pode ser definida como o estudo descritivo do fenômeno assim como ele se apresenta na experiência, através de uma descrição direta do que é experimentado e de como isso se apresenta. Esse é um termo empregado pelos filósofos Hegel e Husserl. O primeiro utiliza em sua obra sobre a *Fenomenologia do espírito* (1807) o termo fenomenologia como uma ciência da experiência da consciência e Husserl atribui a ela um rigor que lhe confere um estatuto de corrente de pensamento, sendo considerada uma das principais correntes filosóficas do século XX (JAPIASSÚ & MARCONDES, 1989/2008, p. 105). O método fenomenológico comporta, portanto, uma descrição e não a explicação ou a análise daquilo que é observado.

Por outro lado, o estruturalismo, uma importante corrente de pensamento do século XX, surge em oposição à epistemologia positivista, de onde se originam as ciências médicas. Distinto da fenomenologia, o estruturalismo tem como método a determinação e a análise de estruturas. Esse pensamento é inaugurado com Ferdinand de Saussure e tem continuidade com seus discípulos Roman Jakobson e Claude Lévi-Strauss. O conceito de estrutura não é discutido na obra de Freud e é Lacan que, ao abordar a teoria de Lévi-Strauss conjugando-a com seu estudo da obra de Freud (no qual as três estruturas clínicas são expostas de forma não nomeada), leva esse conceito para o campo da psicanálise.

O Nome-do-Pai

Lacan dá enorme relevo às estruturas clínicas e valoriza a dimensão estrutural da constituição subjetiva. Para ele, o conceito de Nome-do-Pai é um elemento estrutural fundamental. Referindo-se à obra de Lévi-Strauss e em especial a seu artigo sobre "A eficácia simbólica" (LÉVI-STRAUSS, 1949/1996), Lacan insiste na função organizadora da ordem simbólica para os indivíduos. No entanto, o autor se apropria de concepções básicas do pensamento estruturalista para depois subvertê-lo, valorizando um conceito que não é destacado no estruturalismo, a saber, o conceito de sujeito. Dessa forma, ele se utiliza do estruturalismo com certa especificidade, que permite articular os conceitos de sujeito e estrutura. Entendemos, dessa forma, que Lacan aborda o pensamento de Lévi-Strauss sobre as leis estruturais levando em conta a enunciação ao invés dos enunciados. Quando nos referimos, portanto, à estrutura como aquela da linguagem, nos referimos à primazia do significante.

A estrutura do aparelho psíquico é organizada como um dialeto em que cada estrutura possui a sua linguagem própria. As três estruturas propostas por Lacan são formas de o sujeito responder à castração. Portanto, em psicanálise o diagnóstico é simultaneamente estrutural e diferencial, referente às três respostas possíveis do sujeito frente à castração: através do recalque, do desmentido e da foraclusão, mecanismos de defesa estruturais que designam para Lacan a especificidade das três estruturas – neurose, perversão e psicose, respectivamente.

Mais essencialmente, o psicanalista privilegia a singularidade de cada caso e, ao invés de se apresentar com um saber fechado, opta por nada saber sobre o sujeito, o que Lacan chama de "douta ignorância", expressão dialética que designa uma forma refinada de saber que inclui o não-saber. Quanto ao diagnóstico, ele só poderá ser pensado quando estabelecida a transferência. Ele é de profundo valor para a direção do tratamento, já que o desenrolar do trabalho analítico é absolutamente diferente dependendo da estrutura do sujeito. Não por acaso, Freud (1913/1969, p. 166) recomenda um "tratamento de ensaio" (renomeado por Lacan de entrevistas preliminares), devido à necessária prudência diagnóstica, o que faz o tratamento tomar direções distintas especialmente no que diz respeito à clínica da neurose e a da psicose. Nesse último caso, o registro simbólico é privado do mecanismo do recalque devido à foraclusão do Nome-do-Pai, por isso não há mediação para o retorno no real daquilo que não pôde ser simbolizado. Lacan formulará então que o que foi foracluído do simbólico retorna no real.

Na psicose, o real do gozo não pode receber um tratamento preliminar através da metáfora paterna, justamente por esta não operar, sendo necessário um tratamento na clínica que faça suplência a isso que falha. No caso da neurose, a questão preliminar é toda baseada no tratamento da demanda de forma a articular sintoma e transferência. Ocorre, portanto, uma dupla transformação: a retificação subjetiva e a histericização do discurso. A primeira pode ser ilustrada pela figura de uma seta que sai para uma direção e volta para o mesmo ponto de partida. Ela promove uma abertura ética para o sujeito se questionar sobre qual participação ele tem tanto na fabricação quanto na manutenção de seu estado de sofrimento, ou seja, sua responsabilidade enquanto sujeito. A segunda tem a ver com a abertura da questão sobre a causa do sofrimento, visa instigar o sujeito a uma busca desse saber, direcionando essa exploração parta a pessoa do analista (RECALCATI, 2004, p. 4).

O psicótico não visa um saber sobre seu sintoma, ele já vem dado, pois dispõe do objeto no real. Quem o pede ao Outro é porque acredita que ele está no Outro. Isso não ocorre com o psicótico que, no máximo, espera que o analista seja uma testemunha de seu delírio (FORBES & FERRETTI, 1990). O psicótico assiste a uma inércia da simbolização, que barra qualquer articulação de significantes dentro de uma cadeia na qual os efeitos de significação possam circular entre o sujeito e o Outro. Lacan (1955-56/1998, p.20) se questiona sobre o que a psicanálise pode oferecer no tratamento da psicose, na qual há a falta do significante fundamental que lhe permitiria articular a ordem simbólica de forma simbólica. Na psicose há a presença do simbólico, mas a foraclusão do significante Nome-do-Pai produz uma alteração tal no simbólico que impede que ele opere simbolicamente e, assim, ele tenderá a operar no imaginário (paranoia) ou no real (esquizofrenia).

Isso é o que impede que na psicose sejam feitas interpretações de lapsos, atos falhos e delírios. Ao mesmo tempo, cria-se a problemática quanto ao enlace transferencial, que não ocorrerá da mesma forma que na neurose. Ao tecer comentários sobre o esquema L, em que, no tratamento da neurose, a análise funciona no eixo simbólico, no caso da psicose, é estritamente válido estar atento à não desestabilização do outro eixo onde o recurso imaginário serve de suporte à precariedade da articulação simbólica. O desencadeamento da psicose ocorre quando o sujeito é convocado a responder simbolicamente à emergência do significante Nome-do-Pai faltoso; quando surge um fato que induza a desestabilização imaginária, se produz uma quebra da identificação na qual o sujeito se apoiava imaginariamente (no eixo imaginário a – a' do esquema L) e que o convoca simbolicamente ali onde ele não encontra meios de significar o enigma sobre seu ser. Trata-se, nesse momento, daquilo que Lacan nomeou como o desencadeamento da psicose, noção essa que permite avançar nas questões relativas ao diagnóstico diferencial entre neurose e psicose, posto que situa psicoses não desencadeadas cuja fenomenologia é neurótica.

Sendo assim, mesmo considerando-se as diferenças entre as práticas, podemos afirmar que a psiquiatria não precisa excluir necessariamente as contribuições da psicanálise mas, ao contrário, incorporá-las. Ainda que uma dedique-se à descrição dos fenômenos, a outra dá a razão de sua estrutura e explica as manifestações transferenciais que ocorrem no contato com a psiquiatria. Essa reaproximação pode permitir à psiquiatria reconhecer a importância das manifestações do inconsciente que não se reduzem a um efeito orgânico, tampouco a um déficit neuronal.

Referências

CANGUILHEM, G. (1982). *O normal e o patológico*. Rio de Janeiro: Forense Universitária.

CLAVREUL, J. (1983). *A ordem médica: poder e impotência do discurso médico*. São Paulo: Brasiliense.

FIGUEIREDO, A. C. & TENÓRIO, F. (2002). "O diagnóstico em psiquiatria e psicanálise". *Rev. Latinoam. Psicopat. Fund.*, v. V, n. 1. São Paulo, p. 29-43.

FORBES, J. & FERRETTI, C. (1990). "Entrevistas preliminares e função diagnóstica nas neuroses e nas psicoses". In: *Falo*, n. 3 – Revista Brasileira do Campo Freudiano, p. 53-61.

FREUD, S. (1969). *Edição standard brasileira das obras psicológicas completas de Sigmund Freud*. Rio de Janeiro: Imago.

(1891/1969). "Hipnose", v. I, p. 145-154.

(1886/1969). “Prefácio à introdução das conferências sobre as doenças do sistema nervoso, de Charcot”, v. I, p. 53-55.

(1913/1969). “Sobre o início do tratamento (novas recomendações sobre a técnica da psicanálise I)”, v. I, p. 137-158.

(1916/1969). “Conferência I: Introdução”, v. XV, p. 25-35.

(1956[1886]/1969). “Relatório sobre meus estudos em Paris e Berlim”, v. I, p. 37-49.

JAPIASSÚ, H. & MARCONDES, D. (1989/2008). *Dicionário básico de Filosofia*. Rio de Janeiro: Jorge Zahar.

JORGE, M. A. C. (2000). *Fundamentos da Psicanálise de Freud a Lacan – v. 1: as bases conceituais*. Rio de Janeiro: Zahar.

————. (2010). *Fundamentos da Psicanálise de Freud a Lacan – v. 2: a clínica da fantasia*. Rio de Janeiro: Zahar.

————. (2014). “Das afasias à histeria”. In: FREUD, S. *Sobre a concepção das afasias*, (1891). Rio de Janeiro: Zahar, p. 7-11.

————. & FERREIRA, N. P. (2002). *Lacan – o grande freudiano*. Rio de Janeiro: Zahar.

LACAN, J. (1955-1956/1998). *O seminário, livro 3: as psicoses*. Rio de Janeiro: Jorge Zahar.

————. (1957-1958/1999). *O seminário, livro 5: as formações do inconsciente*. Rio de Janeiro: Jorge Zahar.

————. (1959/1998). “De uma questão preliminar a todo tratamento possível da psicose”. In: *Escritos*. Rio de Janeiro: Zahar, p. 537-590.

————. (1973/2003). “Introdução à edição alemã de um primeiro volume dos *Escritos*”. In: *Outros escritos*. Rio de Janeiro: Jorge Zahar, p. 550-556.

LEITE, M. P. de S. (1999). “A psicanálise como diagnóstico da psiquiatria”. In: *Pulsional Revista de Psicanálise*, ano XII, n. 120, p. 36-40.

LÉVI-STRAUSS, C. (1949/1996). “A eficácia simbólica”. In: *Antropologia estrutural*. Rio de Janeiro: Tempo Brasileiro, p. 215-236.

MILLER, J.-A. (1988). “Seminário do Campo freudiano, primeira conferência – Introdução a um discurso do método analítico”. In: *Falo*, n. 2 – Revista Brasileira do Campo Freudiano, p. 87-94.

————. (1997). “Psicanálise e psiquiatria”. In: *Lacan elucidado: palestras no Brasil*. Rio de Janeiro: Jorge Zahar, p. 121-140.

QUINET, A. (2001). A psiquiatria e sua ciência nos discursos da contemporaneidade. In: QUINET, A. (org.). *Psicanálise e psiquiatria – controvérsias e convergências*. Rio de Janeiro: Rios Ambiciosos, p. 13-20.

RECALCATI, M. (2004). "A questão preliminar na época do Outro que não existe". *Latusa digital*, ano 1, n. 7. Disponível em: <http://www.latusa.com.br/pdf_latusa_digital_7_a2.pdf>. Acesso em: 1 nov. 2008.

VIEIRA, M. A. (2001). "Dando nome aos bois, sobre o diagnóstico em psicanálise". In: FIGUEIREDO, A. C. (org.). *Psicanálise: pesquisa e clínica*, v. 1. Rio de Janeiro: IPUB/UFRJ, p. 171-181.

ZARIFIAN, E. (1989). "Um diagnóstico em psiquiatria: para quê?". In: Lacan, J. e autores. *A querela dos diagnósticos*. Rio de Janeiro: Jorge Zahar, p. 45-51.

Reflexões sobre efeitos da organização pulsional no campo social e político

Gilsa F. Tarré de Oliveira

Resumo

O trabalho ressalta a atualidade das implicações políticas da subversão freudiana de um sujeito do desejo e de um corpo pulsional que fala e goza segundo uma lógica que inscreve o laço particular do desejo do sujeito. Desenvolve-se uma crítica à atual onda de medicalização da dor e à edificação de um saber normatizado que busca encontrar leis, conceitos e características nas quais todo traço singular seja explicável pelo geral, reduzindo os sujeitos à mera existência biológica.

Palavras-chave: pulsão; clínica; política; sujeito; supereu.

Abstract

Reflections about some effects of drive organization in the social and political fields

This paper highlights the updated idea of the political implications of the Freudian subversion related to the subject of desire and the body of the drives. This body speaks and enjoys according to a logic, which inscribes the particular bond of the subject's desire. The study develops a critique of the present trend of pain medicalization and the glorification of a normalized knowledge that seeks laws, concepts and characteristics in which the singular traits are taken as general, thus reducing the subjects to a mere biological existence.

Key-words: drive; clinical practice; politics; subject; superego.

Desde os primórdios de sua experiência clínica, Freud se apresenta como um pesquisador dos paradoxos que nos habitam e é por intermédio desta posição que transmite o que ia aprendendo com seus pacientes. A relação que estabelece entre *inconsciente* e *pulsão*, dois conceitos fundamentais da teoria e da clínica, produziu efeitos até o fim de sua obra, quer seja ampliando as possibilidades do manejo prático-clínico da transferência, reconhecido como o maior dos desafios da análise, tanto quanto trazendo referências essenciais para pensar as relações entre o sujeito e o laço social.

Nosso objetivo é refletir sobre as implicações políticas da subversão freudiana na medida em que esta considera o corpo como um corpo pulsional, que fala e busca formas de satisfação absolutamente singulares. O sintoma é um acontecimento no corpo e a alteridade como sintoma implica numa lógica do não-todo que inscreve o laço particular do desejo do sujeito. Cabe desde já a advertência de que o não-todo indica que por razões estruturais, como seres linguageiros, somos habitados pela falta radical de um objeto específico para a satisfação, tanto quanto de uma palavra última e definitiva sobre a *Verdade* do desejo e seus destinos no laço social.

*

Em 1908, no artigo intitulado "Teorias sexuais infantis" (Freud, 1908/1976), já introduzindo o problema da diferença sexual, Freud compartilha com seus leitores a seguinte questão: se fosse possível despojar-nos de nossa existência corpórea e observar as coisas da terra sob a perspectiva de seres puramente pensantes, como vindos de outro planeta, talvez nada despertasse tanto a nossa atenção como o fato da existência de dois sexos entre os seres humanos, os quais, embora tão semelhantes em outros aspectos, assinalam suas diferenças com sinais externos muito óbvios.

A partir do momento em que se nasce existe o masculino e o feminino, ou seja, a sexuação do corpo é a condição necessária para orientar o sujeito no espaço como uma verdadeira bússola. O fato é que se fosse possível nos desprender da aderência ao corpo e ter o olhar de recém-chegados a uma primeira manhã neste planeta, certamente o que primeiro saltaria à vista produzindo um efeito de surpresa seria o fato fundamental da diferença sexual.

Contudo, essa evidência não deixa de ser enigmática pois se, por um lado, salta à vista, por outro nada é mais opaco e até abstrato como a masculinidade ou a feminilidade (FREUD, 1933/1976). Essa passagem do substantivo (homens/mulheres) ao adjetivo (masculino/feminino) constitui um ponto de oscilação que sem dúvida descortina uma gama de problemas que tocam diretamente ao cotidiano da clínica, uma vez que a relação do sujeito com a sexualidade é sempre sintomática e indissociável da radical alteridade do inconsciente. Contamos, a partir de Freud, com referências inéditas sobre o que constitui o miolo inconsciente da questão da diferença e da singularidade.

São essas referências que buscamos para refletir sobre os efeitos da organização pulsional no campo social e político, trazendo o que está em jogo na pesquisa psicanalítica ao operar no ponto exato de contato entre as estruturas do sujeito e os diferentes modos de interação social. Não está em jogo uma abordagem psicanalítica do acontecimento político, mas sim de insistência quanto às dimensões políticas da práxis psicanalítica seguindo a intuição freudiana a respeito da maneira pela qual os sujeitos mobilizam representações imaginárias que sustentam ideais e expectativas de satisfação, impossíveis, em muitos casos, de serem alcançadas.

Freud conduz a política do desejo no caso a caso, mas seu desejo interpreta, também, a civilização. Utiliza o termo *Wunschtrieb* para designar três tipos de apetites articulados ao corpo e correlacionados à religião: o incesto, o canibalismo e o prazer de matar. Em textos muitas vezes chamados de sociais, questões relativas ao laço social se entrelaçam com problemas da clínica e lançam nova luz ao manejo da transferência. Freud não apenas identifica, mas lança mão de sua metapsicologia para aprofundar a presença de dois eixos transferenciais nos processos coletivos: um eixo na vertente simbólica e outro na vertente imaginária. Os primeiros produzidos numa referência ao Outro, o pai ou ideal, o pai da horda primitiva como em "Totem e tabu" (FREUD, 1912/1976), Moisés, em "Moisés e a religião monoteísta" (FREUD, 1939/1975) e ao líder visível ou à sua presença invisível nas massas artificiais, como na igreja ou exército, em "Psicologia das massas e análise do eu" (FREUD, 1921/1976). É sobretudo nesse último que se destaca a vertente imaginária, quando são descritos os laços transferenciais com o outro como manifestações privilegiadas dos processos de identificação e de investimento libidinal; ou seja, laços que dizem respeito às relações com o semelhante, particularmente presentes nos fenômenos de grupo e de coesão nas massas.

*

Dois famosos aforismos de Lacan – "o inconsciente é a política" e "o inconsciente é o discurso do Outro" – sustentam a posição freudiana de apontar as formações do inconsciente como processo social, assumindo que o campo do sujeito expõe sintomaticamente o campo da cultura. Assim, nossa clínica, que é do singular, do fragmento, está em permanente relação com o conjunto e essa posição particular do analista permite uma escuta privilegiada da subjetividade da época.

No Seminário 17 (1969-1970/1992), Lacan reafirma sua aposta na potência subversiva das propostas éticas de Freud para apresentar uma teoria geral do laço social como efeito de discurso. Destaca o conceito de "gozo", sua leitura do mais além do princípio do prazer em Freud, como norteador da possibilidade de especificar o discurso psicanalítico em relação aos demais discursos que operam na cultura. Essa especificidade incide na consideração dos avatares da pulsão nas diferentes formas em que se estabelece o laço social.

Como contexto desse seminário temos a França no início da década de 1970, com operários e jovens estudantes envolvidos em movimentos sociais que buscavam a derrubada de valores ultrapassados, anunciando uma revolução em diversos segmentos da sociedade.

Nesse cenário, Lacan retoma a pulsão de morte e insiste na radicalidade freudiana de uma dinâmica pulsional dos sujeitos que escapa à lógica homeostática do princípio de prazer e desarticula a distinção entre prazer e desprazer. Propõe a noção de gozo não como a usada no senso comum, de usufruto de bens dos quais se é proprietário, mas numa perspectiva totalmente oposta, como um tipo de satisfação que não leva em conta os sistemas de proteção e controle do Eu e que comumente resulta em experiências disruptivas, ainda que muitas vezes sob a roupagem de atos transgressores.

*

No que tange ao momento atual, assistimos a modificações substanciais nos modos de satisfação num mundo que vem se transformando em progressão geométrica desde os avanços da ciência moderna. Aprofundando nossa reflexão sobre alguns efeitos da organização pulsional própria à sociedade contemporânea, não podemos deixar de lembrar que um dos principais conceitos articulados por Freud em seu texto capital "O mal-estar na civilização" (FREUD, 1930/1976) foi o de "supereu", um dos principais conceitos criados para a análise de fatos sociais (SAFATLE, 2009). Por definição, instância moral de observação, a gênese do supereu remonta à travessia edípica e sua resolução através da identificação parental, ou seja, com aquele que sustenta uma lei que limita as exigências pulsionais.

Supereu, consciência moral, sentimento de culpa, ideais sociais do eu e internalização da Lei simbólica compartilham a mesma gênese e é justamente em "O mal-estar" que Freud nos brinda com elaborações fundamentais da imbricação dessas questões para afirmar o limite à satisfação como necessário e indispensável para a sustentação da vida social. A afirmativa de que toda cultura deve necessariamente se edificar sobre a repressão e a renúncia pulsional é central nessa obra (FREUD, 1930/1976). Desse modo, toda afirmação do gozo ligado à satisfação pulsional provocaria um sentimento de culpa como resposta às pressões sádicas do supereu.

É preciso insistir que, na perspectiva freudiana, aquele que suporta a função paterna não é apenas representante da lei familiar, mas de uma Lei que funciona como princípio geral de organização do universo simbólico. Esse modo de operar se baseia na pressuposição de um vínculo estrutural entre a autoridade paterna e a autoridade que suporta outros vínculos sociais, como os políticos e religiosos (SAFATLE, 2009). Compreende-se assim, sua afirmativa em "O mal-estar" de que o sentimento de culpa seria o mais importante problema no desenvolvimento da civilização (FREUD, 1930/1976).

Contudo, como efeito da própria marcha e dinâmica da história, nos deparamos com profundas transformações das configurações familiares, assim como também das estruturas sociais mais amplas que vêm contribuindo para uma nova configuração do supereu na atualidade. O sentimento de culpa como um dos sintomas maiores destacados por Freud, em sua análise da clínica da cultura de 1930, não se encontra mais inscrito na cena principal dos sintomas da clínica contemporânea.

A esse respeito, Safatle (2009), em seu trabalho "Por uma crítica da economia libidinal", realiza um estudo aprofundado dessa transformação ao discutir sobre as consequências psíquicas da mudança de paradigma da sociedade industrial da produção, tal como ela aparecia no início do século XX, para a sociedade pós-industrial do consumo. Entre as diferenças ressalta que os modos de alienação necessários para a entrada no mundo do trabalho não são os mesmos que fazem parte do mundo do consumo. Enquanto o mundo capitalista do trabalho está vinculado à ética da austeridade e da acumulação, o mundo do consumo gira em torno de uma "ética do direito ao gozo". Lembra ainda que Lacan identificou como a maior consequência psíquica dessa passagem a mudança na figura social dominante do supereu na atualidade. Outrora vinculada à repressão das moções pulsionais, à repressão ao gozo, passa agora ao gozo como imperativo superegoico. O gozo transformado em uma obrigação: "Goza!" (LACAN, 1972-1973/1975), uma ordem impossível de ser satisfeita, e isso até por razões estruturais.

Como se trata de uma lei vazia, "insensata", além de nada dizer sobre como gozar, muito menos se pronuncia sobre o objeto que seria adequado à satisfação de sua gula, limitando-se apenas a enunciar a ordem de um gozo puro desvinculado de qualquer valor normativo. Essa face obscena do supereu pouco tem a ver com a figura do pai que regula o gozo e transmite a Lei do desejo. O caráter insensato desse gozo puro fica evidente se considerarmos que toda e qualquer escolha de objeto é inadequada a um gozo livre de determinações. Toda tentativa de satisfazer ao imperativo Goza! só pode se realizar no consumo e na destruição incessante dos objetos. Estamos aí em plena "cultura da pulsão de morte" materializada nessa figura de um supereu sob medida para uma sociedade que vive do fluxo contínuo e programado de mercadorias facilmente descartáveis.

Sabemos o quanto o discurso lacaniano aponta o grande número de efeitos derivados do declínio social da imago paterna que faz com que a figura paterna (e não sua função) seja cada vez mais ausente e humilhada. Esse declínio de modo algum diminui a pressão do supereu e, de tal forma, abre espaço para a figura fantasmática do pai primevo de "Totem e tabu", o senhor do gozo cujas ações são determinadas pela busca incessante da satisfação imediata. Daí por que Lacan indica que o supereu se origina deste pai original mais do que do mítico, desse apelo como tal ao gozo puro; enfim, à não-castração (LACAN, 1971/2012).

Conforme ainda propõe Safatle (2009), passamos de uma "sociedade da satisfação administrada" para uma "sociedade da insatisfação administrada". Essa última, ao mesmo tempo que exibe uma extrema fragilidade nos vínculos sociais, torna-se capaz de se alimentar dessa mesma fragilidade reproduzindo a ideologia do capitalismo em sua face mais irônica: colocar sempre algum ponto para além de todo seu valor ou conteúdo particular, pois todos os valores podem ser intercambiáveis e até a própria insatisfação torna-se mercadoria.

Essa nova figura social do supereu ganha ainda maior relevância ao considerarmos que os valores morais também encontram suas raízes no modo de satisfação pulsional que cada um obtém, e nesse sentido é de grande relevância para nós nos situarmos em relação às mudanças na clínica atual. Ainda que de forma não excludente de modo absoluto, os grandes sintomas hoje não são mais o sentimento obsessivo de culpa ou a conversão histérica, estes ainda pautados na crença e na atribuição a instâncias repressoras. O vazio cavado pela ausência dessas instâncias dá lugar a um aumento vertiginoso da ansiedade pânica e da depressão, junto a outras manifestações que indicam a presença de um supereu vinculado ao imperativo de satisfação incondicional.

O apetite de um supereu voraz compromete de forma decisiva a possibilidade de os sujeitos se implicarem em suas escolhas e se converte no mais fértil solo para o avanço e a expansão da atual onda de medicalização da dor. Devido ao avanço e ao domínio das neurociências, os males se transformam em novas síndromes que são "tratadas" por medicamentos que a própria ciência fabrica e proliferam num mercado permanentemente atento a cumprir a promessa de oferecer a máxima garantia de bem administrar a insatisfação de seus consumidores.

Referências

FREUD, S. (1976). *Edição standard brasileira das obras psicológicas completas de Sigmund Freud.* Rio de Janeiro: Imago.

(1908). "Teorias sexuais infantis", v. IX, p. 211-228.

(1912). "Totem e tabu", v. XIII, p. 13-193.

(1921). "Psicologia de grupo e análise do ego", v. XVIII, p. 89-179.

(1930). "O mal-estar na civilização", v. XXI, p. 75-171.

(1933). "Novas conferências introdutórias sobre psicanálise, lição XXXIII: Feminilidade", v. XXII, p. 139-165.

LACAN. J. (1969-1970/1992). *O seminário, livro 17: o avesso da psicanálise.* Rio de Janeiro: Jorge Zahar.

————. (1971/2012). *O seminário, livro 19: ... ou pior.* Rio de Janeiro: Jorge Zahar.

————. (1972-1973/1982). *O seminário, livro 20: mais, ainda.* Rio de Janeiro: Jorge Zahar.

SAFATLE, V. (2009). *Por uma crítica da economia libidinal.* Disponível em: <http://www.oocities.org/vladimirsafatle/vladi118.htm>. Acesso em: 04 abr. 2013.

Da ciência conjectural à bricolagem

Marta Regina de Leão D'Agord

Resumo

O percurso do ensino de Lacan pela Universidade exerceu uma crítica ao discurso de poder como o avesso da psicanálise. Lacan nomeou seus modelos, seus esquemas, o grafo do desejo, as criações a partir da topologia das superfícies (Banda de Moebius, toro, cross-cap, garrafa de Klein), o matema dos quatro discursos, as fórmulas da sexuação. Ao final de seu ensino, o Lacan *bricoleur* nos convida a brincar com a cadeia borromeana, com a escrita do Real. Ele se deixa levar pelo inconsciente, como no discurso psicanalítico, cuja eficácia não triunfante reúne o fragmentário semidizer da verdade ao bem-dizer ético.

Palavras-chave: psicanálise; discurso; matema; bricolagem, topologia.

Abstract

From conjectural sciences to bricolage

The period of Lacan's lectures by the University produced a critical point of view to the power discourse, as the other side of Psychoanalysis. Lacan named his models, his schemes, the graph of desire, the creations with the surface topology (Möebius Strip, Torus, Cross-cap, The Klein Bottle); the matheme of the four discourses, the Sexuation Formulas. At the end of his teaching, Lacan, as a "bricoleur", invite us to play with the borromean chain as a writing of Real, to get carried away by unconscious, as in the psychoanalytical discourse, whose efficacy not triumphant brings together the fragmentary semi-saying of truth and the ethic's good-saying.

Key-words: psychoanalysis; discourse; matheme; *bricolage*; topology.

Dedico-me, há alguns anos, à leitura dos registros do ensino de Lacan, assim como a sua obra escrita, esse percurso de um ensino que se realizava na margem da instituição universitária, ocupando o espaço, literalmente, dos auditórios cedidos por seus amigos universitários, como Althusser, e, figuradamente, ocupando um lugar junto aos estudantes. Paradoxalmente, aquele que falava como analisante ocupava criticamente um espaço universitário.

A circulação do ensino de Lacan pela Universidade exercia uma crítica aos discursos de poder ao destacar o discurso do psicanalista como seu avesso. É com a topologia das superfícies que podemos hoje analisar esses efeitos. Esse virar ao avesso é uma crítica, mas também é aplicar a um conceito uma outra leitura. Assim como um *bricoleur* que vai juntando o que lhe poderá servir, Lacan vai percorrendo o campo das ciências. Usando os aparelhos que estão disponíveis, aprendendo como funcionam, desmontando ou colocando do lado avesso os aparelhos de pensamento.

Quando funda esse ensino, Lacan (1953/1998) propõe essa atividade de bricolagem que pode ser lida como comparativa, pois ele anunciava que buscava equivalências entre conceitos psicanalíticos e conceitos de outras disciplinas:

> Parece-nos que esses termos [os psicanalíticos] só podem esclarecer-se ao estabelecermos sua equivalência com a linguagem atual da antropologia ou com os mais recentes problemas da filosofia, onde, muitas vezes, a psicanálise só tem a se beneficiar (LACAN, 1953/1998, p. 241).

É notável o esforço de Lacan para cunhar os conceitos psicanalíticos a partir de instrumentos que toma de empréstimo de outros campos. Mas nenhum instrumento tomado emprestado fica o mesmo. Para o Lacan *bricoleur* de conceitos, a matemática, a lógica, a topologia são um manancial para metáforas, analogias, instrumentos. Em trinta anos de ensino, Lacan patenteou modelos (modelo óptico), esquemas (L, Z, R, I), o grafo do desejo, as criações a partir da topologia das superfícies (Moebius, toro, *cross-cap*, garrafa de Klein), o matema dos quatro discursos, as fórmulas da sexuação e, enfim, a topologia dos enlaces. Não há universo de discurso, pois não há como fazer discurso de um universo. Diante do Real, do objeto *a*, resta se deixar levar pelo inconsciente, como no discurso psicanalítico, cuja eficácia não triunfante reúne o fragmentário semidizer da verdade ao bem-dizer ético. O Lacan *bricoleur* da década de 1970 nos convida a nos deixar levar pelo enlace borromeano.

Nesse percurso de leitura dos registros do ensino de Lacan, fui acompanhada por um grupo de mestrandos, um dos quais se interessou também pelo Lacan *bricoleur*:

> A oposição *bricoleur* e engenheiro servia como figura para Lévi-Strauss (1989) discorrer a respeito de outra oposição: o pensamento mítico e a ciência contemporânea. [...] o *bricoleur* é aquele que sabe fazer com (as peças que tem), tal como Hans com seus fragmentos tecia sua fantasia, tentando se haver com a castração. Uma bricolagem bem-sucedida é aquela que cumpre sua função, ainda que, como na bricolagem de Hans, tenha deixado algo não resolvido. Tomamos, então, o *bricoleur* como uma figura da pesquisa psicanalítica (LONGO, 2012, p. 16).

E qual seria o lugar do sujeito do inconsciente nessa série de invenções? Esse que é a marca definitiva da psicanálise no campo das ciências, não aquelas chamadas de humanas, mas entre as conjecturais, campo ao qual é pertinente uma lógica do significante. Uma série de significantes acontece a partir de uma diferença de um com outro. Essa diferença é tão radical que um significante se define por ser diferente de si mesmo, na medida em que a mínima diferença poderá ser uma marca temporal e espacial. Uma sucessão de significantes faz uma série que não se fecha. Era preciso abandonar a dialética hegeliana que inspirara a primeira apropriação criativa, o estádio do espelho, e ensaiar outra apropriação, a da superfície de um toro, uma superfície de revolução que nunca esgota um vazio central que a constitui.

Por que a recusa ao campo das ciências humanas?

Por recusar o método da interpretação, como pode uma ciência se pretender interpretar o humano situando este como objeto de estudo? A crítica lacaniana aponta para um problema metodológico inicial: uma divisão entre um sujeito intérprete e o material, que já está dado, a ser objeto de uma interpretação. Essa divisão, por sua vez, corresponde àquela que inaugura a modernidade: a divisão entre saber e verdade. Mas, para a psicanálise, a verdade é semidizer e o saber é invenção. Logo, o saber está a ser construído, inventado e a verdade nunca se cessa de se inscrever. Aqui alguns filósofos serão parceiros, quando trabalham com a noção de verdade como acontecimento. Seria uma leitura próxima, pois o semidizer da verdade não cessaria de continuar acontecendo. Há uma ética e método que vão juntos. A enunciação é semidizer a verdade. O saber é invenção, construção, não há um Outro do Outro. Se o saber se coloca no lugar da verdade, é justamente porque o saber nunca será a verdade. E toda interpretação será sempre parcial.

Para mostrar essa relação, Lacan usou a banda de Moebius: "nossa divisão experimentada do sujeito, como divisão entre o saber e a verdade, através da banda de Moebius, leva a entender que não é de uma distinção originária que deve provir a divisão em que esses dois termos (saber e verdade) se vêm juntar" (LACAN, 1965/2003, p. 870). Saber e verdade não estão originariamente disjuntos, pois originariamente há Outro do Outro. Mas quando surge o sujeito é porque saber e verdade se separaram, há recalque, o sujeito faz a sua teoria, produz um saber, e a verdade cai sob o recalque.

No início, a verdade e o saber estão juntos, mas ainda não há sujeito, apenas uma suposição de sujeito por um que se põe no lugar do Outro. Será preciso perfurar esse Outro, produzir um não saber no Outro para que o sujeito se constitua. Assim, a distinção entre saber e verdade é resultado da operação que faz surgir sujeito e Outro barrado. Isso podemos ver como é mostrado no *Seminário De um Outro ao outro*, um S_1 representa um sujeito para o campo do Outro, furando esse Outro. Lacan (1968-1969/2008) utiliza a metáfora de um campo calcinado para representar o conceito de extração do pequeno *a* do campo do Outro. Formava-se aí o

Discurso do Mestre. Assim reduzindo o aforismo "um significante representa um sujeito para outro significante" a uma relação algébrica (S_1 — S_2), Lacan fazia uma bricolagem com a redução lógica, preparando assim o matema dos quatro discursos.

Por que o diálogo com as ciências conjecturais?

Lacan se aproximou das ciências conjecturais pois, como elas, buscava modelos para trabalhar com o Real, com o que não é apreensível senão através de um modelo. Mas essa aproximação se faz desde um distanciamento necessário, o discurso do psicanalista demarca uma verdade como ficção, apresentada ao situar o S_2, o saber, funcionando no lugar da verdade. Essa expressão "no lugar" indica o aspecto ficcional, funcional, de meio mas não de fim.

A linguística, com a distinção entre enunciado e enunciação, lhe oferecia a sustentação, primeiramente, para a bateria do significante, comparada ao lugar do Outro. O que o interessava, então, eram os efeitos da relação entre significantes para o acontecimento ou emergência de sujeito na enunciação.

Mas esse aparelho linguístico será abandonado com a reformulação da estrutura de modo a incluir a falta, o Outro como incompleto S(Ⱥ), e "o sujeito como o que se define por ser representado pelo significante sem que isso, contudo, implique uma condição de determinação absoluta" (SOUTO & D'AGORD, 2013, p. 9).

Não há universo do discurso pois não há Outro do Outro. Lacan utiliza o aparelho da matemática de Gödel para aprender que a modalidade de sujeito, "aquele para o qual não encontramos nenhum índice senão o topológico, o signo gerador da banda de Moebius, que chamamos de oito interior. O sujeito está em exclusão interna a seu objeto" (LACAN, 1965/1998, p. 875).

Lacan, no *Seminário De um Outro ao outro*, vira do avesso o sujeito e descobre que há um corte que sempre escapa, o qual ele nomeia de objeto *a*. O que escapa é a natureza do objeto *a*, sabe-se desse objeto apenas pelos seus efeitos, isto é, o gozo (*jouisssance*).

Nesse momento, Lacan se ocupava com a álgebra como redução lógica, ou seja, poder escrever de uma forma reduzida, algébrica, de modo que a forma, a escrita de um conceito, já implique, pela leitura, um "dizer" do próprio conceito. Sem os efeitos imaginários de sentido. É assim com a nomeação do efeito de gozo com uma simples letra minúscula, *a*. A escolha da primeira letra do alfabeto, seu uso em minúscula transmitem que o gozo estava antes e que o que dele apreendemos é um resto, um efeito.

Nesse momento, ele anuncia que a lógica matemática lhe serve, pois ela lhe ensina como escrever o Real. Ou seja, isso cuja natureza nos escapa, podemos ao menos escrever. Mas é preciso destacar que é a "trama da escrita" o que Lacan vai buscar na lógica matemática: "dessa escritura eu vou procurar a trama na lógica matemática"[1] (LACAN, 1968-1969/2006, p. 158; tradução nossa). A lógica matemática permite então uma homologia, o que é homólogo é a trama, o material, a substância.

O bem-dizer ético

O outro aspecto da redução lógica é situar o Discurso Psicanalítico em relação ao campo dos discursos. Por que o Discurso Psicanalítico não triunfará? Porque o tempo futuro não é o tempo da psicanálise. O tempo da psicanálise é o do fazer novamente, "enodar-se de outra maneira, é o que faz o essencial do Complexo de Édipo, e é muito precisamente em que opera a própria análise"[2]. Destacamos: "o enodamento, é nisso em que opera a psicanálise" (LACAN, 1974-1975, lição de 14/01/1975; tradução nossa).

O leitor de Freud pensará aqui em ressignificação e remontará ao manuscrito freudiano em carta a Fliess de 6 de dezembro de 1896: "o material presente sob a forma de traços mnêmicos fica sujeito, de tempos em tempos, a um rearranjo de acordo com novas circunstâncias – a uma retranscrição" (MASSON, 1986, p. 208). A intuição freudiana pode ser

---

1 "de cette écriture, je vais chercher la trame dans la logique mathématique".

2 "se nouer autrement, c'est ça qui fait l'essentiel du complexe d'Oedipe, et c'est très précisément ce en quoi opère l'analyse elle même".

relida à luz da cadeia borromeana, o enodamento como o material sobre o qual opera a psicanálise. Mas o nisso "em que opera" e a possibilidade de uma outra forma de se enodar (*une autre façon de se nouer*) mostra que a cadeia borromeana é uma escrita. Haveria então outras formas de escrita que não a escrita do Édipo?

O objeto *a*, como o outro, torna-se o representante do outro, do outro do sujeito. Como Lacan conseguiu essa torção, esse esvaziamento do objeto *a*? Ética. Não é o outro (o semelhante), não é a voz (o que aparece graças ao aparelho telefônico), esse esvaziamento da ética do bem dizer depende de um reconhecimento da diferença, nunca será mais a minha voz nem a voz do outro, mas a diferença entre o que eu digo e o que se escuta no que eu digo. Assim, dados um tempo 1 e um tempo 2, em nenhum desses tempos o sujeito estará por inteiro.

A ESCRITA DO REAL

As tentativas lacanianas de uma escrita do Real iniciam com a concepção de matema como o que é passível de transmissão escrita ou o que pode ser universalmente lido. O matema surge a partir da leitura do *Tractatus*, onde Wittgenstein trata do limite, do inefável: "Acerca daquilo de que não se pode falar, tem que se ficar em silêncio. O que não se pode falar, deve-se calar" (WITTGENSTEIN, 1921/1981, p. 142). Mas também é possível encontrar nos matemas uma relação com os mitemas de Lévi-Strauss, como: "relações de oposição e homologia – relações essas que caracterizam o que é próprio à função simbólica – independentes da ordem e do conteúdo da narrativa" (VERNANT, 1999, p. 211).

Era disso que tratava Lacan quando escrevia no quadro em fevereiro de 1972: "Peço-te que me recuses o que te ofereço porque não é isso" (LACAN, 1971-1972/2012, p. 78-79). Intuitivamente, ele trabalhava com esse encadeamento em uma frase de três enlaces ou verbos que se sustentavam por um corte, um esvaziamento, o objeto *a*. Esse ano marcará a introdução da cadeia borromeana como um modo de escrita do Real, de presentificar o Real.

Na lição de 9 de dezembro 1975 do *Seminário O sintoma* (1975-1976), Lacan comenta que houve um passo a passo até chegar à função da cadeia borromeana, no que de início foi antecipado como o tríplice do simbólico, do imaginário e do real. A cadeia borromeana é topológica, referente ao que tem duas dimensões. O sujeito do inconsciente é efeito de um corte na superfície; nesse corte o objeto *a* cai, ou é recortado: "Trata-se de dar conta do que, dessa divisão, instaura o real" (LACAN, 1975-1976/2007, p. 30).

Assim como o objeto *a* é o que foi recortado de uma banda de Moebius, assim também há uma regra no enlace borromeano, dois unidos por um terceiro. O que constitui um sujeito e o que constitui um enlace borromeano é a suposição. De uma falta (falta o objeto *a*), de um desenlace (se um enlace se abre, os outros dois também se soltam). Contudo, a experiência (a análise) ensina que há, na análise, dissolução.

A cadeia borromeana como escrita do Real envolve, de um lado, a fidelidade ao inconsciente como um saber que não se sabe: "Há um saber no Real que funciona sem que nós possamos saber como se faz a articulação. Pela experiência analítica, supomos que o que está em jogo na fala (dizer) seja o inconsciente" (LACAN, 1973-1974, lição 14 de 21/05/1974).

De outro lado, Lacan é levado a ir mais longe, ao se perguntar: "Quando o espaço de um lapso já não tem nenhum impacto de sentido (ou interpretação), só então temos certeza de estar no inconsciente. Se sabe" (On le sait, soi) (LACAN, 1977/2003, p. 567).

Esse espaço de um lapso recebe uma nova inflexão quando, na abertura das Jornadas sobre o matema realizadas entre 31 de outubro e 02 de novembro de 1976, Lacan (1977 [1976]) restabelece um corte: filosofia e sentido de um lado, psicanálise do outro. Essa questão é analisada por Badiou (1994-1995/2013), para quem o Lacan antifilósofo buscava na matemática um acesso ao real, o matema como o impasse do matematizável. Ou seja, não se trata da matemática, mas do método de trabalho com o impasse, isso envolve tomar como sujeito (*sujet*) um dizer para transformar, inventar, renovar o dito: "No discurso da matemática, o dito se renova constantemente por mais se tomar como sujeito um dizer do que qualquer realidade" (LACAN, 1973/2003, p. 451).

No encerramento dessas jornadas, Lacan afirma que busca um matema que não seja bilíngue. O que isso significaria, um matema não bilíngue, senão o próprio título do Seminário de 1976-1977, L'insu que sait de l'une bévue s'aile à mourre. Uma homofonia translinguística em que a língua alemã de Unbewusste permanece, mas que nela se lê Une-bévue, que podemos traduzir como "um lapso, um equívoco".

Lacan mostra mais uma vez que o "um da unidade" nada tem a ver com o inconsciente, pois o equívoco (Une-bévue) não é uno, consiste em deslizar, derrapar. Como expressar matematicamente essa falha de unitude? É assim que Lacan pretende ir além do inconsciente, tentando dar forma ao impasse: L'insu que sait de l'une bévue s'aile à mourre. O impasse de que se trata é o do final de análise.

> [...] uma psicanálise é alguma coisa que marca uma passagem, bem entendido isso supõe que minha análise do inconsciente enquanto fundando a função do Simbólico seja completamente admissível. Entretanto, há um fato que eu aparentemente posso confirmar, realmente, o fato de ter atravessado uma psicanálise é alguma coisa que não saberia, em nenhum caso, ser reconduzida ao estado anterior, salvo, bem entendido, praticando um outro corte, o corte que equivaleria a uma contrapsicanálise. É por isso que Freud insistia para que ao menos os psicanalistas refizessem isso que chamamos correntemente dois cortes, quer dizer, façam uma segunda vez o corte que eu designo aqui como sendo este que restaura o nó borromeano na sua forma original (LACAN, 1976-1977, lição de 14/12/1976, p. 29-30, tradução nossa)[3].

---

[3] [...] une psychanalyse est quelque chose qui marque un passage [...] Bien entendu ceci suppose que mon analyse de l'inconscient en tant que fondant la fonction du Symbolique soit complètement recevable. Il est pourtant un fait, c'est qu'apparemment – et je peux le confirmer, réellement – le fait d'avoir franchi une psychanalyse, est quelque chose qui ne saurait être en aucun cas ramené a l'état antérieur sauf bien entendu à pratiquer une autre coupure, celle qui serait équivalente à une contre-psychanalyse . C'est bien pourquoi Freud insistait pour qu'au moins les psychanalystes refassent ce qu'on appelle couramment deux tranches, c'est-à-dire fassent une seconde fois la coupure que je désigne ici comme étant ce qui restaure le noeud borroméen dans sa forme originale (LACAN, 1976-1977, lição de 14/12/1976, p. 29-30 da edição da A.L.I.).

Encontramos então o Lacan do Seminário *L'insu que sait de l'une bévue s'aile à mourre* (1976-1977) envolvido nas questões do que se esperar de um final de análise. Não seria o momento de se fazer outra volta, outra análise? Pois sempre haverá algo não interpretável, pois o simbólico não envolve totalmente o Real e o Imaginário.

REFERÊNCIAS

BADIOU, A. (1994-1995/2013). *Le séminaire: Lacan, l'antiphilosophie 3.* Paris: Fayard.

LACAN, J. (1953/1998). "Função e campo da fala e da linguagem em psicanálise". In: *Escritos.* Rio de Janeiro: Jorge Zahar, p. 238-324.

————. (1965/1998). "A ciência e a verdade". In: *Escritos.* Rio de Janeiro: Jorge Zahar, p. 869-892.

————. (1968-1969/2006). *Le séminaire, livre XVI: d'un Autre à l'autre.* Paris: Seuil.

————. (1968-1969/2008). *O seminário, livro 16: de um Outro ao outro.* Rio de Janeiro: Jorge Zahar.

————. (1971-1972/2012). *O seminário, livro 19: ...ou pior.* Rio de Janeiro: Jorge Zahar.

————. (1973/2003). "O aturdito". In: Outros escritos. Rio de Janeiro: Jorge Zahar, p. 448-497.

————. (1973-1974). *Le séminaire, livre 21: les non dupes errent.* Inédito. Disponível em: <www.gaogoa.free.fr>. Acesso em: 12 jan. 2014.

————. (1974-1975). *Le séminaire, livre 22: R.S.I.* Inédito. Disponível em: <www.gaogoa.free.fr>. Acesso em: 12 jan. 2014.

————. (1975-1976/2007). *O seminário, livro 23: o sinthoma.* Rio de Janeiro: Jorge Zahar.

————. (1976-1977/1998). *O seminário, livro 24: l'insu que sait de l'une-bévue s'aile à mourre* [inédito]. Publicação não comercial da Association Freudienne Internationale: Paris.

————. (1977 [1976]). Journées de l'École freudienne de Paris: "Les mathèmes de la psychanalyse". In: Les Lettres de l'École, 1977, n. 21, p. 506-

509. Disponível em: <http://www.ecole-lacanienne.net/pastoutlacan70.php>. Acesso em: 12 jan. 2014.

———. (1977/2003). "Prefácio à edição inglesa do Seminário 11". In: *Outros escritos*. Rio de Janeiro: Jorge Zahar, p. 567-569.

LÉVI-STRAUSS, C. (1989). *O pensamento selvagem*. Campinas: Papirus.

LONGO, J. L. (2012). *A aprendizagem por projeto e a pesquisa psicanalítica*. Dissertação de Mestrado, Programa de Pós-Graduação em Psicologia Social e Institucional, Instituto de Psicologia, Universidade Federal do Rio Grande do Sul.

MASSON, J. M. (1986). *A correspondência completa de Sigmund Freud para Wilhelm Fliess*. Rio de Janeiro: Imago.

SOUTO, L. A. S. & D'AGORD, M. R. L. (2013). Da eficácia simbólica à extração do objeto *a*: o mito. In: *Revista aSEPHallus (Online)*, v VIII, n. 15. Disponível em: <http://www.isepol.com/asephallus/numero_15/artigo_07.html>. Acesso em: 10 abr. 2014.

VERNANT, J. (1999). *Mito e sociedade na Grécia Antiga*. Brasília: José Olympio.

WITTGENSTEIN, L. (1921/1981). *Tratado lógico-filosófico*. Lisboa: Fundação Calouste Gulbenkian.

O corpo de consumo entre a ciência e o capitalismo

Ana Beatriz Freire
Fabio Malcher

Resumo

Este artigo pretende abordar a incidência da íntima relação entre capitalismo e ciência sobre o corpo, em especial pelo viés da medicina, baseando nossas reflexões no filme "A pele que habito", de Pedro Almodóvar. Partindo da estrutura dos discursos elaborada por Lacan, supomos que essa aliança seja favorecida por uma homologia estrutural entre a tentativa de forclusão da castração no capitalismo e a forclusão do sujeito visada pela ciência. O corpo passa a ser tratado como um objeto de consumo, alvo de manipulações que tendem a desconsiderar a subjetividade.

Palavras-chave: psicanálise; ciência; capitalismo; corpo.

Abstract

The consumer body between science and capitalism

This article aims to study the incidence of the intimate relationship between capitalism and science over the human body, especially under the medical view, basing our reflections on the movie "The skin I live in", by Pedro Almodóvar. Starting from the structure of the discourses elaborated by Lacan, we assume that this alliance is favored by a structural homology between the attempted foreclosure of castration in capitalism and the foreclosure of the subject intended by science. The body will then be treated as an object of consumption, being target of manipulations that tend to disregard subjectivity.

Key-words: psychoanalysis; science; capitalism; body.

A íntima relação entre capitalismo e ciência produz consequências. Este artigo pretende abordar, em especial, a incidência dessa aliança sobre o corpo pelo viés da medicina, tomando como base para nossas reflexões o filme "A pele que habito" (2011)[1], de Pedro Almodóvar. Para tal, partiremos da montagem do discurso do capitalista, fruto de uma mutação do discurso do mestre visando à rejeição, ou, em termos lacanianos, a forclusão da castração, para refletir acerca das possíveis razões estruturais da aliança entre esse discurso e o da ciência. O aparelho discursivo elaborado por Lacan tem o imenso valor de contemplar em seu aparato tanto a linguagem quanto o gozo, conjugando quatro termos, S_1, S_2, \$ e *a*, que circulam em quatro lugares fixos:

$$\frac{\textit{agente}}{\textit{verdade}} \Rightarrow \frac{\textit{trabalho}}{\textit{produção}} \qquad\qquad \frac{\textit{desejo}}{\textit{verdade}} \Rightarrow \frac{\textit{outro}}{\textit{perda}}$$

O advento do capitalismo na cultura teve efeito discursivo, surgindo o discurso do capitalista como *substituto* do discurso do mestre (LACAN, 1972/1978), o que não significa que este último deixe de existir ou de operar, mas que há uma *mutação capital* "[...] que confere ao discurso do mestre seu estilo capitalista." (LACAN, 1969-1970/1992, p. 160). De uma primeira abordagem do discurso do capitalista enquanto discurso do mestre moderno, ligado ao discurso universitário, alguns anos depois Lacan chega à forma própria do discurso do capitalista. De qualquer forma, mesmo antes dessa formulação final do discurso do capitalista, Lacan denuncia uma *curiosa copulação* entre a ciência e o capitalismo (LACAN, 1969-1970/1992, p. 103). Que consequências essa cópula traz ao corpo?

---

1 ALMODÓVAR, P. (2011). La piel que habito. Filme inspirado no livro *Tarântula* de Thierry Jonquet. Rio de Janeiro: Record.

Nas articulações entre o sujeito esvaziado de gozo e o objeto condensador de gozo se configura a fantasia, $ ◊ *a*. Esses dois termos ficam no nível inferior no discurso do mestre, separados pela barreira da impotência:

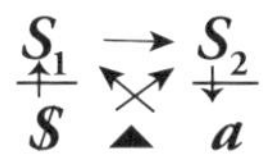

Em qualquer dos quatro discursos, a produção não tem relação direta com a verdade (LACAN, 1969-1970/1992, p. 166), não havendo um fechamento do circuito, não se reencontrando o gozo perdido, o que mantém o aparelho discursivo em trabalho na busca, impossível de ser plenamente realizada, de recuperação. A impotência tenta ocultar esse impossível, tendo uma função de *proteção*: "Toda impossibilidade, seja ela qual for, dos termos que aqui colocamos em jogo, articula-se sempre com isso – se ela nos deixa em suspenso quanto à sua verdade, é porque algo a *protege*, algo que chamamos impotência." (LACAN, 1969-1970/1992, p. 166; grifo nosso). Essa função da impotência é afetada no discurso do capitalista, no qual o lado da direita permanece igual ao do discurso do mestre, mas o da esquerda sofre uma pequena mutação. Com a inversão de lugares entre S_1 e $, some a seta no nível superior, que articula o lugar do desejo ao do Outro:

Discurso do Mestre	Discurso do Capitalista
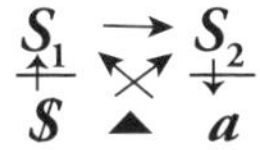	

Tal mutação objetiva a forclusão da castração: "O que distingue o discurso do capitalismo é isto: a *Verwerfung*, a rejeição para fora de todos os campos do simbólico, com as consequências de que já falei – rejeição de quê? Da castração" (LACAN, 1972/2011, p. 88). Supomos a tentativa de forclusão da castração como um fator estrutural que guarda uma relação de homologia com a forclusão do sujeito visada pela ciência. Por um lado, a eliminação da barreira da impotência entre o lugar da perda/produção e o da verdade no discurso do capitalista busca evitar o confronto com a castração, falha inerente ao funcionamento discursivo. A ciência, por sua vez, opera de modo a eliminar ao máximo a dimensão subjetiva, tomando sujeitos como objetos. Na medicina, o corpo tem sido tomado como objeto de procedimentos que visam tanto a saúde do órgão, quanto seu aperfeiçoamento, vendendo a ideia de um corpo sem falhas ou defeitos, corpo que pode ser manipulado de diversas maneiras, algumas inclusive bastante radicais, como no caso que acompanharemos mais adiante de "A pele que habito".

Supomos que tal homologia favoreça a aliança entre capitalismo e ciência, já que a forclusão do sujeito certamente se articula a tentativas de tamponar a falta, de evitar o impossível em torno do qual o sujeito se constitui, ao mesmo tempo que a forclusão da castração visada pelo capitalismo favorece um esvaziamento do lado sujeito, que, no discurso do capitalista, mesmo ocupando o lugar de agente, não comanda o lugar do trabalho – como revela a ausência da seta no nível superior – sendo comandado pelo mais-de-gozar, $\$ \leftarrow a$. O modo como o sujeito se posiciona diante do Outro sofre efeitos no capitalismo, sendo comprometida a articulação entre desejo e Outro.

A forclusão da castração visada no discurso do capitalista se baseia na promessa de acesso ao gozo perdido pela via de objetos de consumo, incontáveis e efêmeros, *gadgets*, "[...] pequenos objetos *a* que vão encontrar [...] atrás de todas as vitrines, na proliferação desses objetos feitos para causar o desejo de vocês [...] A latusa não tem razão alguma para se limitar em sua multiplicação" (LACAN, 1969-1970/1992, p. 153-154). Tal promessa de gozo infinito e imediato, contudo, não se cumpre, mesmo com a tentativa de dar à relação do sujeito com o gozo uma aparência de não haver limites, em especial pela multiplicação frenética dos objetos de consumo, que, de tão efêmeros e voláteis, vão se tornando incontáveis. Entretanto, incontável não é o mesmo que infinito, e o gosto amargo do mal-estar não é eliminado.

Além de indicar que a realidade capitalista não se acomoda nada mal com a ciência (LACAN, 1968-1969/2008, p. 38), Lacan sublinha que essa relação é marcada por certa falta de controle, um descarrilamento: "O capitalismo reina porque está estreitamente ligado à ascensão da função da ciência [...] está agora mais atrapalhado com isso do que um peixe com uma maçã, porque, de todo modo, do lado da ciência, acontece alguma coisa que vai além de sua capacidade de controle" (LACAN, 1968-1969/2008, 233). Nessa lógica de consumo desenfreado, o corpo tem um lugar privilegiado, sendo alvo de diversos produtos de consumo e se tornando, ele mesmo, um objeto capaz de ser manipulado, modificado, trabalhado pela ciência, em especial pela medicina.

> Nosso tempo é o da primazia dos objetos: corpos e mentes estão à disposição da ciência, da propaganda e principalmente do mercado. O discurso capitalista associado ao discurso técnico-científico faz hoje, mais do que nunca, do próprio sujeito um objeto, objeto da ciência, cujas paixões e desejos são esquadrinhados e reduzidos a transtornos bioquímicos. Com o avanço das neurociências e da medicalização da existência promovida em larga escala pela psiquiatria e pela indústria farmacêutica, nunca estivemos tão próximos, como agora, do risco de sermos reduzidos ao nosso corpo, em sua dimensão de organismo. Ao mesmo tempo, presenciamos a reificação e fetichização dos corpos, em uma exacerbação do imaginário: corpos manipulados, operados, transformados, retificados por meio de técnicas científicas que visam driblar o inevitável da morte e as marcas do sexo, na tentativa de construção de um imaginário sem furos. Das cirurgias plásticas às técnicas de fertilização *in vitro*, o que se vê são intervenções que muitas vezes promovem a separação entre corpo e sexualidade, entre corpo e desejo (RINALDI, 2011, p. 442).

A ciência, ao não levar em conta a dimensão do gozo nas incidências no corpo de seus avanços tecnológicos, cada vez mais tende a revelar aquilo que Lacan, há quase 50 anos, denominou de *falha epistemo-somática*: "[...] o efeito que terá o progresso da ciência sobre a relação da medicina com o corpo" (LACAN, 1966/2001, p. 11). A separação entre o corpo e o desejo encontra na medicina uma de suas expressões mais significativas, com uma tendência cada vez maior de especializações médicas que somente tratam de seu objeto específico, mantendo a subjetividade tão apartada quanto possível do tratamento: o médico trata do órgão específico e não do sujeito que porta esse órgão; há um retalhamento do corpo que desconsidera o papel da subjetividade na sua construção e, sobretudo, que esta se dá a partir de uma perda.

A dimensão exacerbada concedida ao saber médico revela o quanto esse campo se propõe, de maneira perigosa, a superpor o saber e a verdade, dando ao saber médico estatuto de verdade, tornando inquestionável aquilo que se arroga ser *cientificamente comprovado*. A psicanálise não se engana acerca da diferença entre saber e verdade, demarcada na própria divisão constituinte do sujeito, "[...] divisão experimentada do sujeito como divisão entre o saber e a verdade [...]" (LACAN, 1965/1998, p. 870). O aparato discursivo elaborado por Lacan também mostra bem a não coincidência entre saber e verdade, já que enquanto o saber aí figura como um dos elementos que ocupa diferentes lugares, a verdade é um desses lugares. A modalidade discursiva na qual o saber ocupa o lugar da verdade é justamente o discurso do analista, aquele que leva em conta que, por mais que se possa conceber algum saber sobre a verdade, esta somente pode ser semidita, sempre restando algo velado.

$$\frac{a}{S_2} \longrightarrow \frac{\$}{S_1}$$

Ao não levar em conta a dimensão subjetiva, a medicina, contemporaneamente, promove intervenções no corpo que se propõem capazes de alterar e modificar este de maneira a libertá-lo de suas falhas, *forcluindo* a questão subjetiva nos modos de operar sobre o corpo como pela busca da infinitização da vida seja por meio de congelamento de gametas sexuais, seja por inúmeras intervenções cirúrgicas e hormonais ou mesmo através da construção de um corpo supostamente mais adequado, seja por meio da mudança de sexo, seja pela reprodução assistida. O papel ético da psicanálise diante da aliança entre capitalismo e ciência e seus efeitos sobre o corpo seria, na contramão das promessas de bem-estar, bem como da nostalgia de tempos anteriores ao discurso da ciência, interrogar o mal-estar que essas novas intervenções acarretam. Ou seja, levar em conta a dimensão do gozo, sem esquecer que "Por nossa posição de sujeito, sempre somos responsáveis" (LACAN, 1965/1998, p. 873). Logo, mesmo sabendo que a ciência tende a não considerar a subjetividade ao propor suas intervenções no corpo, a decisão do sujeito de se submeter a elas também é de sua responsabilidade.

Não se trata de buscar nem um retorno ao discurso do mestre, dar um passo atrás na mutação que gerou o discurso do capitalista e visar que o sujeito consuma menos, nem do retorno aos grandes ideais como significantes-mestres. Ao escutar cada sujeito, a aposta é na possibilidade de localizar sua singularidade frente ao impossível, favorecer que o sujeito, a seu modo, possa encontrar um rearranjo com seu desejo tal que fique menos capturado pelo mais-de-gozar, talvez se servindo desse a mais para restituir de algum modo sua fantasia. No discurso analítico "[...] trata-se de dar plena presença à função de sujeito, invertendo o movimento de redução que habita o discurso lógico, para nos centrarmos perpetuamente no que é falha." (LACAN, 1968-1969/2008, p. 47). À diferença da medicina, a psicanálise assume que há um impossível ineliminável.

Para abordar esse campo novo de investigação, propomos, através da ficção que Almodóvar apresenta em "A pele que habito" (2011), pensar o lugar do corpo na constituição do sujeito para a psicanálise e a incidência da ciência no corpo[2].

O corpo é um saco, diz Lacan no *Seminário 23*, sem conteúdo *a priori*, nem, seguindo a famosa citação de Freud, uma anatomia que seja o destino. Nem sequer o destino da pulsão é a anatomia, pois esta só faz a pulsão ter algum destino pelo corte, como salienta Lacan na etimologia: *ana-tomia*, função de corte (LACAN, 1962-1963/2005, p. 259). Mesmo

---

2 Uma versão mais reduzida do comentário desse filme foi anteriormente publicado em *Latusa Digital*, n. 47, Ano 8 – dezembro de 2011.

as pulsões aparecem no corpo atravessado pela linguagem ou pelo resíduo de enunciação, eco da posição subjetiva de cada um: "[...] as pulsões são, no corpo, o eco do fato que há um dizer" (LACAN, 1975-1976/2007, p. 18). Somente quando há um dizer a pulsão ecoa no corpo, ou seja, somente pela linguagem se inscreve o circuito pulsional. Enlaçando-se com uma escrita, a pulsão, atravessada pela linguagem para se inscrever, produz efeitos subjetivos e um lugar propriamente enunciativo. Ao se confrontar do lugar de onde fala no Outro, de sua enunciação por trás do dito, a pulsão, a princípio acéfala, sem direção, pode ser circunscrita, localizada como gozo.

Na ficção de Almodóvar, podemos interrogar onde se localiza o gozo que se fixa à invenção do cientista, que, como ficção, fixa o outro como gozo de sua fantasia, transformando-o, objeto que ele opera construindo outro corpo. Uma questão se impõe: como da *fixão* de um gozo podemos decantar o que faz um corpo?

O início do filme angustia o telespectador, sobretudo pela assepsia, própria da ciência, que não localiza o sujeito em sua história e no seu modo de gozo. O paradoxo é o próprio protagonista, Dr. Robert Legard, que encarna o discurso da ciência. Discurso que, sustentado em um saber pré-estabelecido, produz um novo corpo ao bel prazer. Doutor que, delirando com o saber científico, tem certeza de conseguir encarnar sua ficção e operar no real. Supostamente por vingança pela violação e morte de sua filha, bem como por um luto não resolvido de sua mulher, o cientista opera no real do corpo de sua vítima, Vicente, fazendo do outro objeto de seu gozo por meio de uma série de intervenções cirúrgicas e hormonais. Opera a mudança de sexo, as referências reais, simbólicas e imaginárias do sujeito, habitando-o, revestindo sua carne com outra pele.

De repente, nas mãos do cirurgião, Vicente, constituído no lado masculino na partilha sexual, se vê como objeto de manipulação não apenas com outro sexo, mas com todas as insígnias, adereços que essa posição feminina possa revestir. Espelhada na imagem da mulher morta, Gal, que se suicidou por ter se queimado, carbornizando seu corpo na traição e no gozo interdito com seu meio-irmão, Robert faz da vítima, Vicente, uma imagem do que para ele seria A mulher ideal, Vera, verdade que não existe. Para constituir essa mulher, Robert inventa uma pele hiper-resistente a todas as dores, intervenções, transformando Vicente na figura de Vera, A mulher verdadeira que faz existir, na sua ficção, a relação sexual, tentando tamponar nessa ação o impossível.

O paradoxo do filme ressurge, pois se a ciência rejeita o sujeito, este retorna no real: se a vítima da operação da ciência que pretende com a sua fixão fazer do sujeito um objeto-abjeto de seu saber, transformando-o como lhe convém, esquartejando geometricamente na sua extensão (*partes extras partes*), enquadrando-o numa outra imagem que não é a dele, o sujeito *forcluído* – fora de qualquer referência simbólica, enclausurado no cativeiro – retorna. Primeiramente, sem se reconhecer e tendo como única saída ceder a vida, tenta passar ao ato: tenta fugir, suicidar-se ou mesmo matar o outro que o reduziu a objeto (de tortura e manipulação científicas). Fracassada sua primeira escolha, ele retorna e sobrevive a tal experiência limite. Da perda completa de suas referências ele se reconstrói imaginariamente, simbolicamente e no real.

No imaginário ele retorna construindo um corpo por uma ascese pela ioga, encontrada ao acaso na TV, com exercícios de postura, elasticidade e alongamento. Dedicando-se com afinco à disciplina corporal quando enclausurado, o sujeito consegue construir um vazio idealizado pela busca de si, produzindo uma nova amarração, costura de um novo corpo com *peças avulsas* (MILLER, 2004-2005) forjadas do Outro.

Concomitantemente, por meio da escrita e de desenhos, reconstrói seu mundo literal, escrevendo na parede seus novos traços, destacando um S_1, a data, 10-09-2006. A partir desse traço, o sujeito engendra-se ao articulá-lo a outros significantes em um novo saber, S_2. Desenhos e frases são gravados dia após dia, preenchendo a parede do quarto asséptico do cativeiro, em uma tentativa de localização, de amarração, do dizer com a nova pele que deve habitar: "Eu respiro", "O ópio me ajuda a suportar", etc.

Ainda como referência de um dizer que enlaça a pulsão e faz eco no corpo, o personagem se serve do *métier* de confecção de manequins que exercia na loja da mãe e a partir da referência dos corpos *morcelés* da arte de Louise Bourgeoise ocupa-se com o saber-fazer de pedaços e restos destroçados de Gal. Serve-se dessa pele e de vestidos femininos oferecidos pelo médico para construir esculturas, pedaços de corpo, peças, construções que localizam a libido, pedaço que se destaca do corpo. O retorno da subjetividade exige um trabalho de si constante, pois o sujeito tem, para se reconstituir, que revestir esse real do corpo, o corpo vivo, agora não reconhecível, essa porção irredutível ao imaginário e ao simbólico, afetado pelo gozo, substância gozante (LACAN, 1972-1973/1982). Real que só se articula organizadamente no *a posteriori*, ao encarnar novas imagens e produzindo novos ideais.

O sujeito, ainda em construção, retorna ao ser surpreendido por um novo *pathos*, o amor. Amor ou cálculo para se livrar do Mestre torturador? Trata-se de um amor singular, não um amor qualquer, mas a princípio não consentido, que se deixa afetar (mesmo se confundindo com ódio, *hainamoration*) pelo torturador. Do ponto de vista desse novo corpo, enclausurado, sem mais nenhuma história, significantes que possam com o seu dizer fazer eco no corpo, resta a esse corpo, objeto que se tornou do Outro, apegar-se ao único Outro que lhe restou como referência, paradoxalmente, seu carrasco, o mesmo que o apagou como sujeito, fazendo de seu corpo experiência, carne revestida, habitada por outra pele. Assujeitado ao Outro, esse novo sujeito se faz alienar ao "mestre" ("você é a única coisa que me resta"), ama-o como a si mesmo, confundindo a criatura que se transformou com o próprio criador.

Quando o outro, convencido pela prova de seu amor, liberta-o, procura como primeira vestimenta o vestido outrora libidinalizado, objeto perdido da outra história quando, ainda homem, vivia com sua mãe, tentando construir um novo eu do que resta, ou parafraseando Freud (1923a/2011), como precipitado de relações objetais, violentamente abandonadas. Como no conto "O espelho" de Machado de Assis (1882/1997), em que o alferes, ao perder suas referências simbólicas na fazenda de sua tia, veste a farda para reconstruir as insígnias simbólicas e reconstruir a unidade corporal que se desfazia, Vicente, agora Vera, precisa se fazer habitar pelo vestido, objeto privilegiado de investimento perdido que recompõe a nova imagem, agora menos imposta.

Antes do encontro com o cientista, Vicente amava Cristina, vendedora da loja de corte e costura da mãe. Como filho de sua mãe, recusou-se a usar o vestido para agradar Cristina, cuja escolha objetal era as mulheres.

O vestido, apesar de seduzi-lo, só servia para vestir o objeto de desejo, a mulher de sua escolha, e não seu corpo – identificado que estava, então, às insígnias – *i(a)* – masculinas. Submetido ao sexo feminino, Vera tenta recuperar o vestido, traço, resíduo de identificação e da primeira escolha amorosa.

A anatomia é o destino? Ou o corte das identificações imaginárias, simbólicas e reais fizeram um novo destino para um novo corpo? O que é que nos faz acreditar ter um corpo? São questões que Almodóvar, com sua genialidade, nos convida a pensar.

O final do filme não é menos irônico. Trata-se da ironia do destino? Agora, com um novo corpo, a pulsão faz eco no corpo. A partir de uma nova enunciação, um novo dizer construído a duras penas, fez-se um novo corpo que consente em um novo gozo, causado pelo amor, com o carrasco. Na cena final, procurando os *gadgets* para gozar no lugar de mulher de Robert, à procura de um lubrificante, Vera depara-se com um pedaço de jornal com a notícia que sua mãe, seu Outro primordial, não desiste de procurá-lo e não se convence de seu desaparecimento, há seis anos. A partir do resíduo de uma Outra história, o simbólico se reconstrói para Vera em torno do vazio que, como filho, deixou na mãe e na possibilidade de recuperar o lugar que foi para o Outro, no e com o desejo materno. A partir da falta que deixou no Outro, ele consegue constatar, como no luto, o eu localizando o que fazia falta à mãe (LACAN, 1962-1963/2005, p. 156) e recuperar o lugar do desejo, que habitava antes dessa nova pele. Recuperando-o, apesar da nova imagem e sexo, não lhe resta senão passar ao ato e sair da referência desse amor para além do prazer: matando, separa-se como invenção do inventor e o eu que se tornou (*Ich werden*), já construído com pele e peças avulsas, procura, a partir desse ato, recolher onde isso era (*Wo es war* – cf. FREUD, 1923b/2010, p. 223).

Em "A pele que habito", a vida volta a pulsar em um corpo inerte, o desejo refaz o circuito pulsional ecoando no novo corpo um novo dizer. No fim, resta uma dúvida própria da ironia do destino da pulsão no estilo de Almodóvar: Vera recupera o amor impossível de Vicente com Cristina, agora com outro sexo e semblantes de mulher, apontando a possibilidade do desejo no campo da impossibilidade da relação sexual?

A manipulação operada pelo médico-cientista Robert sobre o corpo de Vicente ilustra bem a face forclusiva da incidência da ciência no corpo, rejeitando de maneira radical a subjetividade, julgando possível intervir no corpo sem considerar a dimensão do gozo e suas consequências, desconsiderando inclusive a diferença sexual já construída. A ciência, na potência de sua manipulação, não trata o impossível, podendo deixar o sujeito na impotência, com a missão de se reconstruir a partir de uma falta, do tratamento de um impossível. Embora o exemplo do filme seja motivado por vingança, mesmo no caso de o próprio sujeito solicitar uma intervenção médica, tomando-a como um objeto de consumo, a resposta da medicina pela promessa de um corpo sem falhas também se alinha à forclusão da castração visada pelo discurso do capitalista. É nesse sentido que supomos que a aliança entre capitalismo e ciência remeta a uma *homologia entre a forclusão da castração (capitalismo) e a forclusão do sujeito (ciência)*. A psicanálise, por outro lado, toma como essencial o sujeito e sua posição diante da castração, entendendo que "[...] não há apenas um corpo para ser manipulado, mas também uma história para ser escutada, uma resistência a ser furada" (PERELSON, 2013, p. 54), sendo esse seu papel ético face à aliança entre capitalismo e ciência.

Referências

ASSIS, M. (1882/1997). "O espelho". In: *Obras completas, v. II*. Rio de Janeiro: Nova Aguilar, p. 345-352.

FREIRE, A. B. (2011). "O que faz um corpo? – Comentário em torno de 'A pele que habito'". In: *Latusa Digital*, n. 47, ano 8.

FREUD, S. (1923a/2011). "O Eu e o Id". In: *Obras completas*, v.16. São Paulo: Companhia das Letras, p. 13-74.

————. (1923b/2010). "Novas conferências introdutórias à psicanálise, Conferência 31: A dissecção da personalidade psíquica". In: *Obras completas*, v.18. São Paulo: Companhia das Letras, p. 192-223.

LACAN, J. (1962-1963/2005). *O seminário, livro 10: a angústia*. Rio de Janeiro: Jorge Zahar.

———. (1965/1998). "A ciência e a verdade". In: *Escritos*. Rio de Janeiro: Jorge Zahar, p. 869-892.

———. (1966/2001). "O lugar da psicanálise na medicina". In: *Revista Opção Lacaniana*, n. 32, p. 8-14.

———. (1968-1969/2008). *O seminário, livro 16: de um Outro ao outro*. Rio de Janeiro: Jorge Zahar.

———. (1969-1970/1992). *O seminário, livro 17: o avesso da psicanálise*. Rio de Janeiro: Jorge Zahar.

———. (1972/1978). "Du discours psychanalytique". In: *Lacan in Itália*. Milão: La Salamandra, p. 32-55.

———. (1972/2011). *Estou falando com as paredes*. Rio de Janeiro: Jorge Zahar.

———. (1972-1973/1982). *O seminário, livro 20: mais, ainda*. Rio de Janeiro: Jorge Zahar.

———. (1975-1976/2007). *O seminário, livro 23: o sinthoma*. Rio de Janeiro: Jorge Zahar.

MILLER, J.-A. (2004-2005). *Pièces Détachées. Séminaire Orientation Lacanienne III*, 6, 2004-2005.

PERELSON, S. (2013). "Novas tecnologias reprodutivas: sobre a estranha aliança do inconsciente, da ciência e do mercado". In: *O corpo e suas vicissitudes*. FREIRE, A. B. (org.). Rio de Janeiro: 7 letras, p. 39-55.

RINALDI, D. (2011). "O corpo estranho". In: *Revista Latinoamericana de Psicopatologia Fundamental*. São Paulo, v. 14, n. 3, p. 440-451.

Medicalizar... ou suportar o fracasso normal da psicanálise

Fernanda Costa-Moura
Amanda Cerdeira Pilão

Resumo

Partindo do exemplo do TDAH, o trabalho discute algumas consequências da recente proliferação de diagnósticos, tratamentos e soluções medicamentosas para males que concernem ao campo do sujeito. Apontando a incidência crucial da dimensão impossível do real no advento do sujeito do desejo, argumenta-se que – em disparidade com a marcha contemporânea da ciência – cabe à psicanálise incorrer na iminência de seu próprio fracasso para suportar o corte do real que impossibilita ao sujeito anular-se em sua própria objetivação.

Palavras-chave: psicanálise; sujeito; real; medicalização.

Abstract

Remedy... or reinforce the collapse of psychoanalysis

Starting from the example of ADHD, this paper discusses some implications of the recent boost of diagnoses, treatments and drug solutions for complaints that concern the field of the subject. Pointing the utmost importance of the presence of the impossible implied in the real for the emergence of the subject of desire, it argues that – at odds with the contemporary march of science – psychoanalysis must incur in the imminence of its own collapse in order to support the cut that derives from the real and makes it impossible for the subject to disappear under one's own substantiation.

Key-words: psychoanalysis; subject; real; remedying.

Desde os primórdios da psicanálise, Freud problematizou a cura no sentido de uma erradicação total dos sintomas. Numa passagem capital, que aparece já ao final dos *Estudos sobre histeria*, depois de observar que não podemos nos aliviar inteiramente do que está implicado em nossas respostas sintomáticas, Freud conjectura, no máximo, "transformar nossa *miséria neurótica* em *infelicidade comum*" (FREUD, 1893-1895/1996, p. 363). E adverte: "se ganha muito com isso".

De fato, para Freud, o corpo enquanto perecível, o mundo externo que não podemos controlar e a necessidade de nos relacionarmos com os outros operam como obstáculos permanentes, constitutivos da vida humana, que impedem a realização do "programa de tornar-se feliz que o princípio do prazer nos impõe" (FREUD, 1930 [1929]/1996, p. 90-91). Sua letra nos leva, inclusive, a algo ainda mais radical: o que o homem deseja como satisfação, como felicidade a alcançar, não é algo passível de ser atingido. O anseio que nos anima, e que Freud relaciona ao comando do princípio de prazer, está, de saída, fadado ao fracasso; está "em desacordo com o mundo inteiro, tanto com o macrocosmo quanto com o microcosmo. [...]; todas as normas do universo são-lhe contrárias" (FREUD, 1930 [1929]/1996, p. 84).

Mas a experiência psicanalítica mostra também que não podemos – e não devemos – abandonar os esforços que empreendemos nessa direção. Na verdade, com a referência ao micro e macro cosmos Freud situa o mal-estar como inerente à condição do sujeito do inconsciente e do desejo. Um sujeito que não se constitui fora da cultura e da civilização, e cuja satisfação está desde sempre mediada pelo outro – seja aquele com quem o sujeito faz laço, como seu semelhante, seja aquele campo de alteridade advindo da estrutura da linguagem que Lacan nomeou o Outro. Afirmar essa condição portanto, não autoriza reduzir a causa do mal-estar ao próprio homem como se este pudesse ser identificado a uma entidade estanque, isolada do mundo e de sua própria história e experiência do Outro. Não havendo "regra de ouro que se aplique a todos", diz Freud, "todo homem tem de descobrir por si mesmo de que modo específico ele pode ser salvo" (FREUD, 1930 [1929]/1996, p. 90-91).

Na contemporaneidade, porém, com o agrupamento de padrões comportamentais, associados a elementos físico-químicos ou fisiológicos do funcionamento do organismo, a ciranda dos discursos promete prover, para cada fenômeno – doença, enfermidade, comportamento, pensamento, mal-estar, emoção, etc. – uma explicação convincente. E, se não de imediato, pelo menos em breve, também uma solução.

O desenvolvimento progressivo da ciência alinhado ao capitalismo tem produzido continuadamente formas novas de manipular o meio externo, com eficácia cada vez maior. A incidência da ciência se alastra trazendo em seu bojo uma série de possibilidades de manipulações diretas do real. Especialmente no que concerne às fontes de sofrimento situadas por Freud (1930 [1929]/1996) como intransponíveis, vale dizer, o corpo, o poderio da natureza, e as relações entre os homens, a marcha da ciência proporcionou modalidades de intervenção que possibilitam prescindir, e substituir com economia, qualquer ordem de presença e comprometimento do sujeito por operações realizadas diretamente no corpo –, como é o caso das cirurgias plásticas, bariátricas e outras, das compensações farmacológicas do "humor", etc. Ao lado disso a proliferação recente de diagnósticos que se multiplicam em síndromes e transtornos sem que se possa isolar exatamente quem precede o quê, facultam à cultura, hoje, rechaçar de forma quase automática uma possível implicação do sujeito nos impasses que enfrenta na vida.

No mesmo movimento em que fatores realmente restritivos são contornados pela ciência médica, com próteses que prolongam a vida, remédios que controlam doenças antes fatais, etc., constroem-se as condições para que a apreensão do corpo pela ciência ultrapasse o plano das condições orgânicas e chegue ao ponto de reduzir o (chamado) "psíquico" ao plano biológico – com todos os efeitos que essa redução acarreta e que discutiremos adiante. Antes, porém, vale observar que nem aquilo que, em princípio, se mostra mais refratário a tal redução, isto é, nossas relações com o outro – plano destacado por Freud como o mais espinhoso da civilização (1930 [1929]/1996, p. 145) –, escapa dessa ambição contemporânea de regulação pela via da ciência.

Por toda parte, hoje, "vozes autorizadas" anunciam propostas educacionais e/ou terapêuticas que prometem equacionar a precariedade humana seguindo a mais estrita razão científica. São medidas que se desenvolvem usualmente dentro do espectro delimitado pelos polos que concentram, de um lado, práticas de *Coaching* e, do outro, o uso indiscriminado de medicação. No primeiro, "especialistas no comportamento humano" (Sociedade Brasileira de Coaching[3]), denominados Coaches (treinadores), identificam as "competências comportamentais, psicológicas e emocionais" a serem desenvolvidas visando "à conquista e alcance de resultados planejados". Trata-se, segundo o Instituto Brasileiro de *Coaching*, de "vencer bloqueios, crenças limitantes, superar traumas, equilibrar emoções, mobilizar forças, direcionar motivações, ativar a resiliência [...]"[4], etc., através "ferramentas de aceleração de resultados" que envolvem técnicas de programação neurolinguística e práticas de reforço para proporcionar aos *Coachees* (treinados) "força, confiança, o reforço positivo em suas capacidades e habilidades para que transformem adversidades e situações desfavoráveis e as revertam em motivação e entusiasmo para trabalhar e sanar os problemas em momentos de crise"[5].

No outro extremo temos as práticas que visam controlar a ansiedade, o humor, os medos, impulsos, etc., simplesmente com medicação – as quais discutiremos a seguir. Mas importa ressaltar desde já que ambas as direções fomentam a aspiração, que é de todos, de alcançar rapidamente um gozo menos restrito, mais intenso e mais duradouro ao menor preço possível. Tentando responder a esse imperativo o sujeito só pode padecer de sua incompetência.

Nesse contexto, toda uma série de críticas proclama a morte da psicanálise: graças aos avanços recentes da ciência e especialmente ao advento de uma poderosa farmacologia aplicada, a psicanálise teria sido relegada ao lugar a que desde sempre pertenceu, o quintal pré-científico e obscurantista do campo humanista tradicional. No alvo, sua ineficácia para lidar com o sofrimento humano, seu fracasso em atender à demanda de harmonização e adaptação do sujeito. A psicanálise, naturalmente, assim como aquele que a procura, falha realmente a esse tipo de propósito. Mas é importante

---

3 Cf. <www.sbcoaching.com.br/treinamentos>.

4 Cf. <http://www.ibccoaching.com.br/tudo-sobre-coaching/coaching-e-psicologia>.

5 Cf. <http://www.ibccoaching.com.br/tudo-sobre-coaching/coaching-e-psicologia>.

notar que tais objeções não chegam a considerar aquilo que de fato a psicanálise propõe como experiência clínica. Longe de ser uma simples terapêutica ortopédica, "um pó de *pirlimpimpim*" (LACAN, 1967/2006, p. 20), que visaria o "bom termo" entre o sujeito e seu meio, a psicanálise vem recolher e dar lugar ao que emerge desse impasse contemporâneo; ao que fica de fora dessa lógica de adequação, e não cessa de se fazer presente sob a forma de um mal-estar persistente: a dimensão de uma alteridade radical, de um impossível inerradicável que constitui como tal o campo do sujeito.

O TDAH é um exemplo bastante vivo e cotidiano da criação recente de diagnósticos, remédios e soluções relacionados a síndromes e transtornos que até bem pouco tempo sequer existiam. Segundo levantamento da Agência Nacional de Vigilância Sanitária (Anvisa), o Transtorno do Déficit de Atenção com Hiperatividade (TDAH) é hoje um dos transtornos neurológicos do comportamento mais comuns da infância. No entanto, como o transtorno em questão comporta uma variedade enorme de sintomas diferentes, desde suas primeiras descrições, é difícil – e a rigor impossível – identificar exatamente em que momento o diagnóstico se constituiu (CALIMAN, 2010). No cenário mais recente, situa-se o TDAH como descrito no DSM IV-R (de 2000) e uma sua precursora, a síndrome hipercinética do CID, apenas desde os anos 90 (1992).

De qualquer modo, segundo a Agência Brasil (20/02/2013), o uso do *metilfenidato*, medicamento utilizado no tratamento do TDAH, aumentou 75% de 2009 a 2011 entre crianças e adolescentes com idade entre 6 e 16 anos no país. Princípio ativo de remédios como a *Ritalina*, da qual o Brasil é o segundo maior consumidor mundial, o metilfenidato é um medicamento de tarja preta que pode causar dependência física ou psíquica. Não obstante é receitado comumente por médicos e profissionais de saúde para jovens que não se comportam de maneira socialmente adequada, com desempenho escolar abaixo da média e desenvolvimento fora dos padrões da idade. Supostamente o aumento do consumo estaria relacionado a um "maior reconhecimento e diagnóstico da doença", e, malgrado esse aumento, o consumo do medicamento seria ainda insuficiente para suprir as necessidades das cerca de 5% de crianças no país, e dos 8% a 12% das crianças e adolescentes no mundo que sofrem desse transtorno.

Como é concebido exatamente o TDAH? A Associação Brasileira do Déficit de Atenção (ABDA) define-o como "um transtorno neurobiológico, de causas genéticas", que aparece na infância e "se caracteriza por sintomas de desatenção, inquietude e impulsividade". Mas é cada vez mais comum reconhecer que muitas – ou talvez a maioria – das crianças e adultos com o distúrbio não são do tipo "puro" (PHELAN, 2005). Estudos epidemiológicos realizados em crianças portadoras de TDAH[6] documentam uma incidência elevada de outros distúrbios comórbidos tais como Transtornos Disruptivos de Comportamento, Transtorno Opositivo Desafiador, Transtorno de Conduta, Transtorno de Personalidade Antissocial, Transtorno de Aprendizagem Escolar, Transtorno de Ansiedade, Transtorno do Humor, além de transtornos alimentares ligados a compulsão, bulimia, ou fobia e "fobia social", entre outros que cobrem praticamente toda a gama de experiências humanas.

Não bastasse isso, para colocar em questão o diagnóstico, paradoxalmente, segundo o médico coordenador do Projeto de Déficit de Atenção e Hiperatividade do Instituto de Psiquiatria do Hospital das Clínicas da Universidade de São Paulo, Dr. Mario Louzã, "estudos mostram que até a idade adulta os sintomas diminuem e que, em metade dos portadores de TDAH, desaparecem espontaneamente" (VARELLA, s/d.).

Assim, apesar de consagrado como parte do DSM IV o crescimento desse diagnóstico acaba por englobar e encobrir vários dilemas: quando é que a falta de atenção do estudante em sala de aula é problema de saúde e quando é um problema da criança com os métodos do professor, por exemplo? Como o transtorno usualmente é percebido a partir do momento em que a criança passa a frequentar a escola é ele que é comumente evocado quando surgem dificuldades de aprendizagem, desobediência às regras, falta de atenção, agitação e, em última análise, quando se avista uma defasagem entre o desempenho real de alguém e o que é esperado na comparação com outros indivíduos da mesma idade. Como apontam Renata Guarido e Rinaldo Voltolini (2009), a ideia de que um fenômeno relativamente comum (a dificuldade de aprender, por exemplo) tenha como causa

---

6 Cf. <http://www.tdah.net.br/comorb.html>.

o que vem sendo considerado doença (hiperatividade, déficit de atenção, dislexia, depressões na infância, etc.) está cada vez mais naturalizada. "[...] Os professores não somente procuram nas descrições difundidas pela mídia sobre os quadros dos transtornos mentais material para classificarem seus alunos, como estão crentes de que a variação no uso do remédio é responsável pela variação dos comportamentos e estados psíquicos das crianças, reduzindo a relação desta com mudanças ou experiências no cotidiano escolar" (GUARIDO & VOLTOLINI, 2009, p. 240).

A profusão de TDAH é apenas um pequeno exemplo do que se produz e se vende hoje como conhecimento cientificamente comprovado. No âmbito do presente trabalho não pretendemos discutir se esses males existem ou não, tampouco debater se os males do sujeito correspondem ou não às disfunções e carências que lhes são associadas. Importa-nos, sobretudo, distinguir que consequências uma apreensão como essa acarreta e quais operações avaliza.

Naturalmente, se entendemos que as sintomatologias são determinadas por uma certa ordenação presente nas organizações patológicas é relevante tentar estabelecer qual é o real que vigora nessa ordem. Com esse objetivo, justamente, a medicina estabelece seus conceitos fundamentais. Mas estes, como os conceitos de qualquer ciência formalizada, são construtos que criam e que codificam o real mais que o decodificam. Quando uma ciência efetivamente se funda, isso implica que um objeto, recortado por essa lâmina conceitual, se destaque como se estivesse lá desde sempre. Nesse sentido, os conceitos da medicina – como outros – são inerentes à práxis que se inaugura com a ciência moderna, mas, é preciso que se diga, seu valor vem mais do campo e do tipo de operações que possibilitam do que pela imutabilidade da evidência em que supostamente se suportam. Por isso mesmo, uma coisa é a importância incontestável das possibilidades de manejos do corpo abertas pelos avanços da medicina; outra coisa é utilizar as ferramentas provindas daí sem interrogar a lógica que informa a marcha da ciência médica – ao contrário, endossando esta lógica como natural e única. Se não podemos evidentemente prescindir dos avanços da medicina e da ciência – o que seria um desperdício e um contrassenso –, podemos ao menos (e devemos, talvez com urgência) colocar em questão a redução do real como impossível que a ciência pressupõe e que opera no campo da cultura contemporânea.

Quando se reduz imediatamente a irrupção inusitada de um sujeito a um transtorno definido de antemão no DSM se obscurece a dimensão que a implicaria, eventualmente o dizer e a posição ética de um sujeito, ainda que sintomática. Ao lado disso, ao diagnosticarmos a hiperatividade, a impulsividade ou a desatenção de uma criança, considerada como TDAH, cria um curso de ação: uma série de fenômenos passa a ser remetida à doença suposta e tratada através de medicamentos segundo um protocolo que, inevitavelmente, desconsidera o dizer e as condições singulares que presidiram a formação daquela manifestação sintomática para aquela criança naquele momento e naquele contexto familiar ou social. No plano mais geral, sobretudo, omite-se, com consequências importantes, a própria questão do sintoma como produção de linguagem que daria lugar ao sujeito pela estrutura própria do significante. Nesse curso de ação a ideologia se renova e adquire estatuto de evidência "científica", após repetir-se incessantemente no discurso sem nuances que difunde rapidamente tudo o que se apoia na ciência para angariar legitimação. Descreve-se o funcionamento do cérebro de uma criança dita hiperativa, por exemplo, e em seguida passa-se a situar a hiperatividade como efeito desse funcionamento.

É importante interrogar essa manobra que tende a reduzir um sujeito que fala, que assume posições, a trocas físico-químicas. Qual seria, por outro lado, o substrato que pode situar e dar lastro ao sujeito, cuja incidência se trata de afirmar, se não nos é facultado mais apelar às instâncias transcendentais – como a alma, o espírito – ou psicológicas – como a personalidade – que a própria ciência já tornou arcaicas? Em que se poderia fundar ainda hoje a suposição de um sujeito? A psicanálise encontra o sujeito na estrutura da linguagem e na ordem significante. Mas afirmar essa dimensão do sujeito implica toda uma problemática ética que vem dessa condição – na medida em que o sujeito apenso ao significante não é senhor de si mesmo e apenas advém em ato, a cada vez, não como figura ideal, mas no real irascível dos sintomas e da enunciação.

Pode-se evitar esse impasse adotando um fisicalismo, entronizando "o cérebro", por exemplo, como instância a partir da qual o sujeito se articula. Será que por essa via esperamos poder dominar o real? Parecemos propensos a dar crédito a qualquer coisa que possa explicar a emergência do sujeito em função de uma positividade apreensível, que se possa manejar. O avanço das neurociências é exemplar nesse aspecto. As neurociências propiciam uma abordagem positiva do sujeito na medida em que, apesar de adotarem uma definição do cérebro como um conjunto articulado de redes (LENT, 2004), não abrem mão da definição – que poderia parecer, segundo seus próprios parâmetros, anacrônica – do cérebro como órgão, ou entidade extensa, físico-química que dá fundamento ao "sujeito"; ou antes, àquilo que, de algum modo, possibilita recusar ou ignorar a presença do sujeito.

A manobra é sutil até porque não é propriamente intencional (FERNANDES & COSTA-MOURA, 2009). E sedutora, já que cada um de nós, atravessados pelo que emerge com a ciência, somos peça desse maquinário que nos impele para o saber científico em busca de alívio e, no limite, de erradicação dos males que vêm do real da nossa própria existência. Mas, afinal, quando nos valemos de explicações que evocam o funcionamento do cérebro para dar conta do sujeito, reeditamos nossos preconceitos religiosos numa roupagem naturalista e delegamos ao "cérebro" – enquanto concretude, enquanto uma constante "fora" do domínio da linguagem – suportar a dimensão do sujeito para além da incerteza do discurso e do ato. Se isso prevalece, diversas operações passam a ser autorizadas no laço social, buscando incidir diretamente no organismo (isto é: "no cérebro" e seus elementos correlatos). Por aí chegamos ao reducionismo biologizante da psiquiatria contemporânea que medicaliza o sofrimento neurótico, atribuindo aos tratamentos farmacológicos o encargo de mitigar a depressão – reproduzindo nesse movimento o empobrecimento da atividade do sujeito diante da prevalência contemporânea do objeto que está na origem de seu abatimento. Reduzindo o sintoma que indicia a vida subjetiva de uma criança à sua corporeidade doente, expropriamos dela a chance de assegurar sua existência e seu endereçamento ao Outro por seus atos – e, ao mesmo tempo, fazemos do sujeito um luxo supérfluo. Uma entidade meramente abstrata, ou simplesmente um dejeto a ser descartado do resultado preciso buscado pela ciência.

Por outro lado, observamos todos os dias que o fracasso dessa manobra – e mesmo a falha da medicação – não nos faz retomar nossos problemas com a linguagem, e, até ao contrário, redobra paradoxalmente as esperanças que temos de que a química finalmente possa erradicar os riscos – éticos, subjetivos – que se colocam para nós pelo fato de falarmos. Então, vê-se que afirmar ou não a presença real do sujeito não se reduz hoje a uma contenda epistemológica como as que travamos até recentemente. Não se trata de discutir se o conceito de sujeito é ou não um conceito válido, aceitável; não é a sofisticação conceitual, por mais preciosa que seja, que deterá o desconhecimento que está em jogo – se escolhermos detê-lo. Também não basta uma discussão política, nos termos usuais de um fato político, pois a denúncia não desencadeia nenhuma reação de fato na direção de uma inclusão do sujeito. Não há, nesse sentido, alguma forma de oposição que possa desarmar de uma vez por todas essa lógica de supressão do sujeito. O poder baseado nas técnicas se impõe sem requisitar a interlocução e o assentimento deliberado de quem quer que seja. Esse poder não é meramente repressivo, nem impositivo, e nem sequer coercitivo. Ele compele por encantamento, arrebatando e cooptando todos – e quem há de resistir à toxicomania branda proposta pela medicina no uso deste ou daquele medicamento?

Assim, no roldão da ciência, somos nós, pelo apelo infindável que fazemos, que é mais econômico, ao que "está provado" e "verificado" que não podemos admitir, para além do saber e no ponto mesmo de sua incompletude, a presença insólita do sujeito fustigado pelo desejo. Não se pode dizer ao sujeito simplesmente que não se locuplete no circuito do que a medicina e as tecnologias têm a lhe oferecer – seria inútil. Mas se poderá talvez propiciar-lhe conhecer e tirar as consequências do impossível tal como se coloca para ele.

É muito diferente para um sujeito rever e tomar lugar nas limitações de sua vida a partir do impossível (aquilo que, por qualquer motivo que seja é; e não é ou não foi possível contornar), ou a partir da impotência, com seu colorido circunstancial e/ou conspiratório (COSTA-MOURA & FREIRE, 2008). A experiência psicanalítica testemunha a importância desse ponto de impossível implicado nas dificuldades que acossam cada um para o advento do sujeito do desejo. Como esse impossível está em jogo para um sujeito desde sempre, pelo simples fato de se articular à ordem significante, a sustentação de sua dimensão sem solução é crucial para a psicanálise. Nesse sentido se pode dizer que o campo da psicanálise é – em seu nascimento e ainda hoje – aquele que se funda pelo recolhimento do fracasso da mestria pretendida sobre o real. Fracasso que, sustentado pelo psicanalista, vem testemunhar a falta fundamental que Lacan concebe como a "inexistência da relação sexual": falta de um objeto último que pudesse resolver o desejo. Falta que é determinante para a constituição do campo do sujeito e que o nosso cientificismo aspira condenar ao recalque.

É dessa falha real, intrínseca ao funcionamento da linguagem – e que é tomada em nossa cultura como passível de ser suprimida –, que, justamente, a psicanálise pode dar notícia para um sujeito. Mas para isso, diz Lacan "é preciso que a psicanálise fracasse" (LACAN, 1975a/2002, p. 50). Diferenciando-se das práticas pautadas pelo imperativo de promover satisfação a psicanálise tem que suportar a iminência de seu próprio fracasso para não elidir "o que não funciona e que é preciso chamar por seu nome: o real" (LACAN, 1974/2005, p. 76). A questão portanto é ética: a incidência da psicanálise depende antes de mais nada de que os analistas possam se submeter à irredutibilidade do real que determina e divide o sujeito, na *práxis* que lhes é própria. Ora, isso se opõe, talvez frontalmente, às ambições de legitimação da psicanálise pela via de uma suposta assepsia que, em última análise, diz respeito somente à lógica operatória presente na cultura. Ao contrário de lavar as mãos, cabe ao analista sujar as mãos, suportar o real, o imundo (LACAN, 1969-1970/1991) que atravessa e problematiza o mundo. Acolher o sujeito como este se apresenta – em carne, sangue, suor e lágrimas – sem pretensão de poder oferecer, quanto ao real que o acossa, alívio, tratamento ou supressão. Talvez por isso Lacan tenha chegado a dizer que "é normal que a psicanálise fracasse, já que aquilo a que ela se consagra é muito difícil" (LACAN, 1975b/2002: p. 15-16)[7]. Uma tal declaração de princípio, assim o propomos, parece hoje mais impres-

---

[7] A coletiva de imprensa que precede a Conferência de Lacan intitulada "A terceira" teve sua versão original publicada em 1975 no boletim interno da École Freudienne de Paris (*Les Lettres de L'École*, n. 16, 1975, p. 6-26). Em 2005 foi publicada como livro pela Seuil, tendo por título *O triunfo da religião* (LACAN, 1974/2005). Entretanto, como o texto estabelecido omite justamente a passagem aqui mencionada e algumas outras, tivemos que recorrer à tradução da versão integral da entrevista publicada pela APPOA (LACAN, 1975b/2002).

cindível do que nunca. Pois se trata de reiterar, em disparidade com nosso funcionamento moderno, pragmático, tecnológico, que a psicanálise não pode afiançar essa aspiração, que é nossa, de levar o sujeito a uma relação harmônica com a realidade – uma relação que o livraria do corte que o real implica. Sustentar o real até que o sujeito possa advir nesse ponto, incorporando o que é falta no plano da estrutura como perda que lhe concerne e o constitui – tal é a incumbência do psicanalista que se realiza a cada vez, em ato, implicando uma perda de saber e de qualquer pretensão pastoral. Não é sem passar pela angústia que o analista pode ocupar esse lugar. Não há, porém, alternativa: não se consegue vencer, reconduzir o real ao saber e à técnica, a qualquer título que seja. Talvez esteja aí justamente o que há de mais próprio e subversivo na psicanálise desde seu surgimento; e a razão pela qual ela continua ainda viva: dar um lugar irredutível ao que há de doloroso em estar vivo; um lugar para a dificuldade que nos atravessa não como corpo estranho, como simples desarranjo a superar, mas como nossa própria condição.

REFERÊNCIAS

ABDA – ASSOCIAÇÃO BRASILEIRA DO DÉFICIT DE ATENÇÃO. "Estudos sobre comorbidades". Disponível em: <http://www.tdah.net.br/comorb.html>. Acesso em: 02 mai. 2014.

———. "TDAH, o que é?". Disponível em: <http://www.tdah.org.br/br/sobre-tdah/o-que-e-o-tdah.html#sthash.aNR0357M>. Acesso em: 03 mai 2014.

AGENCIA BRASIL. "Consumo de medicamento para transtorno de déficit de atenção aumenta 75% entre crianças e adolescentes." Disponível em: <http://memoria.ebc.com.br/agenciabrasil/noticia/2013-02-20/consumo-de-medicamento-para-transtorno-de-deficit-de-atencao-aumenta-75-entre-criancas-e-adolescentes>. Acesso em: 02 mai. 2014.

CALIMAN, L. V. (2010). "Notas sobre a história oficial do Transtorno do Déficit de Atenção/hiperatividade – TDAH". In: *Psicologia, Ciência e Profissão, 30*(1). Disponível em: <http://www.scielo.br/pdf/pcp/v30n1/v30n1a05>. Acesso em: 02 mai. 2014.

COSTA-MOURA, F. & FREIRE, A. B (2008). "Adolescência e tratamento do impossível hoje". In: MARTY, F. & CARDOSO, M. (orgs.). *Destinos da adolescência*. Rio de Janeiro: 7Letras, p. 181-199.

FERNANDES, F. L. & COSTA-MOURA, F. (2009). "Lógica da ciência, formalismo e forclusão do sujeito". In: COSTA-MOURA, F. (org.). *Psicanálise e laço social*. Rio de Janeiro: 7Letras, p. 144-166.

FREUD, S. (1996). *Edição standard brasileira das obras psicológicas completas de Sigmund Freud*. Rio de Janeiro: Imago.

(1893-1895). "Estudos sobre a histeria", v. II, p. 13-350.

(1930 [1929]). "O mal-estar na civilização", v. XXI, p. 66-148.

GUARIDO, R. & VOLTOLINI, R. (2009). "O que não tem remédio, remediado está?". In: *Educação em revista*. Belo Horizonte, v. 25, n. 1. Disponível em: <http://www.scielo.br/scielo.php?script=sci_arttext&pid =S0102-46982009000100014>. Acesso em: 02 mai. 2014.

INSTITUTO BRASILEIRO DE COACHING. <http://www.ibccoaching.com.br>. Acesso em: 20 out. 2014.

LACAN, J. (1967/2006) "Lugar, origem e fim do meu ensino". In: Lacan, J. *Meu ensino*. Rio de Janeiro: Jorge Zahar, p. 9-65.

________. (1969-1970/1991). *Le séminaire, livre XVII: l'envers de la psychanalyse*. Paris: Éditions du Seuil.

________. (1974/1975). "La troisième". In: *Lettres de L'École Freudienne de Paris*, n. 16, p. 177-203.

________. (1974/2005). *Le triomphe de la religion précédé de Discours aux catholiques*. Paris: Seuil.

________ (1975a/2002). "A terceira". In: Lacan, J. *Cadernos Lacan*, v. 2, p. 39-71. Porto Alegre: Associação Psicanalítica de Porto Alegre (publicação não comercial).

________. (1975b/2002). "Entrevista do Dr. Lacan à imprensa – 29 de outubro de 1974". In: Lacan, J. *Cadernos Lacan*, v. 2, p. 15-36. Porto Alegre: Associação Psicanalítica de Porto Alegre (Publicação não comercial).

LENT, R. (2004). *Atenção, neurônios na bicicleta!* Rio de Janeiro: Vieira & Lent – FAPERJ.

PHELAN, T. W. (2005). *TDA/TDAH- Transtorno de Déficit de Atenção e Hiperatividade*. São Paulo: M. Books do Brasil.

SOCIEDADE BRASILEIRA DE COACHING. Disponível em: <www.sbcoaching.com.br>. Acesso em: 21 out. 2014.

VARELLA, D. (s/d.). Entrevista com Dr. Mario Louzã – Coordenador do Projeto de Déficit de Atenção e Hiperatividade do Instituto de Psiquiatria do Hospital das Clínicas da Universidade de São Paulo. Disponível em: <http://drauziovarella.com.br/crianca-2/deficit-de-atencao-e-hiperatividade-tdah/>. Acesso em: 02 mai. 2014.

Sobre os autores

Alysson Leandro Mascaro
Professor da Universidade de São Paulo, Faculdade de Direito do Largo São Francisco, da Universidade de São Paulo e da Universidade Presbiteriana Mackenzie. Doutor e Livre-Docente em Filosofia e Teoria Geral do Direito pela USP. Autor, dentre outros, de *Estado e forma política*, editado pela Boitempo, em 2013.
Endereço eletrônico: alysson@mascaro.adv.br.

Amanda Cerdeira Pilão
Mestre em Teoria Psicanalítica pelo Programa de Pós-graduação em Teoria Psicanalítica. Psicóloga do NAV – Núcleo de Atenção à Violência; Psicanalista membro do Tempo Freudiano Associação Psicanalítica.
Endereço eletrônico: amandapilao@hotmail.com

Ana Beatriz Freire
Pós-doutorado no Departamento de Psicanálise da Universidade de Paris VIII. Professora Associada IV do Programa de Pós-Graduação em Teoria Psicanalítica no Instituto de Psicologia da Universidade Federal do Rio de Janeiro. Coordenadora do projeto de pesquisa "Circulando e traçando laços e parcerias: atendimento para jovens autistas e psicóticos" na UFRJ.
Endereço eletrônico: freireanab@hotmail.com

Ana Cristina Figueiredo
Professora Associada do Instituto de Psiquiatria da Universidade Federal do Rio de Janeiro (IPUB/UFRJ). Doutora em Saúde Coletiva pelo Instituto de Medicina Social IMS/UERJ. Docente colaboradora do Programa de Pós-graduação em Psicanálise da UERJ, pesquisadora do CNPq.
Endereço eletrônico: anacrisfigueiredo@gmail.com

Ana Maria Medeiros da Costa
Professora do Programa de Pós-graduação em Psicanálise da UERJ, pesquisadora do CNPq, Psicanalista, Membro da Associação Psicanalítica de Porto Alegre.
Endereço eletrônico: medeirosdacostaanamaria@gmail.com

Andréa Máris Campos Guerra
Professora do Departamento de Psicologia da UFMG. Doutora em Teoria Psicanalítica pela UFRJ com Études *Approfondies* em Rennes II (França). Psicanalista. Membro do GT da ANPEPP Dispositivos Clínicos em Saúde Mental.
Endereço eletrônico: andreamcguerra@gmail.com

Anna Carolina Lo Bianco
Professora do Programa de Pós-graduação em Teoria Psicanalítica da UFRJ. Membro do Tempo Freudiano Associação Analítica.
Endereço eletrônico: aclobianco@uol.com.br

Deborah de Lima Klajnman
Mestranda em Psicanálise pelo Programa de Pós-graduação em Psicanálise da Universidade Estadual do Rio de Janeiro. Psicóloga.
Endereço eletrônico: deborah.kla@gmail.com

Denise Martins da Luz
Mestranda do Programa de Pós-graduação em Psicanálise do Instituto de Psicologia da Universidade do Estado do Rio de Janeiro. Especialista em Educação e Reeducação Psicomotora (UERJ-2013).
Endereço eletrônico: martinsdaluz@yahoo.com.br

Doris Luz Rinaldi
Professora Associada do Instituto de Psicologia da UERJ, atuando no Programa de Pós-graduação em Psicanálise, Psicanalista, Doutora em Antropologia Social-Museu Nacional da UFRJ, Procientista da UERJ, Pesquisadora do CNPq.
Endereço eletrônico: doris_rinaldi@yahoo.com.br

Fabian Naparstek
Professor na Universidade de Buenos Aires. Doutor pela Universidade de Paris VIII. AME da Escuela de la Orientación Lacaniana – EOL e da Associação Mundial de Psicanálise, AE de 2002 a 2005.
Endereço eletrônico: fabiannaparstek@hotmail.com

Fabio Malcher
Doutorando em Teoria Psicanalítica pelo Instituto de Psicologia da Universidade Federal do Rio de Janeiro. Psicanalista na Associação Cultural Centro de Estudos e Tratamento em Saúde Mental – CLITOP. Participante do projeto de pesquisa "Circulando e traçando laços e parcerias: atendimento para jovens autistas e psicóticos" na UFRJ.
Endereço eletrônico: fabiomalcher@hotmail.com

Fernanda Costa-Moura
Professora do Programa de Pós-graduação em Teoria Psicanalítica – Instituto de Psicologia/UFRJ. Psicanalista, membro do Tempo Freudiano Associação Psicanalítica.
Endereço eletrônico: fcostamoura@infolink.com.br

Fernanda Hermínia Oliveira Souza
Doutoranda do Programa de Pós-Graduação em Psicologia Social da Universidade do Estado do Rio de Janeiro. Aluna do Curso de Especialização em Psicologia Jurídica/UERJ.
Endereço eletrônico: herminia.fernanda@gmail.com.

Gilsa F. Tarré de Oliveira
Professora Titular da Universidade Estácio de Sá. Psicanalista e pesquisadora. Doutora em Teoria Psicanalítica pela UFRJ.
Endereço eletrônico: gtarre@globo.com

Heloísa Caldas
Professora Adjunta do Programa de Pós-Graduação em Psicanálise da UERJ. AME da Escola Brasileira de Psicanálise – EBP e da Associação Mundial de Psicanálise – AMP. Autora de *Da voz à escrita: clínica psicanalítica e literatura.* Rio de Janeiro: Contra Capa editora, 2007.
Endereço eletrônico: helocaldas@terra.com.br

Leonardo de Miranda Ferreira
Mestre em Psicanálise pelo Programa de Pós-graduação em Psicanálise da Universidade Estadual do Rio de Janeiro. Psicólogo.
Endereço eletrônico: mirandaufrj@gmail.com

Luciano da Fonseca Elia
Professor titular da área de Psicanálise do Instituto de Psicologia da UERJ, Coordenador do Programa de Pós-Graduação em Psicanálise do mesmo Instituto, psicanalista, membro do Laço Analítico Escola de Psicanálise, supervisor clínico-territorial de Atenção Psicossocial infanto-juvenil, Procientista da UERJ.
Endereço eletrônico: lucianoelia@uol.com.br

Marco Antonio Coutinho Jorge
Professor Associado do Programa de Pós-graduação em Psicanálise da Universidade Estadual do Rio de Janeiro. Psicanalista, psiquiatra, Membro do Corpo Freudiano Escola de Psicanálise. Autor de, entre outros livros, *Fundamentos da Psicanálise de Freud a Lacan*, vol. 1: as bases conceituais (2000), vol. 2: a clínica da fantasia (2010), publicados pela Editora Zahar.
Endereço eletrônico: macjorge@corpofreudiano.com.br

Marcus André Vieira
Professor adjunto do Departamento de Psicologia da Pontifícia Universidade Católica do Rio de Janeiro, PUC-Rio. Psicanalista e psiquiatra, membro da Escola Brasileira de Psicanálise, doutor em psicanálise pela Universidade de Paris VIII.
Endereço eletrônico: mav@litura.com.br

Marta Regina de Leão D'Agord
Professora do PPG em Psicologia Social e Institucional e PPG em Psicanálise: Clínica e Cultura da Universidade Federal do Rio Grande do Sul. Mestre em Filosofia, Doutora em Psicologia.
Endereço eletrônico: mdagord@terra.com.br

Rita Maria Manso de Barros
Professora Associada do Programa de Pós-graduação em Psicanálise do Instituto de Psicologia da UERJ. Diretora do Instituto de Psicologia. Professora Associada do Departamento de Fundamentos da Educação da Universidade Federal do Estado do Rio de Janeiro (UNIRIO). Doutora em Teoria Psicanalítica pela UFRJ. Psicanalista.
Endereço eletrônico: ritamanso@globo.com

Rodrigo Lyra
Doutorando do Programa de Pós-Graduação em Psicanálise da UERJ. Mestre em Psicologia Clínica pela PUC-Rio. Membro da Escola Brasileira de Psicanálise e da Associação Mundial de Psicanálise.
Endereço eletrônico: rodic@globo.com

Roseane Freitas Nicolau
Professora do Programa de Pós-Graduação da UFPA, Pós-doutora pelo Programa de Psicanálise da UERJ. Membro do GT Dispositivos Clínicos em Saúde Mental da ANPEPP. Psicanalista, membro da Escola Letra Freudiana.
Endereço eletrônico: rf-nicolau@uol.com.br

Sergio Laia
Professor do Curso de Psicologia da Universidade FUMEC (Fundação Mineira de Educação e Cultura); Doutor em Letras pela Faculdade de Letras da Universidade Federal de Minas Gerais (FALE-UFMG); Analista Membro da Escola (AME), pela Escola Brasileira de Psicanálise (EBP) e Associação Mundial de Psicanálise (AMP).
Endereço eletrônico: laia.bhe@terra.com.br

Sidi Askofaré
Professor da Universidade de Toulouse 2, França. Psicanalista.
Endereço eletrônico: sidi.askofare@orange.fr

Sonia Alberti
Professora Associada do Instituto de Psicologia (IP) da Universidade do Estado do Rio de Janeiro (UERJ), Procientista da UERJ, Membro do Colegiado do Programa de Pós-graduação em Psicanálise da UERJ. Preceptora da Residência em Psicologia Clínica Institucional do IP/UERJ e Pesquisadora do CNPq. Psicanalista Membro da Escola de Psicanálise dos Fóruns do Campo Lacaniano.
Endereço eletrônico: sonialberti@gmail.com

Sonia Elizabeth Altoé
Professora associada do IP/UERJ, do Programa de Pós-Graduação em Psicanálise e coordenadora do Curso de Psicologia Jurídica, supervisora do SPA/UERJ.
Endereço eletrônico: soniaaltoe@gmail.com

Sonia Leite
Professora visitante do Programa de Pós-Graduação em Psicanálise do IP/UERJ. Coordenadora Adjunta do Curso de Residência Multiprofissional em Saúde Mental CPRJ/UERJ. Pesquisadora da AUPPF. Psicanalista. Membro do Corpo Freudiano Escola de Psicanálise, seção RJ.
Endereço eletrônico: soniacleite@uol.com.br

Tania Coelho dos Santos
Professora Associada do Programa de Teoria Psicanalítica da Universidade Federal do Rio de Janeiro. Psicanalista. Membro da AMP e da ECF.
Endereço eletrônico: taniacs@openlink.com.br

Tatiana Borsoi
Mestre em Saúde Coletiva pelo Instituto de Estudos em Saúde Coletiva da Universidade Federal do Rio de Janeiro, Psicóloga e Assistente Social. Aluna do Curso de Especialização em Psicologia Jurídica/UERJ.
Endereço eletrônico: tatianaborsoy@gmail.com

Vinícius Anciães Darriba
Professor Adjunto da Universidade do Estado do Rio de Janeiro, Instituto de Psicologia / Programa de Pós-Graduação em Psicanálise.
Endereço eletrônico: vdarriba@centroin.com.br

Impresso na Rotaplan Gráfica e Editora LTDA
www.rotaplangrafica.com.br
Tel.: 21-2201-1444